Claudia Teichert

Existenzgründung im Bereich Personaltraining

Claudia Teichert

Existenzgründung im Bereich Personaltraining
Ein umfassender Ratgeber
Wismarer Schriften zu Management und Recht, Band 19

www.salzwasserverlag.de

Teichert, Claudia

Existenzgründung im Bereich Personaltraining

Wismarer Schriften zu Management und Recht
Band 19

Herausgegeben von:
Prof. Dr. Jost W. Kramer
Prof. Dr. Julia Neumann-Szyszka
Prof. Dr. Karl Wolfhart Nitsch
Prof. Dr. Gunnar Prause
Prof. Dr. Andreas Weigand
Prof. Dr. Joachim Winkler

1. Auflage 2008 | ISBN: 978-3-86741-137-0

© CT Salzwasser-Verlag GmbH & Co. KG, Bremen, 2008.
Alle Rechte vorbehalten.

Die Deutsche Bibliothek verzeichnet diesen Titel in der
Deutschen Nationalbibliografie.
Bibliografische Daten sind unter http://dnb.ddb.de abrufbar.

Inhaltsverzeichnis

Abbildungsverzeichnis 9
Abkürzungsverzeichnis 10
Vorwort 11
Vorwort 13
1   Einleitung 15
2   Vorüberlegungen zur Existenzgründung 18
    2.1   Definition Selbstständigkeit und Existenzgründung 18
    2.2   Gründungsmotive und Gründungsimpulse 20
    2.3   Vorteile und Nachteile der Existenzgründung 21
    2.4   Fachliche Unterstützung des Existenzgründers 23
3   Die Unternehmerpersönlichkeit 26
4   Begriffe und Erklärungen zum Personal Training 29
    4.1   Definition Personal Training 29
    4.2   Ursprung und Entwicklung des Personal Trainings 30
    4.3   Momentane Situation der Branche in Deutschland 33
5   Das Anforderungsprofil an einen Personal Trainer 39
    5.1   Fachliche Voraussetzungen 40
    5.2   Unternehmerisches Denken 41
    5.3   Persönlichkeitsprofil und soziale Kompetenz 42
    5.4   Dienstleistungsgedanke 43
6   Die Geschäftsidee 45
    6.1   Produkt und Dienstleistung 46
        6.1.1   *Die Tätigkeitsbereiche* 46
        6.1.2   *Das Dienstleistungsangebot* 47
        6.1.3   *Betreuungsorte und Betreuungszeiten* 50
    6.2   Die Zielgruppen 52
    6.3   Vorteile 53
    6.4   Beispielformulierung Geschäftsidee Personal Training 56
7   Die Analyse 58
    7.1   Die Umweltanalyse 58
    7.2   Die Standortanalyse 59
    7.3   Die Marktanalyse 60
        7.3.1   *Marktbestimmung* 60
        7.3.2   *Kundenanalyse* 61
        7.3.3   *Konkurrenzanalyse* 64
    7.4   Die SWOT-Analyse 66
    7.5   Die Konsequenzen 68
8   Unternehmen, Visionen, Ziele, Strategien 69
    8.1   Unternehmen 69
    8.2   Visionen 70
    8.3   Ziele 72
    8.4   Strategien 75
        8.4.1   *Wettbewerbsstrategien* 76
        8.4.2   *Strategie der Qualitätsführerschaft* 80

9	Rechtliche Aspekte		81
9.1		Freier Beruf oder Gewerbe	81
9.2		Gründungsformen	83
9.3		Rechtsformwahl	87
	9.3.1	*Einzelunternehmung*	*89*
	9.3.2	*Gesellschaft bürgerlichen Rechts*	*92*
	9.3.3	*Partnerschaftsgesellschaft*	*95*
	9.3.4	*Zwischenfazit*	*97*
9.4		Steuern	97
	9.4.1	*Einkommensteuer*	*98*
	9.4.2	*Gewerbesteuer*	*101*
	9.4.3	*Umsatzsteuer*	*102*
9.5		Versicherung und Vorsorge	106
	9.5.1	*Definition Versicherung*	*107*
	9.5.2	*Berufsunfähigkeitsversicherung und Erwerbsunfähigkeitsversicherung*	*107*
	9.5.3	*Krankenversicherung*	*109*
	9.5.4	*Unfallversicherung*	*111*
	9.5.5	*Haftpflichtversicherung*	*112*
	9.5.6	*Altersvorsorge*	*114*
	9.5.7	*Sonstiges*	*116*
9.6		Vertragliche Vereinbarungen	117
9.7		Haftungsausschluss	120
10	**Planung**		**123**
10.1		Preiskalkulation	124
10.2		Kapitalbedarfsplanung	130
10.3		Rentabilitätsvorschau	134
10.4		Liquiditätsplanung	136
10.5		Finanzierung und Finanzierungsquellen	138
11	**Buchführung und Gründungsformalitäten**		**142**
11.1		Buchführung	142
11.2		Anmeldung und Formalitäten	144
12	**Marketing im Personal Training**		**146**
12.1		Marketing und Marketingkonzeption	146
12.2		Distributionspolitik	147
12.3		Kommunikationspolitik	149
	12.3.1	*Corporate Identity*	*150*
	12.3.2	*Grundausstattung*	*152*
	12.3.3	*Die wichtigsten Marketingmaßnahmen*	*153*
	12.3.4	*Das Erstgespräch*	*157*
12.4		Kundenbindung	159
13	**Zusammenfassung und Fazit**		**160**
Literaturverzeichnis			**162**
Anlagenverzeichnis			**173**
	Anlage 1:	Prüfkriterien BDPT e. V.	174
	Anlage 2:	Prüfkriterien PPT Club	175
	Anlage 3:	Prüfkriterien AQZEPT	177
	Anlage 4:	Prüfkriterien PersonalFitness.de	180

Anlage 5: Zielhierarchie für Personal Training in Anlehnung an
Meffert/Bruhn, 2000, 210 182
Anlage 6: Kalkulatorischer Unternehmerlohn 183
Anlage 7: Betriebliche Ausgaben 185
Anlage 8: Kostenplan 188
Anlage 9: Umsatzplanung 189
Anlage 10: Rentabilitätsvorschau 191
Anlage 11: Liquiditätsplanung 194
Anlage 12: Anforderungen an eine Rechnung 197
Anlage 13: § 33 Rechnungen über Kleinbeträge 199

Abbildungsverzeichnis

ABBILDUNG 1: MÖGLICHE GRÜNDUNGSMOTIVE UND GRÜNDUNGSIMPULSE FÜR EINEN EXISTENZGRÜNDER ... 21
ABBILDUNG 2: PRO UND KONTRA SELBSTSTÄNDIGKEIT ... 23
ABBILDUNG 3: CHECKLISTE: BIN ICH EIN UNTERNEHMERTYP? ... 28
ABBILDUNG 4: DIE ENTWICKLUNG DES PERSONAL TRAININGS IN DEUTSCHLAND ... 32
ABBILDUNG 5: GESELLSCHAFTLICHE TRENDS IN DEUTSCHLAND ... 38
ABBILDUNG 6: EIGENSCHAFTEN UND FÄHIGKEITEN EINES PERSONAL TRAINERS ... 43
ABBILDUNG 7: TÄTIGKEITSBEREICH DES PERSONAL TRAINERS ... 47
ABBILDUNG 8: STANDARDANGEBOT IM PERSONAL TRAINING ... 48
ABBILDUNG 9: LEISTUNGSANGEBOTE PERSONAL TRAINING ... 49
ABBILDUNG 10: ZIELGRUPPEN IM PERSONAL TRAINING ... 53
ABBILDUNG 11: KUNDENNUTZEN ... 55
ABBILDUNG 12: LEISTUNGSSPEKTRUM „PERSONAL TRAINING MAX MUSTERMANN" ... 56
ABBILDUNG 13: SWOT-ANALYSE FÜR PERSONAL TRAINING ... 67
ABBILDUNG 14: DIE VIER PRIMÄRZIELE EINES EXISTENZGRÜNDERS ... 73
ABBILDUNG 15: 7-PHASEN-PROGRAMM NACH MEWES IM BEREICH PERSONAL TRAINING ... 79
ABBILDUNG 16: VOR- UND NACHTEILE EINER VOLLEXISTENZ ALS PERSONAL TRAINER UND IM NEBENERWERB ... 86
ABBILDUNG 17: ÜBERBLICK ÜBER DIE WICHTIGSTEN RECHTSFORMEN ... 88
ABBILDUNG 18: VOR- UND NACHTEILE DER EINZELUNTERNEHMUNG ... 92
ABBILDUNG 19: VOR- UND NACHTEILE DER GESELLSCHAFT BÜRGERLICHEN RECHTS ... 95
ABBILDUNG 20: DIENSTLEISTUNGSKALKULATION FÜR EINEN PERSONAL TRAINER ... 127
ABBILDUNG 21: KAPITALBEDARFSPLAN ... 132
ABBILDUNG 22: MARKETINGINSTRUMENTE UND AKQUISEWEGE IM PERSONAL TRAINING ... 154

Abkürzungsverzeichnis

Abs.	Absatz
AfA	Absetzung für Abnutzung
AG	Aktiengesellschaft
AGB	Allgemeine Geschäftsbedingungen
AO	Abgabenordnung
AQZEPT	Agentur für Qualitätszertifizierungen im Personal Training
Arge	Arbeitsgemeinschaft
BDPT e. V.	Bundesverband Deutscher Personal Trainer e. V.
BGB	Bürgerliches Gesetzbuch
BGBl.	Bundesgesetzblatt
BMWi	Bundesministerium für Wirtschaft und Technologie
BstBl.	Bundessteuerblatt
BZSt	Das Bundeszentralamt für Steuern
DSHS	Deutsche Sporthochschule Köln
e. V.	eingetragener Verein
EKS®	Die Engpasskonzentrierte Verhaltens- und Führungsstrategie
EStDV	Einkommensteuer-Durchführungsverordnung
EStG	Einkommensteuergesetz
GbR	Gesellschaft des bürgerlichen Rechts oder BGB-Gesellschaft
GewO	Gewerbeordnung
GewStG	Gewerbesteuergesetz
GEZ	Gebühreneinzugszentrale
GmbH	Gesellschaft mit beschränkter Haftung
HGB	Handelsgesetzbuch
i. V. m.	in Verbindung mit
IHK	Industrie- und Handelskammer
KG	Kommanditgesellschaft
KGaA	Kommanditgesellschaft auf Aktien
MwSt.	Mehrwertsteuer
OHG	Offene Handelsgesellschaft
PartG	Partnerschaftsgesellschaft
PartGG	Partnerschaftsgesellschaftsgesetz oder Gesetz über Partnerschaftsgesellschaften Angehöriger Freier Berufe
PPT Club	PREMIUM Personal Trainer Club
PT	Personal Trainer oder Personal Training
PTN	PERSONAL TRAINER NETWORK
SGB	Sozialgesetzbuch
Ust-IdNr.	Umsatzsteuer-Identifikationsnummer
UStDV	Umsatzsteuer-Durchführungsverordnung
UStG	Umsatzsteuergesetz
VAPT e. V.	Verband ausgebildeter Personal Fitness Trainer in Deutschland, in der Schweiz und in Österreich e. V.

Vorwort

Personal Training ist eine der innovativsten und herausforderndsten Dienstleistungen, die es in der Gesundheitsbranche gibt. Seit mehr als zehn Jahren entwickelt sich in Deutschland diese Form der individuellen Fitness- und Gesundheitsbetreuung rasant.

Zu Beginn waren es wenige Personal Trainer, die den Mut hatten, sich selbständig zu machen. Man kann sie zu Recht die Pioniere der Branche nennen, denn sie haben oft zur Entwicklung der Branche beigetragen. Leider ist bis heute noch vielerorts die Meinung verbreitet, dass der Beruf des „Personal Trainers" nicht für eine Voll-Existenz geeignet ist. Oft begegnet dem Existenzgründer vor allem aus dem privaten Umfeld diese Annahme. Gestützt wird diese Auffassung dadurch, dass viele Trainer bereits nach kurzer Zeit ihrer Existenzgründung wieder „das Handtuch werfen".

Die Gründe dafür sind eindeutig. Fast immer liegt es an einer mangelhaften Vorbereitung und Planung der Existenzgründung. Die wesentlichen Faktoren einer betriebswirtschaftlichen Planung und einer Absicherung der Risiken sind vielen angehenden Personal Trainern nicht bekannt oder werden mit weitreichenden Folgen großzügig ignoriert. Zu oft verlassen sich die Trainer auf ihre rein fachlichen Kenntnisse und hoffen auf leicht verdientes Geld. Langfristig betrachtet ist dies jedoch keine Basis für Erfolg.

Ich selbst war in der Situation, dass ich nach über einem Jahr meiner Existenzgründung als Personal Trainer keinen einzigen Klienten akquiriert hatte. Ich habe mich als Trainingsexperte verstanden und vernachlässigte die Grundlagen von Marketing, Akquise und betriebswirtschaftlichen Aspekten. Ein Unternehmenskonzept gab es ebensowenig wie eine Liquiditätsplanung oder eine genaue Zielvorstellung. Nun könnte ich mich damit herausreden, dass es 1997 keine passende Literatur oder Arbeit zu diesen Themen gab. Das wäre aber eine zu einfache Entschuldigung, denn zum Thema Existenzgründung im allgemeinen existierten dutzende Ratgeber.

Rückwirkend betrachtet wäre ich sehr dankbar gewesen, wenn ich solch eine Literatur wie diese hier damals zur Verfügung gehabt hätte. Um als Personal Trainer wirklich erfolgreich zu sein und Geld zu verdienen, müssen Sie ganz bestimmte Grundlagen und Gesetzmäßigkeiten beachten. Es gilt, steuerliche Vorgaben zu erfüllen und sich versicherungstechnisch für die Zukunft abzusichern. Sie müssen Ihr eigenes

Marketingkonzept entwickeln und eine erfolgreiche Klienten-Akquise starten. Die wesentlichsten Faktoren sind jedoch zwei. Zum einen Sie als Unternehmerpersönlichkeit mit all Ihren Fähigkeiten und Ihrer Kompetenz und zum anderen die genaue Vorstellung von Ihrer Geschäftsidee „Personal Training".

Zu all diesen Punkten bietet Ihnen die Arbeit von Claudia Teichert eine hervorragende Basis, um sich erfolgreich als Personal Trainer selbständig zu machen. Ihre umfassende Analyse der Dienstleistung „Personal Training" trägt wesentlich zu einem besseren Verständnis des Berufes „Personal Trainer" bei. Sie werden durch diese Arbeit all das Lernen, was mein erster Klient – ein erfolgreicher Unternehmer – bereits in der fünften Trainingseinheit bei mir bemängelte: „Eginhard, verlasse endlich Deine Sichtweise als Diplomsportlehrer und lerne unternehmerisch zu denken!".

In diesem Sinne wünsche ich Ihnen viel Spaß beim Lesen und einen wahrlich erfolgreichen Start in Ihr Berufsleben als Personal Trainer.

Ihr

Eginhard Kieß

Vorwort

Frau Teichert hat sich im Rahmen der vorliegenden Arbeit mit einem eher ungewöhnlichen Thema auseinandergesetzt, widmet sie sich doch mit der Existenzgründung im Bereich des Personal Trainings einer Dienstleistung, die sie selbst in einer Nische einordnet. Dabei liegt dies weniger daran, dass die Dienstleistung nicht nachgefragt wird, sondern – wie schon Herr Kieß betont – an betriebswirtschaftlichen Defiziten der Existenzgründer gerade in diesem Beruf.

Um so verdienstvoller ist das vorliegende Werk, stellt es doch gewissermaßen handbuchartig alle jene Aspekte in gleichermaßen fundierter wie praxisorientierter Weise zusammen, die im Rahmen einer Existenzgründung im Allgemeinen wie im Besonderen zu beachten sind. Im Ergebnis liest sich ein solches Werk dann geradezu flüssig – und die gerade bei dieser Thematik ausgesprochen interdisziplinäre Herangehensweise fällt kaum noch auf. Dabei ist es für die Beschäftigung mit Existenzgründungen bereits grundsätzlich erforderlich, sowohl betriebswirtschaftliche als auch juristische Dimensionen zu betrachten. Im Bereich des Personal Training stellen sich aber noch weitere Schwierigkeiten, denn es werden für ein entsprechendes Werk auch Kenntnisse im Sport-, Wellness- und Gesundheitsbereich vorausgesetzt – bei Personal Trainern ebenso wie bei Experten, zu denen Frau Teichert angesichts ihrer eigenen langjährigen Erfahrungen zweifellos zählt.

Kernelemente der Arbeit sind daher die Entwicklung eines Anforderungsprofils für einen potentiell selbstständigen Personal Trainer. Dies geschieht schwerpunktmäßig in Form einer Verknüpfung von fachlichen Voraussetzungen, unternehmerischem Denken und sozialer Kompetenz. Daran anknüpfend wird eine Geschäftsidee für eine Unternehmensgründung als Personal Trainer entworfen wird, wobei die typischen Schritte für eine potentiell Erfolg versprechende Gründung im Kölner Raum mit dem Schwerpunkt Manager und Golf durchgespielt wird. Die dafür erforderliche Analyse von Markt, Umwelt und Wettbewerb erfolgt ebenso wie die Entwicklung einer Unternehmensstrategie. Auch die rechtlichen Aspekte werden in gebotener Tiefe diskutiert, so dass die Arbeit die allgemein in der Betriebswirtschaft gewonnenen Erkenntnisse zur Existenzgründung auf den Beruf des Personal Trainers konkretisiert.

Ich freue mich, eine derart gelungene – für Praktiker wie Theoretiker gleichermaßen interessante – Arbeit im Rahmen der Schriftenreihe einem größeren Publikum zugänglich machen zu können.

Wismar, September 2008

Jost W. Kramer

1 Einleitung

Die vorliegende Arbeit beschäftigt sich mit dem Thema „Existenzgründung im Bereich Personal Training". Das Interesse für diese Thematik wurde durch mein Praktikumssemester geweckt, welches ich beim PREMIUM Personal Trainer Club absolvierte. Im Rahmen dieses Praktikums und im Verlaufe meines Studiums habe ich verschiedene Belegarbeiten auf dem Gebiet des Personal Trainings verfasst, die immer einen anderen Untersuchungsgegenstand zum Inhalt hatten und mir somit einen umfassenden Einblick in die Struktur der Branche ermöglichten. Der Grund, mich gerade mit dem Bereich „Existenzgründung" intensiver zu beschäftigen, beruht dabei auf der Tatsache, dass das gesellschaftliche Interesse an Personal Training zunehmend steigt, aber wie jüngst in einem Zeitungsartikel von Kieß veröffentlicht, nur wenige Trainer den Einstieg in die hauptberufliche Personal Trainertätigkeit tatsächlich wagen. Dazu kommt, dass viele der Personal Trainer, die sich zu dem Schritt in die Vollselbstständigkeit entschließen, bereits nach wenigen Jahren wieder vom Markt verschwunden sind.[1] Kieß bedauert diese Entwicklung und sagt wörtlich: „Das ist sehr schade, steckt doch in diesem Beruf ein riesiges Potenzial mit sehr guten Zukunftsperspektiven. Auf dem Weltwirtschaftsgipfel in Davos 2006 wurde über die Erfolgsaussichten diverser Berufe diskutiert, der Personal Trainer ist demnach im Jahre 2020 der Beruf mit den besten Erfolgsaussichten."[2]

Ziel dieser Arbeit ist es, potenziellen Existenzgründern einen ganzheitlichen Einblick in den Themenkomplex „Existenzgründung im Bereich Personal Training" zu vermitteln. Der Einblick soll Problemfelder aufzeigen, er soll aber auch als Leitfaden für diejenigen dienen, die mit Personal Training eine dauerhafte Vollexistenz anstreben. Hinweisend dazu möchte ich vorweg nehmen, dass ich primär die Neugründung im Rahmen der freiberuflichen Einzelunternehmung betrachte. Meine Äußerungen halte ich prinzipiell allgemein. An einzelnen Stellen versuche ich, durch Beispiele komplizierte Aspekte zu vereinfachen. Um

---

[1] Vgl. Kieß, 3/2007, „Beruf mit Zukunft: Personal Trainer: Die richtige Positionierung im Markt", S. 28-29.
[2] Kieß, 3/2007, „Beruf mit Zukunft: Personal Trainer: Die richtige Positionierung im Markt", S. 28; Vgl. http://www.welt.de/print-wams/article137944/Fitness-Trainer_muesste_man_sein.html, abgerufen am 28.12.2007.

die Thematik wirklich tiefgreifend zu erfassen, habe ich neben der Literaturrecherche das Existenzgründungsseminar vom PREMIUM Personal Trainer Club besucht sowie verschiedene Gespräche mit Experten geführt. Gesprächspartner dabei waren zum Beispiel Mitarbeiter der Industrie- und Handelskammer Köln, Bankkaufleute, Versicherungskaufleute und Rechtsanwälte.

Die nachfolgende Arbeit gliedert sich in 13 Kapitel. Nach der Einleitung folgt das zweite Kapitel, in dem ich zunächst etwas Allgemeines zum Thema Existenzgründung sage. Ich greife dabei verschiedene Überlegungen auf, die es im Rahmen der Existenzgründung zu berücksichtigen gilt. Anschließend an das zweite Kapitel folgt der dritte Abschnitt, der die Frage nach der richtigen Unternehmerpersönlichkeit zum Inhalt hat. Um sich mit dem Thema „Existenzgründung im Bereich Personal Training" auseinander zu setzen, ist es notwendig, grundlegende Begriffe zu kennen sowie einen Überblick über die Struktur der Branche zu haben. Daher werde ich im vierten Kapitel die Begrifflichkeit „Personal Training" erläutern. Außerdem erhält der Leser umfassende Informationen zur Entwicklung des Personal Trainings sowie zur gegenwärtigen Branchensituation in Deutschland. Der fünfte Teil der Arbeit beschäftigt sich dann explizit mit den Anforderungen, die an die Person des Personal Trainers gestellt werden. Im Anschluss daran folgt im sechsten Teil die Beschreibung der Geschäftsidee. Nach einer kurzen Erklärung, worum es sich bei einer Geschäftsidee handelt, gehe ich auf das Dienstleistungsangebot ein. Der Leser erhält einen Einblick in die Vielfalt der Konzeptmöglichkeiten und es wird gezeigt, welches Zielgruppenpotenzial dieser Tätigkeit zugrunde liegt. Aufbauend auf dieses Kapitel versuche ich im nächsten Schritt darzulegen, dass der potenzielle Gründer mit einer Geschäftsidee alleine noch nicht erfolgreich sein kann. Deshalb umfasst der siebte Abschnitt die Analyse der Geschäftsidee. Meine dort getätigten Äußerungen basieren auf einer zuvor von mir angefertigten Belegarbeit: „Strategisches Marketing für eine Existenzgründung im Bereich Personal Training". Der Leser erhält hier einen Überblick, aus welchen Blickwinkeln eine Geschäftsidee zu untersuchen ist, um die Tragfähigkeit des Vorhabens zu bestätigen. Außerdem wird mit Hilfe einer SWOT-Analyse eine Gegenüberstellung der Stärken, Schwächen, Chancen und Risiken vorgenommen. Der nächste Abschnitt ist das Kapitel Acht. Es beinhaltet die Themen: „Unternehmen, Visionen, Ziele und Strategien". Jeder Existenzgründer muss sich im Rahmen seiner Unternehmensentwicklung mit den dort dargestellten Gesichtspunkten und

Fragestellungen beschäftigen. Nur so kann garantiert werden, dass der Personal Trainer die geeignete Strategie für sein Geschäftsmodell findet und sich am Markt trotz der starken Konkurrenzsituation etabliert. Zum besseren Verständnis gebe ich innerhalb dieses Abschnittes Anregungen, die einem potenziellen Gründer bei der Entwicklung seines eigenen Konzepts hilfreich sein können. Im Weiteren folgt das Kapitel Neun. Es ist das umfangreichste Kapitel und beschäftigt sich mit den wichtigsten rechtlichen Aspekten, die ein Personal Trainer im Rahmen der Selbstständigkeit bedenken muss. Dazu gehören zum Beispiel die Wahl der passenden Rechtsform, das Steuerrecht oder auch das Thema Versicherung und Vorsorge. Daran anschließend folgt der zehnte Abschnitt, der sogenannte Zahlenteil. Hier geht es um die Planung anhand von nachvollziehbaren Zahlen. Meine angeführten Aussagen versuche ich, mit Hilfe von Beispielberechnungen zu untermauern. Der geneigte Leser erfährt beispielsweise, warum ein Stundensatz in dieser Branche nicht unter 70 Euro liegen kann und welcher Kapitalbedarf für die Gründung notwendig ist. Außerdem stelle ich exemplarisch eine Rentabilitätsvorschau sowie eine Liquiditätsplanung dar und gehe auf Möglichkeiten der Finanzierung ein. Viele der hier aufgezeigten Themen sind neben den Marketingaspekten die prägnanten Punkte, die vielen Personal Trainern eine langjährige Existenz am Markt versagen. Im Anschluss an diesen Abschnitt folgt der elfte Teil. Hier betrachte ich die Buchführungsform, die für einen freiberuflichen Personal Trainer vorgeschrieben ist und verweise auf die Formalitäten, die ein Personal Trainer bei der Aufnahme der Geschäftstätigkeit erfüllen muss. Der zwölfte Abschnitt ist der Bereich Marketing. Es ist aus meiner Sicht einer der relevantesten Themenkomplexe. Der Trainer muss über umfangreiches Wissen auf diesem Gebiet verfügen. Ohne eine geeignete Markteintrittsstrategie, welche die gegenwärtige Konkurrenzsituation und die Kundenbedürfnisse berücksichtigt, hat das Vorhaben keine Aussicht auf Erfolg. Meine Arbeit endet mit einem Resümee, das die wichtigsten Aspekte zusammenfasst, und der Darstellung meines persönlichen Standpunkts. Außerdem wird ein kurzer Ausblick in die nahe Zukunft gewagt.

2   Vorüberlegungen zur Existenzgründung

„Unternehmen sind seit Urzeiten der Motor jeder Wirtschaft."[3] „Je mehr gesunde selbständige Existenzen eine Volkswirtschaft aufweist, umso stabiler ist das Gemeinwesen."[4] „In Deutschland gibt es laut Angaben des Statistischen Bundesamtes ca. 4,4 Mio. Unternehmer (Nov. 06), darunter ca. 28 % Unternehmerinnen. Jährlich kommen 730.000 hinzu und ca. 650.000 geben auf – altersbedingt, erfolgsbedingt, motivationsbedingt. Unternehmen sind dabei nicht nur „Großindustrielle" – Studien des Instituts für Mittelstandsforschung (IfM) zufolge gehören rund 99 % aller Unternehmen zu den kleinen und mittleren Unternehmen (KMU), für die 70 % aller Beschäftigten rund die Hälfte aller Umsätze erwirtschaften und die dabei ca. 83 % aller Lehrlinge ausbilden. Dazu gehören auch die mit dem Gründungszuschuss geförderten Selbstständigen."[5] Der Schritt in die Selbstständigkeit birgt neben zahlreichen Chancen aber auch erhebliche Risiken. „Jeder dritte Existenzgründer scheitert innerhalb der ersten drei Jahre."[6] Hinzu kommt die Tatsache, dass „... fast 50 Prozent aller Existenzgründungen aus der Arbeitslosigkeit heraus" erfolgen.[7] Dieses lässt vermuten, dass nicht jede Gründung aus der eigenen Motivation heraus resultiert. Wer sich mit der Existenzgründung eine dauerhafte, erfolgreiche selbstständige Existenz aufbauen möchte, muss im Vorfeld verschiedene Überlegungen anstellen. Dazu gehören neben der intensiven Auseinandersetzung mit dem Geschäftsvorhaben auch Überlegungen, die mit dem eigentlichen Schritt in die Selbstständigkeit zusammenhängen. Bevor ich explizit in das Thema „Existenzgründung im Bereich Personal Training" einsteige, möchte ich deshalb einige allgemeine Begriffserklärungen und Vorüberlegungen geben.

2.1   Definition Selbstständigkeit und Existenzgründung

Die Definition für berufliche Selbstständigkeit ergibt sich aus der Interpretation des § 7 Abs. 1 des vierten Buchs des Sozialgesetzbuchs

---

[3] Nickel, 2007, Der Gründungszuschuss: Tipps für Existenzgründer Nachfolgeregelung der Ich-AG, S. 7.
[4] BMWi, Juni 2007, „Existenzgründung in Deutschland", Nr. 1, S. 1.
[5] Nickel, 2007, Der Gründungszuschuss: Tipps für Existenzgründer Nachfolgeregelung der Ich-AG, S. 7.
[6] Nickel, 2007, Der Gründungszuschuss: Tipps für Existenzgründer Nachfolgeregelung der Ich-AG, S. 7.
[7] BMWi, Juni 2007, „Existenzgründung in Deutschland", Nr. 1, S. 2.

(SGB IV). Der Paragraf erläutert den Begriff der abhängigen Beschäftigung wie folgt: „Beschäftigung ist die nichtselbständige Arbeit, insbesondere in einem Arbeitsverhältnis. Anhaltspunkte für eine Beschäftigung sind eine Tätigkeit nach Weisung und eine Eingliederung in die Arbeitsorganisation des Weisungsgebers."[8] Das Nichtvorliegen dieser Tatbestandsmerkmale definiert folglich die berufliche Selbstständigkeit. Anders ausgedrückt bedeutet dies: „Eine selbstständige Tätigkeit zeichnet sich vielmehr durch das eigene Unternehmerrisiko, die Verfügungsmöglichkeit über die eigene Arbeitskraft sowie die im wesentlichen frei gestaltete Tätigkeit und Arbeitszeit aus."[9] Direkt im Zusammenhang mit dem Begriff Selbstständigkeit steht der Begriff Existenzgründung. Darunter versteht man „... im engeren Sinn die Gründung eines Unternehmens, im weiteren Sinn die Aufnahme einer selbstständigen Tätigkeit, die gegebenenfalls mit einer Gewerbeanmeldung verbunden ist."[10] Die Selbstständigkeit beginnt mit dem Tag der Gewerbeanmeldung bzw. der Meldung beim Finanzamt.[11] Die Existenzgründung kann auf verschiedene Weise erfolgen: Neugründung, Betriebsübernahme, Beteiligung an einem Betrieb, durch ein Franchise-Konzept, in Kooperation mit einem anderen Unternehmen oder nebenberuflich.[12] Jede Existenzgründung verläuft in mehreren Phasen. Diese Phasen werden in der Fachliteratur unterschiedlich abgegrenzt. Der neue Leitfaden für Existenzgründer unterscheidet beispielsweise folgende sechs Phasen: Erste Überlegungen, Informationsphase, Alternativen und Entscheidung, Konkrete Planung und Durchführung, Umsetzung und Realisierung der Existenzgründung und Die Zukunft sichern.[13] Nickel dagegen unterteilt die Phasen wie folgt: Phase der Selbstprüfung, Basisphase, Konzeptionsphase und Realisierungsphase.[14]

---

[8] http://www.gesetze-im-internet.de/sgb_4/__7.html, abgerufen am 30.12.2007.
[9] http://selfedit.w-plus.de/enterprise/bdpt/user/b1146652982.pdf, abgerufen am 11.10.2007.
[10] http://lexikon.meyers.de/meyers/Existenzgr%C3%BCndung, abgerufen am 12.09.2007.
[11] Vgl. Nickel, 2007, Der Gründungszuschuss: Tipps für Existenzgründer Nachfolgeregelung der Ich-AG, S. 23.
[12] Vgl. Falk [u. a.], 2006, Selbstständig und erfolgreich sein: Der neue Leitfaden für Existenzgründer, S. 31.
[13] Vgl. Falk [u. a.], 2006, Selbstständig und erfolgreich sein: Der neue Leitfaden für Existenzgründer, S. 5.
[14] Vgl. Nickel, 2007, Der Gründungszuschuss: Tipps für Existenzgründer Nachfolgeregelung der Ich-AG, S. 8-9.

2.2 Gründungsmotive und Gründungsimpulse

Wie anfangs erwähnt, erfolgt ein Großteil aller Gründungen aus der Arbeitslosigkeit heraus. „Aber nicht alle Arbeitslose, die sich selbständig machen möchten, sind die ‚geborenen Unternehmer.‘ Sie versuchen, aus der Not heraus Unternehmen zu gründen, die kaum Überlebenschancen haben: ohne ausgereiftes Gründungskonzept und ohne eigenes Kapital."[15] Das Motiv der Existenzgründung ist daher ein wichtiger Anhaltspunkt für den Erfolg. Der Begriff „Motiv" entstammt dem lateinischen Wort *movere* = bewegen und kann übersetzt werden mit „Beweggrund".[16] Unter Motivation versteht man folglich die Beweggründe, die das Handeln eines Menschen bestimmen.[17] Motivation wird gelenkt durch die Person, ihr Selbstkonzept sowie die situativen Rahmenbedingungen.[18] Wir unterscheiden intrinsische und extrinsische Motivation. Intrinsische Motivation „kommt von innen, ist eigengesteuert"[19] und bedeutet, dass eine „... Tätigkeit in sich selbst belohnend"[20] ist. Extrinsische Motivation dagegen beschreibt den Versuch der Fremdsteuerung.[21] Dies bedeutet: „die Arbeit ist nicht in sich selbst belohnend, sondern wird *von außen* und/oder *danach* belohnt." [22] Extrinsische Motivation ist auf Dauer nicht möglich. Sprenger sagt: „Im strengen Sinne gibt es keine extrinsische Motivation! Nur Motivationsversuche, die manchmal und kurzfristig Wirkung zeigen."[23] Eine Existenzgründung kann demnach nur erfolgreich verlaufen, wenn sie aus eigenem Antrieb des Gründers heraus erfolgt. Der Gründer muss die richtige Persönlichkeit zum Unternehmer mitbringen. Darüber hinaus müssen natürlich auch das persönliche Umfeld und das Unternehmenskonzept die Gründung zulassen.[24] Anders gesagt: „Die Motivation, seine eigene Zukunft zu gestalten, muss aus einem selbst

---

15 BMWi, 2007, Starthilfe: Der erfolgreiche Weg in die Selbstständigkeit, S. 18.
16 Sprenger, 2006, 30 Minuten für mehr Motivation, S. 14.
17 Vgl. Dudenredaktion, 2004, Die deutsche Rechtschreibung, S. 667.
18 Vgl. Sprenger, 2006, 30 Minuten für mehr Motivation, S. 19.
19 Sprenger, 2006, 30 Minuten für mehr Motivation, S. 14.
20 Sprenger, 2006, 30 Minuten für mehr Motivation, S. 14.
21 Vgl. Sprenger, 2006, 30 Minuten für mehr Motivation, S. 16.
22 Sprenger, 2006, 30 Minuten für mehr Motivation, S. 16.
23 Sprenger, 2006, 30 Minuten für mehr Motivation, S. 17.
24 Vgl. Falk [u. a.], 2006, Selbstständig und erfolgreich sein: Der neue Leitfaden für Existenzgründer, S. 14.

kommen und nicht auf Drängen von andern."[25] Neben den Gründungsmotiven spielen auch die Gründungsimpulse eine wichtige Rolle. In jedem Fall gilt für die Existenzgründung: „verantwortlich denken, nicht übereilt handeln, systematisch die Erfolgsaussichten abwägen und klaren Kopf bewahren."[26] Die nachfolgende Abbildung zeigt einige Beispiele für Gründungsmotive und Gründungsimpulse.

Abbildung 1: *Mögliche Gründungsmotive und Gründungsimpulse für einen Existenzgründer*

Gründungsmotive können sein:	Gründungsimpulse können sein:
• die eigenen Geschäftsideen verwirklichen, • die Familientradition weiterzuführen (Betriebsübernahme), • unabhängig zu sein, • eine eigene berufliche Karriere anzustreben, • dem unternehmerischen Tatendrang folgen, • höheres gesellschaftliches Ansehen zu bekommen, • höheres Einkommen zu erreichen oder • die beruflichen Perspektiven einer abhängigen Beschäftigung bieten keine Entwicklungschancen.	• Sie haben eine Marktlücke erkannt. • Sie bekommen plötzlich ein Angebot, betriebliche Geschäftsfelder in eigener Verantwortung als Selbstständige/r zu bearbeiten (Outsourcing). • Es bietet sich überraschend die Chance, einen Betrieb zu übernehmen. • Ein Franchise-Geber eröffnet Ihnen lukrative Perspektiven. • Sie haben Ihre berufliche Ausbildung mit besonderer Qualifikation abgeschlossen. • Ihnen droht der Verlust des Arbeitsplatzes. • Sie wollen nicht länger arbeitslos sein.

Quelle: Eigene Darstellung in Anlehnung an Falk [u. a.] (2006): Selbstständig und erfolgreich sein: Der neue Leitfaden für Existenzgründer, S. 14-15.

2.3 Vorteile und Nachteile der Existenzgründung

„Das Gründergeschehen in Deutschland ist im vergangenen Jahr deutlich zurückgegangen: Während sich 2005 noch 1,3 Millionen Personen im Alter von 18 bis 64 Jahren mit einer Neugründung, Unternehmensübernahme oder -beteiligung selbstständig gemacht haben, sank diese Zahl 2006 auf 1,1 Millionen Personen. Gründe für diese Abnahme liegen einerseits in dem Rückgang der Gründungen aus der Arbeitslosig-

---

[25] Falk [u. a.], 2006, Selbstständig und erfolgreich sein: Der neue Leitfaden für Existenzgründer, S. 14.
[26] Falk [u. a.], 2006, Selbstständig und erfolgreich sein: Der neue Leitfaden für Existenzgründer, S. 14.

keit. Andererseits scheint die erste Reaktion auf den konjunkturellen Aufschwung darin zu bestehen, dass viele Menschen eine abhängige Beschäftigung einer selbstständigen Tätigkeit vorziehen."[27] Auch Michael Glos (Bundesminister für Wirtschaft und Technologie) bestätigt die Vorsicht der Deutschen im Bezug auf Existenzgründungen. Er sagt: „Die Angst vor dem Scheitern hält viele Menschen davon ab, den Schritt in die Selbstständigkeit zu wagen."[28] Dabei bedeutet Selbstständigkeit nicht nur Unsicherheit, in ihr liegen auch Chancen und Perspektiven.[29] Zudem stellt sich aus meiner Sicht die Frage, ob die Sicherheit eines festen Arbeitsplatzes nicht nur eine Illusion ist. Von Collrepp meint hierzu: „Heutzutage bietet fachliche Kompetenz, Disziplin und Arbeitseifer keine Garantie mehr weder für einen beruflichen Aufstieg noch für einen sicheren Arbeitsplatz."[30] Selbstständigkeit ist demnach eine echte Alternative zum abhängigen Beschäftigungsverhältnis und bietet viele Vorteile, vorausgesetzt man bringt die richtige Unternehmerpersönlichkeit mit. Als Existenzgründer sollte man also vor der Entscheidung die persönlichen Auswirkungen, die mit dem Schritt verbunden sind, prüfen und einschätzen. Die nachfolgende Tabelle präsentiert einige Vor- und Nachteile der Existenzgründung und der damit einhergehenden Selbstständigkeit.

---

[27] http://www.existenzgruender.de/publikationen/studien/03474/index.php, abgerufen am 29.08.2007.
[28] BMWi, Juni 2007, „Existenzgründung in Deutschland", Nr. 1, S. 2.
[29] Vgl. Rasner, Füser, Faix, 1997, Das Existenzgründer Buch: Von der Geschäftsidee zum sicheren Geschäftserfolg, S. 11.
[30] Collrepp, 2007, Handbuch Existenzgründung: Für die ersten Schritte in die dauerhaft erfolgreiche Selbstständigkeit, S. 2.

Abbildung 2: Pro und kontra Selbstständigkeit

Pro	Kontra
• Eigenständigkeit • Selbstbestimmung über Arbeits- und Freizeit • Unabhängiges und selbststrukturiertes Arbeiten • Eigenverantwortlichkeit • Häufig höheres Einkommen • Flexible Arbeitszeiten • Unbeschränkter Aktivitätsspielraum • Kreatives und innovatives Arbeiten	• Hohe psychische und physische Belastung • Kein garantiertes und sicheres Einkommen • Keine garantierte und sichere Zeitplanung • Keine Garantie für den unternehmerischen Erfolg • Durchhaltevermögen notwendig • Finanzielle Risiken • Organisatorische Erweiterung des Arbeitsfeldes

Quelle: Nickel (2007): Der Gründungszuschuss: Tipps für Existenzgründer Nachfolgeregelung der Ich-AG, S. 37.

2.4 Fachliche Unterstützung des Existenzgründers

Der Weg zum eigenen Unternehmen beinhaltet jede Menge Hindernisse sowohl während der Gründung als auch in den Jahren danach. Der Gründer muss in der Lage sein, diese Hindernisse frühzeitig zu erkennen und entsprechend zu reagieren. Viele Unternehmer scheitern und schaffen es nicht, sich mit ihrem Unternehmen am Markt zu etablieren. Laut einer Untersuchung der KfW Mittelstandsbank sind vor allem folgende Gründe ursächlich für dieses Scheitern: Finanzierungsmängel, Informationsdefizite, Qualifikationsmängel, Planungsmängel, Familienprobleme, Überschätzung der Betriebsleistung.[31] Fast alle diese Gründe stehen direkt oder indirekt mit der Gründerperson in Verbindung. Eine weitere „... Untersuchung der KfW Mittelstandsbank kam zu dem Ergebnis, dass die Insolvenzquote von den Unternehmen, die professionelle Beratung vor der Gründung in Anspruch genommen haben, sehr gering ist. Im Allgemeinen erleben sonst nur 50 Prozent der Existenzgründer den dritten Geburtstag ihres Unternehmens."[32] Wer also erfolgreich in die Selbstständigkeit starten möchte, für den ist eine umfassende Beratung unerlässlich. Beratung kann dabei die normale Beratung für ein „spezielles, definiertes Problem"[33] sein. Inner-

---

[31] Vgl. BMWi, 2007, Starthilfe: Der erfolgreiche Weg in die Selbstständigkeit, S. 12.
[32] Hofert, 2007, Praxisbuch Existenzgründung: Erfolgreich selbständig werden und bleiben, S. 69.
[33] Hofert, 2007, Praxisbuch Existenzgründung: Erfolgreich selbständig werden und bleiben, S. 66.

halb dieser geht es um die Vermittlung von (besserem) Wissen.[34] Eine andere Möglichkeit ist das Coaching. Als eine Art Wegbegleitung umfasst es immer mehrere Stunden.[35] „Der Coach hilft dem Coachee, Lösungen zu erkennen oder zu entwickeln, die bereits in ihm selbst liegen."[36] Neben den beiden erstgenannten Möglichkeiten gibt es noch das Mentoring „Ein Mentor ist Fürsprecher – meist ein erfahrener Unternehmer aus der Branche und dem beruflichen Umfeld, aus dem der Mentee stammt. Mentoring hilft mit persönlichem Rat und dem eigenen Erfahrungsschatz, ersetzt aber kein Coaching. Mentoring-Programme werden meist von Berufsverbänden angeboten."[37] Weitere Möglichkeiten, die ich im Zusammenhang mit der Beratung erwähnen möchte, sind die Teilnahme an Lehrgängen, Workshops, Seminaren,[38] sowie Gründungsplanspielen[39]. Diese Alternativen sind vor allem sinnvoll, wenn es um das praktische Üben geht (Buchhaltung, Verhandlungstechniken etc.). Die Angebote für Existenzgründungsberatung sind vielfältig. Es gibt sowohl kostenlose als auch kostenpflichtige Angebote.[40] Bei den kostenpflichtigen Angeboten ist gegebenenfalls eine Förderung durch öffentliche Mittel möglich.[41] Hier zum Beispiel: „Existenzgründungsberatung vor der Gründung: Der Zuschuss beträgt 50 % der Beratungskosten, maximal 1.500 Euro."[42] Auch die Qualität der Beratung ist sehr unterschiedlich.[43] Welche Beratung für wen in Frage kommt, ist abhängig vom individuellen Beratungsbedarf der Person. Grundsätzlich bieten folgende Institutionen Beratungen an: Industrie- und Handelskammern (IHK), Handwerkskammern, Berufs-

---

[34] Vgl. Hofert, 2007, Praxisbuch Existenzgründung: Erfolgreich selbständig werden und bleiben, S. 66.
[35] Vgl. Hofert, 2007, Praxisbuch Existenzgründung: Erfolgreich selbständig werden und bleiben, S. 66.
[36] Hofert, 2007, Praxisbuch Existenzgründung: Erfolgreich selbständig werden und bleiben, S. 66.
[37] Hofert, 2007, Praxisbuch Existenzgründung: Erfolgreich selbständig werden und bleiben, S. 66.
[38] Vgl. BMWi, 2007, Starthilfe: Der erfolgreiche Weg in die Selbstständigkeit, S. 15.
[39] Vgl. Falk [u. a.], 2006, Selbstständig und erfolgreich sein: Der neue Leitfaden für Existenzgründer, S. 17.
[40] Vgl. Hofert, 2007, Praxisbuch Existenzgründung: Erfolgreich selbständig werden und bleiben, S. 67.
[41] Vgl. BMWi, 2007, Starthilfe: Der erfolgreiche Weg in die Selbstständigkeit, S. 14.
[42] http://www.existenzgruender.de/selbstaendigkeit/gruendung_finanzieren/foerderprogramme/00560/index.php, abgerufen am 06.12.2007.
[43] Vgl. Hofert, 2007, Praxisbuch Existenzgründung: Erfolgreich selbständig werden und bleiben, S. 67.

verbände und Kammern, Beratungszentren der KfW Mittelstandsbank[44], Branchenverbände, Gründungsinitiativen, Volkshochschulen, Agenturen für Arbeit, Rationalisierungs- und Innovationszentren der deutschen Wirtschaft (RKW).[45] Neben der allgemeinen Beratung sollten auch Steuerberater, Rechtsanwälte sowie Versicherungsexperten, Financial Planner und Marketingexperten von Anfang an in das Vorhaben integriert werden. Darüber hinaus sind Gespräche mit bereits erfolgreichen Existenzgründern absolut empfehlenswert. Diese sehr allgemein gehaltenen Aussagen gelten natürlich adäquat für die Tätigkeit als Personal Trainer. Da das Berufsfeld noch sehr jung ist und sich bisher nur wenige Berater mit den expliziten Problemen dieser Branche beschäftigt haben, sollte der Personal Trainer bei der Auswahl seiner Berater besonders Wert auf deren Branchenkenntnisse legen. Gerade Fragen bezüglich Steuern, Rente, AGB oder auch Risikoabsicherung verlangen Expertenrat. Nachfolgend führe ich einige Internetadressen an, die seriöse Informationen zum Berufsbild und zum Thema Existenzgründung im Personal Training bieten:

- http://www.bdpt.org (Bundesverband Deutscher Personal Trainer e. V.),
- http://www.premium-personal-trainer.com (PREMIUM Personal Trainer Club).

---

[44] Vgl. Hofert, 2007, Praxisbuch Existenzgründung: Erfolgreich selbständig werden und bleiben, S. 67.
[45] Vgl. BMWi, 2007, Starthilfe: Der erfolgreiche Weg in die Selbstständigkeit, S. 15.

3 Die Unternehmerpersönlichkeit

Eine Unternehmensgründung bedeutet für den potenziellen Gründer und sein persönliches Umfeld eine große Veränderung. Als Existenzgründer ist man Unternehmer und somit verantwortlich für sein eigenes Unternehmen. „Der Unternehmer hat die Aufgabe, das Ziel des Unternehmens, die langfristige Gewinnmaximierung, zu fördern und Schaden von dem Unternehmen fern zu halten. Er muss dafür sorgen, dass keine Überschuldung eintritt und die Zahlungsbereitschaft jederzeit gewährleistet ist."[46] Anders als in einem Angestelltenverhältnis muss man in der Lage sein, sich selbst Ziele zu setzen und man muss die Disziplin besitzen, diese ohne Druck durch Vorgesetzte weiter zu verfolgen.[47] Als Unternehmer wirtschaftet man mit seinem eigenen Geld und trägt die volle Verantwortung für sein Handeln. Kurz gesagt: „Der Erfolg des Unternehmens hängt wesentlich von der Person des Gründers ab."[48] Was macht aber einen erfolgreichen Gründer aus? Welche Anforderungen werden an die Person gestellt und welche Eigenschaften muss er mitbringen? Hierzu kann gesagt werden, dass kein typisches Profil des erfolgreichen Existenzgründers besteht.[49] „Entscheidend ist die erforderliche Qualifikation des Existenzgründers hinsichtlich seines individuellen Vorhabens. Der Existenzgründer muss eine fachliche und unternehmerische Qualifikation aufweisen sowie körperlich, seelisch und geistig fit sein. Mängel in der fachlichen Qualifikation können durch Fleiß und Ausdauer behoben werden. Die unternehmerische Qualifikation ist es, die im Wesentlichen darüber entscheidet, ob der Schritt in die Selbstständigkeit erfolgreich verläuft."[50] Dieser Aussage von Collrepp stimmen auch Rasner, Füser und Faix zu. Ihrer Meinung nach benötigt ein Existenzgründer mehr als nur reines Fach-Know-how. Er muss verkaufen, betriebswirtschaftlich

---

[46] Collrepp, 2007, Handbuch Existenzgründung: Für die ersten Schritte in die dauerhaft erfolgreiche Selbstständigkeit, S. 5.
[47] Vgl. Collrepp, 2007, Handbuch Existenzgründung: Für die ersten Schritte in die dauerhaft erfolgreiche Selbstständigkeit, S. 5.
[48] Collrepp, 2007, Handbuch Existenzgründung: Für die ersten Schritte in die dauerhaft erfolgreiche Selbstständigkeit, S. 5.
[49] Vgl. Collrepp, 2007, Handbuch Existenzgründung: Für die ersten Schritte in die dauerhaft erfolgreiche Selbstständigkeit, S. 5.
[50] Vgl. Collrepp, 2007, Handbuch Existenzgründung: Für die ersten Schritte in die dauerhaft erfolgreiche Selbstständigkeit, S. 5.

denken und strategisch agieren können.[51] Auch der neue Leitfaden für Existenzgründer bestätigt diese Anforderungen. Zusammengefasst fordert er von einem Existenzgründer folgende Voraussetzungen: „umfangreiches Fachwissen, betriebswirtschaftliche Kenntnisse, Rechtskenntnisse, Berufs- und Branchenerfahrung, Lebenserfahrung, Führungseigenschaften, Marktkenntnisse und ein Gefühl für Marketing".[52] Neben diesen Anforderungen gibt es bestimmte Merkmale, die einen erfolgreichen Existenzgründer auszeichnen. Dazu zählen: „Durchsetzungsvermögen, Begeisterungsbereitschaft, Freude am Beruf, Kontaktfreudigkeit, Belastbarkeit."[53] Diese Merkmale und der feste Glaube an den eigenen Erfolg sind unverzichtbar, um den hohen Anforderungen des Unternehmer-Daseins gewachsen zu sein. Man muss sich bewusst sein, dass der neue Beruf ein Höchstmaß an Flexibilität abverlangt, sowohl inhaltlich als auch zeitlich[54] und gerade in den ersten Jahren ein regelmäßiges und stabiles Einkommen nicht gewährleistet ist.[55] Auch die familiären Rahmenbedingungen müssen geklärt sein. Die Unterstützung der Familie ist ein wesentlicher Garant für den Erfolg oder Misserfolg des Vorhabens. Nicht selten scheitert eine Existenzgründung gerade an diesem Punkt.[56] Jeder Gründer muss deshalb individuell prüfen, ob er die Grundvoraussetzungen für eine selbstständige Tätigkeit mitbringt und bewusst entscheiden, ob diese im Hinblick auf die eigene Persönlichkeit und die momentane Lebenssituation tatsächlich angestrebt werden sollte. Auch für eine erfolgreiche Selbstständigkeit als Personal Trainer ist diese Selbstprüfung unverzichtbar. Die nachfolgende Abbildung präsentiert eine Checkliste, anhand der man feststellen kann, ob man die Voraussetzungen für eine Selbstständigkeit erfüllt. Sie ist nur ein Beispiel. Neben dieser Checkliste existieren viele weitere.

---

[51] Vgl. Rasner, Füser, Faix, 1997, Das Existenzgründer Buch: Von der Geschäftsidee zum sicheren Geschäftserfolg, S. 350.
[52] Falk [u. a.], 2006, Selbstständig und erfolgreich sein: Der neue Leitfaden für Existenzgründer, S. 15.
[53] Falk [u. a.], 2006, Selbstständig und erfolgreich sein: Der neue Leitfaden für Existenzgründer, S. 16.
[54] Vgl. Freese, 2006, Start-up Personal Training: Einstieg und Aufstieg, S. 21.
[55] Vgl. Collrepp, 2007, Handbuch Existenzgründung: Für die ersten Schritte in die dauerhaft erfolgreiche Selbstständigkeit, S. 5.
[56] Vgl. Falk [u. a.], 2006, Selbstständig und erfolgreich sein: Der neue Leitfaden für Existenzgründer, S. 17.

Abbildung 3: Checkliste: Bin ich ein Unternehmertyp?

Disziplin	Ja	Nein
• Teile ich meine Zeit effektiv ein und arbeite konsequent auch ohne Druck von oben?		
• Packe ich unangenehme Aufgaben sofort an und neige nicht dazu, sie aufzuschieben?		
Risikoabsicherung	**Ja**	**Nein**
• Kann ich damit umgehen, längere Zeit kein eigenes Einkommen zu haben?		
• Bin ich bereit, ein gewisses Risiko einzugehen und versichere mich nicht gegen sämtliche Gefahren?		
Private Rahmenbedingungen	**Ja**	**Nein**
• Reagiert mein privates Umfeld (Familie, Freunde) positiv?		
• Unterstützt mich mein Lebensgefährte im Hinblick auf:		
- meine Geschäftsidee		
- meine Selbstständigkeit		
- meine familiären Verpflichtungen?		
• Bin ich stark genug, mein Vorhaben auch längere Zeit gegenüber Pessimisten zu verteidigen?		
Warum selbstständig?	**Ja**	**Nein**
• Möchte ich Neues schaffen?		
• Bin ich vom Erfolg überzeugt?		
• Bin ich aus meinem Inneren heraus motiviert und möchte nicht nur anderen etwas beweisen?		
• Fliehe ich nicht nur vor der Unterordnung im Angestelltenverhältnis?		
Persönliche Eigenschaften	**Ja**	**Nein**
• Vertrete ich meine Interessen selbstbewusst anderen gegenüber?		
• Reagiere ich auf Widerstände vernünftig und besonnen?		
• Trage ich Eigenverantwortung und suche nicht immer Schuldige für meine Situation?		
• Schaue ich nach vorn und bin optimistisch?		
• Bin ich bereit, bis zu 16 Stunden am Tag zu arbeiten?		
• Ich gerate nicht in Panik und Hektik, wenn nicht alles ohne Probleme klappt.		
• Ich bin in der Lage, mehrere Aufgaben parallel zu erledigen.		
Qualifikation/Fähigkeiten	**Ja**	**Nein**
• Ich verfüge über kaufmännisches Know-how.		
• Ich kann mir vorstellen, Mitarbeiter zu führen und zu motivieren.		
• Aufgaben zu delegieren und auf die zuverlässige Erledigung zu vertrauen, fällt mir nicht schwer.		
• Kritik äußere ich immer konstruktiv.		
• Es fällt mir nicht schwer, ständig neue Ideen zu entwickeln.		
Können Sie weniger als die Hälfte der Fragen mit JA beantworten, sollten Sie Ihren Plan, sich selbstständig zu machen, noch einmal gründlich überdenken.		

Quelle: Investitionsbank Berlin, Existenzgründer-Leitfaden, S. 9., unter: http://www.kontinuumberlin.de/marktbuero/existenz/leitfaden_exist enzgruendung.pdf, abgerufen am 22.12.2007.

4 Begriffe und Erklärungen zum Personal Training

Eine Selbstständigkeit im Bereich Personal Training setzt zunächst einmal eine ausführliche Auseinandersetzung mit dem Thema Personal Training voraus. Insofern gebe ich im nächsten Abschnitt einen Überblick über das Berufsfeld.

4.1 Definition Personal Training

Personal Training ist ein speziell auf eine Person maßgeschneidertes Fitnessprogramm, welches Ausdauer, Kraft, Beweglichkeit und Koordination trainiert.[57] Die Besonderheit des Personal Trainings liegt in der persönlichen eins zu eins Trainingsbetreuung. „Beim Personal Training steht nur eine Person im Mittelpunkt: der Klient. Seine Bedürfnisse und Belange sind Angelpunkt jeder Handlung."[58] Durch ein „individuelles, räumlich und zeitlich flexibles sowie ganzheitliches Gesundheitsmanagement"[59] wird eine hohe Trainingseffektivität und Kundenorientierung gewährleistet. In der Praxis wird Personal Training wie folgt definiert: „Nach einem eingehendem Gesundheits- und Fitnesscheck wird ein auf Ihre Bedürfnisse abgestimmter Fitnessplan erstellt. Professionelle Trainer betreuen Sie individuell, korrigieren und motivieren. So erreichen Sie Ihr Ziel, wie z. B. Gewichtsreduktion, Muskelaufbau, Fitness oder Straffung, gesünder und effektiver."[60] Die Kernidee des Personal Trainings ist demnach nicht nur die Erstellung von Trainings- oder Ernährungsplänen, sondern gleichwohl die Umsetzung der Inhalte mit dem Klienten.[61] In Deutschland ist diese Dienstleistung noch sehr jung. Personal Training ist bis heute kein Lehrberuf und die Berufsbezeichnung Personal Trainer ist nicht geschützt.[62] Eine staatlich anerkannte Ausbildung zum Personal Trainer gibt es nicht und sie ist derzeit auch nicht in Aussicht.[63] Das bedeutet, jeder kann sich Personal Trainer nennen. Die Einstiegsmöglichkeiten, um als Personal Trainer zu arbeiten, sind vielfältig. Sie reichen vom

---

[57] Vgl. Wade, 1996, Personal Training – Fitneß für ein neues Lebensgefühl, S. 10.
[58] Weigmann, 2003, „Start-up", S. 12.
[59] Kieß, 2003, Erfolgskonzept Personal Training: Selbständigkeit, Marketing, Trainingsplanung, S. 8.
[60] http://www.wellnessfinder.de/index.php?id=1920, abgerufen am 11.12.2007.
[61] Vgl. Freese, 2006, Start-up Personal Training: Einstieg und Aufstieg, S. 15.
[62] Vgl. Riedl, 2003, „Ausbildung und Anforderungsprofil eines Personal Trainers", S. 16.
[63] Vgl. Freese, 2006, Start-up Personal Training: Einstieg und Aufstieg, S. 11.

sportwissenschaftlichen Universitätsabschluss über eine staatliche physiotherapeutische Ausbildung bis hin zur Trainerlizenz. Dazwischen sind noch weitere Zugangsmöglichkeiten zu finden. „Personal Training tritt in verschiedenen Erscheinungsformen in Deutschland auf. Personal Trainer arbeiten entweder auf selbstständiger Basis oder aber angegliedert an Fitneßstudios, Krankengymnastikpraxen, Rehazentren oder sonstigen medizinischen Einrichtungen."[64]

4.2 Ursprung und Entwicklung des Personal Trainings

Die Frage nach dem konkreten Ursprung des Personal Trainings kann nach Auswertung der Literatur nicht eindeutig beantwortet werden. Einigkeit besteht zwar über Amerika als Herkunftsland, aber die zeitlichen Angaben sind different. Kieß schreibt: „Wie viele andere Dienstleistungen hat auch Personal Training seinen Ursprung in den USA. Die ersten Personal Trainer coachten dort schon vor über 60 Jahren gesundheitsbewusste Kunden."[65] Weigmann meint: „Die Amerikaner nutzen diese Dienstleistung bereits seit Mitte des letzten Jahrhunderts, verstärkt seit Mitte der Achtzigerjahre."[66] Karsch ist der Meinung: „Personal Training kommt aus den USA und hat seit Beginn der neunziger Jahre des 20. Jahrhunderts auch Europa erfasst. In Amerika begann die Entwicklung der Fitnessbranche bereits 1936, als Jack LaLanne sein erstes Fitnessstudio eröffnete."[67] Kramer äußert sich zu Ursprung und Entwicklung der Dienstleistung wie folgt: „Die amerikanische Geschichte des Personal Trainings zieht sich also über weit mehr als ein halbes Jahrhundert und erlebt seinen Boom seit den achtziger Jahren."[68] Wie aber entwickelte sich Personal Training in Deutschland? Wann wurde die Dienstleistung hier bekannt? Laut Kramer fand die Dienstleistung Mitte der neunziger Jahre Beachtung. Er verweist dabei vor allem auf Jennifer Wade, die damals vermehrt in den Medien erschien und in München den Ausbildungsgang Qualified Personal Trainer kreierte. Mit dem Schutz des Titels versuchte sie, einen besse-

---

[64] Früh, 2001, „Entwicklung einer Marketingkonzeption für Personal Training unter Berücksichtigung der branchenspezifischen Besonderheiten", S. 7.
[65] Kieß, 2003, Erfolgskonzept Personal Training: Selbständigkeit, Marketing, Trainingsplanung, S. 9.
[66] Weigmann, 2003, „Start-up", S. 10.
[67] Karsch, 10/2007, „An jedem Ort zu jeder Zeit: Personal Training", S. 48.
[68] Kramer, 2007, Personal Training als Trend: Exklusiv, zielorientiert, effektiv, S. 11.

ren Standard der Branche zu gewährleisten.[69] Freese und Stergiou bestätigen den zeitlichen Rahmen und verweisen ebenfalls auf Mitte bis Ende der neunziger Jahre. Sie beschreiben, wie schwierig die Bekanntmachung des Berufsbildes in Deutschland aufgrund der Assoziation zur Personalberatung für Unternehmen war. Ferner zeigen sie auf, dass die Entwicklung der Fitnessbranche in Deutschland anders verlief als in Amerika. In den USA war eine Mitgliederbetreuung nicht in der Mitgliedschaft enthalten. Lediglich das Equipment und eine erste Einweisung wurden bereitgestellt. Für weitere Unterweisungen musste man wiederum einen Trainer in Anspruch nehmen und zusätzlich bezahlen. In Deutschland dagegen war kaum jemand bereit, zusätzlich Geld zu investieren. Eine Mitgliedschaft mit Trainerbetreuung war normal. Freese und Stergiou sprechen von einer „All-inclusive-Mentalität"[70], die die Etablierung des Berufsbildes lange Zeit verhinderte.[71] Weiter erklärt Freese, dass die Entwicklung des Personal Trainings in Deutschland maßgeblich durch die Gründung des Bundesverbandes Deutscher Personal Trainer e. V. sowie den Aufbau der beiden Internetplattformen personalfitness.de und PREMIUM Personal Trainer Club beeinflusst wurde und sich seitdem zu einem seriösen Berufsbild und festen Bestandteil der kommerziellen Fitness- und Gesundheitsbranche entwickelt.[72] Er sagt wörtlich: „Ende der 90er Jahre noch als Service für Superreiche verspottet, leisten sich heute auch viele Otto Normalverbraucher einen Personal Trainer; manche als gelegentlichen Trainings- oder Ernährungsplaner, andere wiederum als ständigen Trainingspartner, der dem inneren Schweinehund seines Klienten zu Leibe rückt."[73] Nach Kieß liegen die Ansätze des Personal Trainings in Deutschland bereits in den achtziger Jahren. Als eigentliche Geburtsstunde des Personal Trainings verweist er auf das Jahr 1998.[74] In einem Artikel der Zeitschrift Trainer beschreibt er die Ent-

---

[69] Vgl. Kramer, 2007, Personal Training als Trend: Exklusiv, zielorientiert, effektiv, S. 11.
[70] Freese, Stergiou, 2003, Personal Training: „The Practice Book": Übungsprogramme für die one-to-one-Betreuung im Fitness-Club oder Home-Training, S. 10.
[71] Vgl. Freese, Stergiou, 2003, Personal Training: „The Practice Book": Übungsprogramme für die one-to-one-Betreuung im Fitness-Club oder Home-Training, S. 9-10.
[72] Vgl. Freese, 8/2007, „Personal Training wird erwachsen", S. 13.
[73] Vgl. Freese, 8/2007, „Personal Training wird erwachsen", S. 13.
[74] Vgl. Kieß, 2003, Erfolgskonzept Personal Training: Selbständigkeit, Marketing, Trainingsplanung, S. 9.

wicklung der Dienstleistung in ihren einzelnen Phasen. Die nachfolgende Darstellung gibt einen Überblick über diese Phasen.

Abbildung 4: Die Entwicklung des Personal Trainings in Deutschland

1. Die Pionierphase (1985 bis 1999)
Die erste Phase war gekennzeichnet durch eine geringe Zahl an Personal Trainern, die ein Einzelkämpfertum pflegten. Ihre Arbeit lebte vor allem vom Ausprobieren. Einen Erfahrungsaustausch untereinander gab es nicht. Die Nachfrage nach dem Produkt war gering und kam hauptsächlich über Empfehlung zustande. Es gab kaum Literatur und auch in den Medien fand die Dienstleistung nur geringe Beachtung. Lediglich ein Beitrag aus dem Stern im Jahr 1996 stellte den Beruf, der damals noch Bodyguard genannt wurde, dar. Internetplattformen oder Netzwerke für Personal Trainer waren noch nicht existent.
2. Die schnelle Expansion (1999 bis 2001)
Innerhalb der zweiten Phase stieg der Bekanntheitsgrad des Personal Trainings durch viele veröffentlichte Berichte in Presse und TV und damit auch die Nachfrage. Führungskräfte gehörten zum neuen Klientel. Die Konkurrenz unter den Trainern war gering. Es kam zur Gründung der ersten Interessengemeinschaften, welche bis heute aktiv sind. Dazu zählen wie bereits erwähnt: der 1999 gegründete Bundesverband Deutscher Personal Trainer e. V. sowie die beiden Internetplattformen – PersonalFitness.de und der PREMIUM Personal Trainer Club (vormals PERSONAL TRAINER NETWORK). Das Jahr 2000 war besonders prägend für die Darstellung des Berufsbildes. Das Unternehmermagazin „die geschäftsidee" berichtete erstmals über die Vollexistenz des Personal Trainers und vermittelte fundiertes Wissen.
3. Die Reifephase (2001 bis 2005)
„Die Reifephase" begann mit der Etablierung der Dienstleistung Personal Training im Fitness- und Gesundheitsmarkt. Durch die große Medienpräsenz wurden die Vorzüge der Dienstleistung immer bekannter. Es kam zu einem starken Anstieg an Personal Trainern und auch die Zahl an qualifizierten und nicht qualifizierten Aus- und Fortbildungsangeboten stieg. Der Konkurrenzkampf entwickelte sich zunehmend. Erfolgreich waren vor allem Trainer, die sich mit viel Knowhow in den Bereichen Trainings- und Bewegungslehre sowie Rehabilitation selbstständig machten. Wichtig in Bezug auf diese Arbeit ist der Hinweis von Kieß, dass sich nur wenige Trainer tatsächlich selbstständig machten und machen und große Skepsis gegenüber einer Vollselbstständigkeit bestand und besteht. Durch mehrere Standbeine versuchen sich Trainer ihren Lebensunterhalt zu sichern. Kieß vermutet dahinter eine allgemeine Angst vor einer Selbstständigkeit, vor Bürokratismen, dem Nichtglauben an den Erfolg als Trainer sowie fehlende Qualifikationen.
4. Die Gegenwart
Die letzte Phase ist die Phase der Gegenwart. Kieß bezeichnet sie als Verdrängungswettbewerb. Sie schildert die momentane Situation und soll daher unter Gliederungspunkt 4.3 beschrieben werden.

Quelle: Eigene Darstellung in Anlehnung an Kieß (2007): „Beruf mit Zukunft: Personal Trainer: Die richtige Positionierung im Markt", 3/2007, S. 28-30.

Bevor ich im nächsten Absatz die momentane Situation der Branche aufzeige, möchte ich noch kurz auf die Vermutung von Kieß in der Reifephase Bezug nehmen. Er meint: „... eine allgemeine Angst vor einer Selbstständigkeit, vor den Bürokratismen, dem Nichtglauben an den Erfolg als Personal Trainer und eine fehlende Qualifikation"[75], seien vermutlich die Gründe, warum Personal Trainer nur selten den Weg der Selbstständigkeit gingen. An dieser Stelle zeigt sich, warum meine allgemeinen Äußerungen in den ersten Gliederungspunkten für jede Art der Selbstständigkeit wichtig sind. Aus meiner Sicht können eine ausführliche Auseinandersetzung mit den Motiven der Existenzgründung, eine intensive Prüfung der Eignung zum Unternehmer sowie eine gründliche Informationsrecherche zum Beruf des Personal Trainers das Scheitern des Vorhabens erheblich senken.

4.3 Momentane Situation der Branche in Deutschland

Die Fitness- und Wellnessbranche wächst derzeit nicht mehr so stark wie noch vor fünf Jahren, aber sie gehört immer noch zu den krisenfesten Wirtschaftszweigen, denen auch künftig weiteres Wachstum bescheinigt wird.[76] Gegenwärtig sind 25 Millionen Menschen in Sportvereinen organisiert und 4,66 Millionen sind in Fitnessanlagen vertreten.[77] Personal Training als Teilbereich der Fitness- und Wellnessbranche hat sich in den vergangenen Jahren ebenfalls beachtlich entwickelt und mittlerweile die Phase des Verdrängungswettbewerbs erreicht.[78] Eine optimale Positionierung ist die Voraussetzung, um sich gegenwärtig noch in der Branche zu etablieren. Bevor ich aber die momentane Situation der Branche aufzeige, soll an dieser Stelle auf die Schwierigkeit dieser Branchenanalyse hingewiesen werden. Es gibt bislang keine Erhebung, die eine genaue Aussage über die Personal Training-

---

[75] Kieß, 3/2007, „Beruf mit Zukunft: Personal Trainer: Die richtige Positionierung im Markt", S. 29.
[76] Vgl. FOCUS, 2005, „Der Markt für Fitness und Wellness: Daten, Fakten, Trends", S. 1; unter:
http://www.dienstleisterinfo.ihk.de/branchen/Fitnesswirtschaft/Merkblaette r/05fitness.pdf, abgerufen am 23.12.2007.
[77] Vgl. FOCUS, 2005, „Der Markt für Fitness und Wellness: Daten, Fakten, Trends", S. 1; unter:
http://www.dienstleisterinfo.ihk.de/branchen/Fitnesswirtschaft/Merkblaette r/05fitness.pdf, abgerufen am 23.12.2007.
[78] Vgl. Kieß, 3/2007, „Beruf mit Zukunft: Personal Trainer: Die richtige Positionierung im Markt", S. 29.

Szene zulässt.[79] Erstmals fällt das fehlende Zahlenmaterial bei der Bestimmung der Zahl der tatsächlich tätigen Personal Trainer auf. Diese Zahl kann nur geschätzt werden. Demzufolge sind derzeit bundesweit rund 900 Personal Trainer[80] in Deutschland tätig. Nur etwa 300 Trainer davon arbeiten selbstständig, die Restlichen führen ihre Tätigkeit nebenberuflich aus.[81] Diese Aussage wird in der body LIFE 8/2007 bereits etwas nach oben korrigiert. Freese spricht hier von einer Marktnische, die etwa 500 - 600 freiberufliche Personal Trainer und etwa 2000 - 3000 Klienten zählt. Zu dem bieten jetzt auch Studioketten wie Holmes Place, Fitness Company, Meridian Spa, Mc Fit oder Fit 24 eigene Personal Trainings-Konzepte an.[82] Neben der gestiegenen Zahl an Trainern ist auch die Zahl der Trainerplattformen in den vergangenen Jahren rasant gewachsen. Abgesehen vom Bundesverband Deutscher Personal Trainer e. V. (BDPT e. V.), existieren der PREMIUM Personal Trainer Club (PPT Club), PersonalFitness.de, first GUIDE, der Bundesverband ausgebildeter Personal Fitness Trainer e. V. (VAPT e. V.), QPT®Network, vanderklok® personal training, u. a. Kieß äußert sich zu dieser Entwicklung wie folgt: „Den Verdrängungswettbewerb bekommen auch zusehends die etablierten Trainerplattformen zu spüren. Immer mehr Homepages bieten eine Personal Trainer-Suche an. Dabei wird auf unterschiedliche Art und Weise gearbeitet. Manche Plattformen bieten eine reine Suche an, ohne den Trainern einen weiteren Nutzen zur Verfügung zu stellen. Diese Plattformen sind oftmals nicht führend in den diversen Suchmaschinen, so dass ein Listing nur wenig erfolgversprechend ist. Wichtig für jeden Personal Trainer ist jedoch ein schnelles Auffinden im Internet, da diese Plattform sich in den letzten Jahren neben einer persönlichen Empfehlung zum wichtigsten Marketinginstrument entwickelt hat."[83] Daneben verweist Kieß auf einen weiteren wichtigen Punkt, der den Verdrängungswettbewerb deutlich macht, und thematisiert ein tief greifendes Problem der Branche: das Preisdumping. Er meint: „Die Stundenhonorare beginnen bei

---

[79] Vgl. Freese, 8/2007, „Personal Training wird erwachsen", S. 12.
[80] Vgl. http://www.fitforfun.de/fitness/studiotraining/personaltraining/personaltrainer_aid_3153.html, abgerufen am 23.12.2007.
[81] Vgl. http://www.fitforfun.de/fitness/studiotraining/personaltraining/personaltrainer_aid_3153.html, abgerufen am 23.12.2007.
[82] Vgl. Freese, 8/2007, „Personal Training wird erwachsen", S. 13.
[83] Kieß, 3/2007, „Beruf mit Zukunft: Personal Trainer: Die richtige Positionierung im Markt", S. 30.

20,- Euro brutto und gehen bis 150,- Euro netto pro 60 min Personal Training. Für den potenziellen Klienten wird es somit immer schwerer zu erkennen, worin der Unterschied zwischen einem 20-Euro-Studio-Trainer und einem 150-Euro-Personal-Trainer liegt. Durch die oftmals viel zu günstigen Stundenhonorare ‚verkommt' Personal Training zusehends zur ‚Massenware'."[84] Auch Früh erfasst dieses Problem und sagt: „Gerade viele Studenten sehen darin eine Möglichkeit nebenberuflich und schwarz Geld zu verdienen und schädigen damit durch ‚Dumpingpreise' Personal Trainer, die versuchen sich Ihren Lebensunterhalt als Selbstständiger zu verdienen." [85] Letztere sind gezwungen, wie sich im Verlaufe dieser Arbeit herausstellen wird, höhere Stundenhonorare zu nehmen. Außerdem prognostiziert Kieß dem Markt eine ähnliche Entwicklung wie in den USA. Er meint, es werde zukünftig mehr und mehr Billiganbieter für Personal Training geben und nur ein kleiner Teil werde sich im „Premium-Segment" etablieren.[86]

Die steigende Zahl an Trainern sowie die Vielzahl an neuen Trainerplattformen ist vor allem auf die niedrigen Markteintrittsbarrieren der Branche zurückzuführen. Die fehlende staatliche Anerkennung und die fehlende Zertifizierung von unabhängiger Stelle ermöglichen heute jedem die Tätigkeit als Personal Trainer. Verschiedene private Einrichtungen haben sich bisher dieses Qualitätsproblems und des fehlenden Berufsbildes angenommen. Sie versuchen durch Ausbildungs- und Zertifizierungsangebote sowie Aufnahmeprüfungen die Qualität der Dienstleistung zu sichern und das Angebot transparenter zu machen. Kramer fasst diese Angebote wie folgt zusammen: „Erreichbare Titel sind z. B. Qualified Personal Trainer bei Jennifer Wade in München oder die Mitgliedschaft im Personal Trainer Network mit dem Status eines Premium Personal Trainers. Einen unabhängigeren Status nimmt der Bundesverband Deutscher Personal Trainer (BDPT) ein. Anfang 2000 ins Leben gerufen sieht er neben der Öffentlichkeitsarbeit, der Zusammenarbeit mit Netzwerken und Nutzung von Verbandsvorteilen seine Hauptaufgabe in der Zertifizierung von Ausbildungen und Zusammenarbeit im Fortbildungssektor, um so Qualitätsstandards zu

---

[84] Kieß, 3/2007, „Beruf mit Zukunft: Personal Trainer: Die richtige Positionierung im Markt", S. 29.
[85] Früh, 2001, „Entwicklung einer Marketingkonzeption für Personal Training unter Berücksichtigung der branchenspezifischen Besonderheiten", S. 15.
[86] Vgl. Kieß, 3/2007, „Beruf mit Zukunft: Personal Trainer: Die richtige Positionierung im Markt", S. 29-30.

setzen. So bieten Ausbildungsinstitute wie Meridian Academy, safs&beta, IFAA und die Deutsche Trainer Akademie eine vom Verband zertifizierte Personal-Trainer-Ausbildung an, mit der man den Status als zertifizierter Personal Trainer erreichen kann."[87] Ergänzend sei auf den Verband ausgebildeter Personal Trainer e. V. (VAPT e. V.), der 2005 gegründet wurde[88], hingewiesen. Hier stellt sich die Frage nach dem Sinn und Zweck einer zweiten Dachorganisation. Aus meiner Sicht bestätigt dieser Punkt wiederholt die „diffusen Marktstrukturen."[89] Auch der VAPT e. V. bietet eigene Ausbildungsangebote in Zusammenarbeit mit dem Gluckerkolleg an und zertifiziert Trainer nach eigenen Qualitätskriterien. Der wohl jüngste Versuch, das Qualitätsmanagement im Personal Training voranzutreiben, ist AQZEPT. Seit Mai 2007 besteht ein neues Zertifizierungsverfahren für Personal Trainer. Initiator hierfür ist der BDPT e. V. in Zusammenarbeit mit der Agentur AQZEPT.[90] Wie sich dieses Zertifizierungsverfahren entwickelt und ob es vom Markt angenommen wird, darüber kann derzeit noch keine Aussage getroffen werden. Insgesamt kann man feststellen, dass das Interesse nach individueller Trainingsbetreuung steigt. Die Plattform Personalfitness.de verzeichnete beispielsweise im Zeitraum 2002 bis 2003 mit über 360 registrierten Trainern rund 2000 Buchungen und gibt ferner an, dass die Nachfragesituation bis heute um weitere 30 Prozent gestiegen sei.[91] Gegenwärtig sind auf dieser Plattform 345 registrierte Goldmember (beitragspflichtige Mitgliedschaft)[92] und es werden etwa 60 - 80 Kundenkontakte täglich vermittelt.[93] Auch die Zahlen des PPT Clubs zeigen, welches Potenzial in diesem Markt steckt. Der Club zählt derzeit rund 130 Bewegungsexperten. Im Jahr 2006 wurden 975 Anfragen über das Kontakt-Formular des PPT Clubs registriert. 318 Klienten davon wurden vermittelt. Das entspricht einer Abschlussquote von 33 Prozent. Somit lag der geschätzte Neuumsatz

---

[87] Kramer, 2007, Personal Training als Trend: Exklusiv, zielorientiert, effektiv, S. 14.
[88] E-Mail von Stephan Müller, Gründung VAPT e. V., 13.12.2006, (mueller@firstguide.com).
[89] Früh, 2001, „Entwicklung einer Marketingkonzeption für Personal Training unter Berücksichtigung der branchenspezifischen Besonderheiten", S. 1.
[90] Vgl. Freese, 8/2007, „Personal Training wird erwachsen", S. 16.
[91] Vgl. Weber, 5/2005, „Personal Training in Deutschland", S. 34.
[92] Vgl. http://www.personalfitness.de/faq/index.php#a0, abgerufen am 21.12.2007.
[93] Vgl. Freese, 8/2007, „Personal Training wird erwachsen", S. 13.

aus vermittelten Klienten über den PPT Club bei 973.910 Euro.[94] Personal Training scheint somit ein sehr lukrativer und interessanter Markt zu sein. Das zeigt sich auch in einem weiteren Punkt: „Auf dem Weltwirtschaftsgipfel in Davos 2006 wurde über die Erfolgsaussichten diverser Berufe diskutiert; der Personal Trainer ist demnach im Jahre 2020 der Beruf mit den besten Erfolgsaussichten."[95]

Abschließend möchte ich noch eine Trenddarstellung von Jens Freese geben. Er spricht von „Personal Training als Profiteur gesellschaftlicher Entwicklungen"[96] und hebt in dem Zusammenhang vier gesellschaftliche Trends[97] in Deutschland hervor.

---

[94] Vgl. Kieß, 2007, PPT_Germany.pdf.
[95] Kieß, 3/2007, „Beruf mit Zukunft: Personal Trainer: Die richtige Positionierung im Markt", S. 28; Vgl. http://www.welt.de/print-wams/article137944/Fitness-Trainer_muesste_man_sein.html, abgerufen am 28.12.2007.
[96] Freese, 2006, Start-up Personal Training: Einstieg und Aufstieg, S. 13.
[97] Vgl. Freese, 2006, Start-up Personal Training: Einstieg und Aufstieg, S. 13-14.

Abbildung 5: Gesellschaftliche Trends in Deutschland

Einspartrend	Individualisierungstrend	Schönheitstrend	Exklusivtrend
• Erhöhung von Zuzahlungen durch Patienten • Streichung von Leistungen aus dem Leistungskatalog • Anstieg der allgemeinen Lebenserwartung der Bevölkerung mit einhergehendem Anstieg der körperlichen Verschleißerscheinungen • Gesundheit und Fitness als Privatsache für jeden Einzelnen • Entwicklung eines Bewusstsein für Prävention	• Vielzahl an unterschiedlichen Bewegungsangeboten • 70er Jahre Vereinssport • 80er - 90er Jahre individuelles Fitnesstraining im Studio • 90er Jahre rasanter Anstieg der Fitnessbegeisterten im Studio • Entwicklung von Exklusivketten • Seit ca. zehn Jahren in Deutschland: Personal Training als maßgeschneidertes exklusives Fitnessprogramm	• Wachsende Zahl von Bulimie- oder Anorexia nervosa-Patienten • Stetig steigende Nachfrage nach Schönheitsoperationen • Steigende Ausgaben für private Wellnesanwendungen • 2010 Explosion des Präventionsmarktes • Wachsendes Interesse an Hormonbehandlungen und Nahrungsergänzungsprodukten • Streben nach Forever-Young	• Trend zur Zweiklassengesellschaft in der Fitnessbranche • Einerseits Exklusivketten (Elexia, Meridian, Holmes Place) • Andererseits Billiganbieter (Fit 24, Mc Fit) • Hohes Einkommen → erhöhter Wunsch nach Service (Ambiente, Umgangsformen, trendige Angebote etc.) **Fazit:** • Personal Trainingsangebote präsentieren sich oberhalb der exklusiven Studios

Quelle: Eigene Darstellung in Anlehnung an Freese (2006): Start-up Personal Training: Einstieg und Aufstieg, S. 13-14.

5   Das Anforderungsprofil an einen Personal Trainer

„Ein Personal Trainer fungiert ... als Berater, Wegbegleiter, Motivator, Leidensgenosse und Psychologe."[98] „Personal Training ist eine komplexe Dienstleistung, individuell auf jeden Klienten zugeschnitten, exklusiv und extrem persönlich. Für viele Klienten ist der Personal Trainer ein wichtiger Ansprechpartner, dem man sich anvertraut."[99] Diese Aussagen weisen darauf hin, dass der Beruf „Personal Trainer" durch zahlreiche Facetten geprägt ist und eine höchst anspruchsvolle Dienstleistung darstellt. Im Widerspruch dazu steht jedoch die Tatsache, dass Personal Training kein Lehrberuf und somit auch keine geschützte Berufsbezeichnung ist.[100] Es gibt bisher keine fundierte Ausbildung[101] und kein einheitliches Anforderungsprofil. Grundsätzlich bedeutet das, jeder, der sich berufen fühlt, kann sich so bezeichnen. Für einen potenziellen Existenzgründer sollte eine solide Ausbildung dennoch eine Grundvoraussetzung sein. Dabei sei nicht nur auf die Verantwortung gegenüber dem Klienten verwiesen, auch marketingtechnisch ergeben sich aufgrund einer professionellen Ausbildung Vorteile. Die Internetplattformen, auf denen sich ein Trainer listen kann, haben sich in den letzten Jahren zum zweitwichtigsten Marketinginstrument entwickelt.[102] „Seriöse Netzwerke arbeiten mit entsprechend hohen Eingangskriterien ... ."[103] Diese Eingangskriterien können für den potenziellen Trainer ebenfalls wegweisend sein und als Orientierung im Unternehmensaufbau dienen. In den Anlagen 1 bis 4 sind die Anforderungskriterien einzelner Plattformen sowie die Anforderungen von AQZEPT beigefügt. Nachfolgend möchte ich eine allgemeine Darstellung zum Anforderungsprofil eines Personal Trainers geben.

---

[98] Freese, 2006, Start-up Personal Training: Einstieg und Aufstieg, S. 14-15.
[99] Kieß, 3/2007, „Beruf mit Zukunft: Personal Trainer: Die richtige Positionierung im Markt", S. 30.
[100] Vgl. Riedl, 2003, „Ausbildung und Anforderungsprofil eines Personal Trainers", S. 16.
[101] Vgl. Kieß, 3/2007, „Beruf mit Zukunft: Personal Trainer: Die richtige Positionierung im Markt", S. 30.
[102] Vgl. Kieß, 3/2007, „Beruf mit Zukunft: Personal Trainer: Die richtige Positionierung im Markt", S. 30.
[103] Kieß, 3/2007, „Beruf mit Zukunft: Personal Trainer: Die richtige Positionierung im Markt", S. 30.

5.1 Fachliche Voraussetzungen

Ein Personal Trainer sollte über eine gute fachliche Grundausbildung mit sport- oder medizinfachlicher Komponente verfügen.[104] Folgenden Grundausbildungen sind dabei denkbar: „**Studiengänge:**

- Sportwissenschaften
- Sportmedizin

Staatliche oder private Fachschulausbildungen:

- Physiotherapie (Zusatzqualifikation im Bereich Sport von Vorteil)
- Sport- und Gymnastiklehrer

Private Ausbildungsinstitute:

- Fitness-Trainer Ausbildungen Basic/Master".[105]

Gleichwohl bereiten diese angeführten Ausbildungskonzepte nicht ausreichend auf die Tätigkeit als Personal Trainer vor. Inhaltlich fehlen wichtige Themen „wie z. B. Kundenakquise, Marketing, Kommunikation, Umgang mit Menschen, Kundenbetreuung, Dienstleistungsaspekte".[106] Aus diesem Grund ist es sinnvoll, zusätzlich ein Ausbildungsseminar zum Personal Trainer zu absolvieren. Private Ausbildungsinstitute wie zum Beispiel Safs & Beta, Meridian Academy[107] oder auch das QPT® Personal Training Network[108] bieten hierfür spezielle Aus- und Fortbildungen an. Ferner offeriert der Markt auch spezielle Existenzgründerseminare. Hier ist beispielsweise das Seminarangebot des PREMIUM Personal Trainer Clubs zu nennen.[109] Für wen welche Ausbildung nun aber die Richtige ist, lässt sich nicht generell beantworten. Jeder muss individuell entsprechend seiner Vorbildung Schwerpunkte setzen. Neben diesen grundlegenden fachlichen Kenntnissen empfiehlt Riedl weitere Zusatzqualifikationen. Zweckmäßig sind zum Bei-

---

[104] Vgl. Riedl, 2003, „Ausbildung und Anforderungsprofil eines Personal Trainers", S. 16.
[105] Riedl, 2003, „Ausbildung und Anforderungsprofil eines Personal Trainers", S. 17.
[106] Riedl, 2003, „Ausbildung und Anforderungsprofil eines Personal Trainers", S. 16.
[107] Vgl. Riedl, 2003, „Ausbildung und Anforderungsprofil eines Personal Trainers", S. 16.
[108] Vgl. http://www.jenniferwade.de/index.php?id=13, abgerufen am 12.12.2007.
[109] Vgl. http://www.personal-trainer-network.de/das_ptn_sem_bwl.asp, abgerufen am 28.10.2007.

spiel „Kenntnisse im Bereich der Muskelfunktionstests, in der Rehabilitation, in der Osteopathie, im Training mit Koronarpatienten, im Sport bei Stoffwechselerkrankungen, in der Ernährung oder im weiten Feld der Entspannung".[110] Außerdem sollte der Trainer Sportarten wie beispielsweise „Inline-Skating, Tennis, Badminton oder Mountainbiking" beherrschen.[111] Aufgrund der Vielschichtigkeit der Personal Trainertätigkeit und aufgrund der Verantwortung gegenüber den Klienten befürwortet Riedl unbedingt eine praktische Lehr-, Unterrichts- oder Trainingserfahrung von mindestens einem Jahr.[112] Bei AQZEPT wird sogar eine zweijährige Berufserfahrung gefordert.[113] Ständige Fort- und Weiterbildungen sind zudem notwendig, um die eigenen Marktchancen zu erhalten und auszubauen. Gleichwohl sollte ein professionell arbeitender Personal Trainer eine stets aktuelle Erste-Hilfe-Bescheinigung besitzen. Beim PPT Club, bei Personalfitness.de und bei AQZEPT ist sie Bedingung (vgl. Anlage 1 - 4).

5.2 Unternehmerisches Denken

Ein Personal Trainer ist Unternehmer und als solcher muss er unternehmerisch denken. Er muss in der Lage sein, wirtschaftlich zu arbeiten. Kenntnisse im Zusammenhang mit „Kundenakquise, Marketing, Steuerfragen, Financial Planning"[114] gehören ebenso wie der sportmedizinische Teil und die eigene Fitness zu seinem Beruf. Seine Tätigkeit basiert auf einem klar definierten, ganzheitlichen Unternehmenskonzept. „... ein Personal Trainer ist eine flexible, kreative, hoch kompetente, innovative und vielseitige Firma – wenn auch nur aus einer Person bestehend. Aufgrund dieses hohen Anspruchs an den Personal Trainer sind eine gewisse persönliche Reife durch ein bestimmtes Maß an Berufs- wie auch Lebenserfahrung sowie eine relativ gute Menschenkenntnis von Vorteil."[115] Um sein angebotenes Konzept umzusetzen,

---

[110] Riedl, 2003, „Ausbildung und Anforderungsprofil eines Personal Trainers", S. 22.
[111] Vgl. Riedl, 2003, „Ausbildung und Anforderungsprofil eines Personal Trainers", S. 22.
[112] Vgl. Riedl, 2003, „Ausbildung und Anforderungsprofil eines Personal Trainers", S. 22.
[113] Vgl. http://www.aqzept.eu/content/view/23/40/, abgerufen am 07.12.2007.
[114] http://www.personal-trainer-network.de/das_ptn_premiumclub.asp, abgerufen am 23.12.2007.
[115] Riedl, 2003, „Ausbildung und Anforderungsprofil eines Personal Trainers", S. 24.

benötigt er einerseits Fachwissen, diverse Betriebsmittel und professionelles Trainingsequipment. Andererseits benötigt er grundlegende Eigenschaften und Fähigkeiten, wie in Punkt 5.3 dargestellt.

5.3 Persönlichkeitsprofil und soziale Kompetenz

„In der Psychologie bezeichnet ‚Soziale Kompetenz` eine nur schwer definierbare Gesamtheit von Fertigkeiten, die für die soziale Interaktion nützlich oder notwendig sein können."[116] Soft Skills sind dabei nur ein Teil der sozialen Kompetenz. „Der Begriff Soft Skills umfasst eine nicht genau definierte Reihe von menschlichen Eigenschaften, Fähigkeiten und Persönlichkeitszügen, die für das Ausüben eines Berufs auf (Mitarbeiter und) Kunden bezogen nötig oder förderlich sind."[117] Für den Beruf des Personal Trainers ist soziale Kompetenz eine entscheidende Voraussetzung. Ein Personal Trainer muss sich auf die individuellen Bedürfnisse seines Klienten einstellen können. Er muss flexibel sein und motivieren können. Er braucht Einfühlungsvermögen, Ehrlichkeit, Diskretion, gute Umgangsformen und eine positive Ausstrahlung.[118] Eine gute Zusammenarbeit zwischen Trainer und Klient beruht immer auf gegenseitiger Sympathie und Vertrauen. Außerdem sollte der Trainer ein sportlich gepflegtes Aussehen als Vorbildfunktion präsentieren. Abschließend liefert Abbildung 6 eine Aufzählung wichtiger Eigenschaften und Fähigkeiten für den Beruf des Personal Trainers.

---

[116] http://de.wikipedia.org/wiki/Soziale_Kompetenz, abgerufen am 23.12.2007.
[117] http://de.wikipedia.org/wiki/Soft_skills, abgerufen am 23.12.2007.
[118] Vgl. http://www.personal-trainer-network.de/das_ptn_premiumclub.asp, abgerufen am 23.12.2007.

Abbildung 6: Eigenschaften und Fähigkeiten eines Personal Trainers

Eigenschaften (Ein Personal Trainer ist...)	Fähigkeiten (Ein Personal Trainer kann/besitzt...)
• selbstbewusst • zuverlässig • flexibel • kreativ/innovativ • sozial kompetent • zielbewusst • strebsam • höflich und gewandt	• strukturiert denken • motivieren • psychologisch und pädagogisch denken und handeln • Kommunikation gezielt und bewusst einsetzen • schnelle und präzise Auffassungsgabe

Quelle: Eigene Darstellung in Anlehnung an Riedl (2003): „Ausbildung und Anforderungsprofil eines Personal Trainers", S. 25-27.

5.4 Dienstleistungsgedanke

Ein Personal Trainer zeichnet sich durch seine umfassende Klientenbetreuung aus. Dazu gehören neben der zeitlich und örtlich flexiblen Trainingsbetreuung weitere Serviceangebote wie z. B. „das Beschaffen von Sportgeräten oder Sportbekleidung, das Recherchieren von Wellnesshotels, das Sammeln von Informationen zu bestimmten Gesundheitsfragen, die den Klienten interessieren oder einfach nur das Anbieten eines Erfrischungsgetränkes."[119] In einigen Situationen agiert ein Personal Trainer auch einfach nur als guter Zuhörer. Das bedeutet, im Mittelpunkt des Personal Trainings steht nicht ausschließlich die gemeinsame körperliche Betätigung, sondern immer der Mensch in seiner Gesamtheit. Insgesamt umfasst Personal Training nach Riedl folgende kundenspezifische Aufgaben:

- „Kunden-/Bedarfsanalyse
- Gesundheits-Check und Auswertung
- Trainingsplan-/Programmerstellung
- Zieldefinition
- regelmäßige Trainingseinheiten/Kontakte
- Trainingsvor- und -nachbereitung sowie Analyse

---

[119] http://www.personal-trainer-network.de/das_ptn_premiumclub.asp, abgerufen am 23.12.2007.

- Kundenbetreuung/-beratung (auch außerhalb der Trainings)
- aktives Trainieren
- Qualitätssicherung des eigenen Business durch Weiterbildung
- innovatives, flexibles und dienstleistungsorientiertes Angebot erstellen
- zusätzlichen Service oder Leistungen anbieten (Bsp.):
    - Kombination Training + Fremdsprachenunterricht
    - spezielle Vorbereitung auf leistungsorientierten Sport (Marathon, Triathlon, Tennismatch, Golfturnier)
    - spezifische Ausrichtung auf asiatische Entspannungsformen und Stressbewältigung"[120]

---

[120] Riedl, 2003, „Ausbildung und Anforderungsprofil eines Personal Trainers", S. 29.

6   Die Geschäftsidee

Am Anfang jeder Existenzgründung steht die Geschäftsidee. Sie ist die Grundlage für die gesamte Unternehmensgründung und lässt sich wie folgt definieren: „Die Geschäftsidee ist die Leistung des Existenzgründers, die er am Markt anbieten will. Es kann sich dabei um ein materielles Produkt, um eine Dienstleistung (Beratung, Service) oder um eine Kombination von beiden handeln. Die Leistung muss auch am Markt nachgefragt werden, d. h. marktfähig sein. Der Kunde ist nur dann bereit, einen Preis zu bezahlen, wenn die Leistung für ihn einen Nutzen hat. Der Nutzen kann eine wesentliche Ersparnis, eine verbesserte Leistung oder die Befriedigung eines bisher nicht durch den Markt bedienten Bedürfnisses sein."[121] Darüber hinaus symbolisiert die Geschäftsidee die unternehmerische Vision des Gründers. Sie sollte in einem Wort oder einem kurzen Satz ausdrückbar sein.[122] Mit Blick auf das Thema Personal Training könnte die Geschäftsidee lauten: „Individuelle und ganzheitliche Gesundheitsberatung und -betreuung für Menschen mit besonderen Arbeitszeiten" oder „Individuelle und ganzheitliche Gesundheitsberatung für Menschen mit exklusiven Ansprüchen." Eine meiner Meinung nach sehr gelungene Formulierung stammt von Kieß: „Personal Training ist eine Art Unternehmensberatung – Beratung für das Unternehmen ‚Mensch'."[123] Im Weiteren muss sich eine gute Geschäftsidee immer deutlich vom Angebot der Wettbewerber abheben. Das heißt, sie sollte:

- ein Alleinstellungsmerkmal aufweisen (ein besseres Leistungsangebot, mehr Zusatzleistungen, Alleinstellung durch die Persönlichkeit des Trainers, eine besondere Trainingsmethode, Spezialisierung auf eine besondere Zielgruppe),
- überlegen sein (besser, serviceorientierter),
- auf Regionen ausgerichtet sein, in denen die Idee noch nicht vertreten ist (das erste Personal Trainer Studio in der Stadt XY).[124]

---

[121]   Collrepp, 2007, Handbuch Existenzgründung: Für die ersten Schritte in die dauerhaft erfolgreiche Selbstständigkeit, S. 7.
[122]   Vgl. Nickel, 2007, Der Gründungszuschuss: Tipps für Existenzgründer Nachfolgeregelung der Ich-AG, S. 64.
[123]   http://www.personal-training.de, abgerufen am 23.10.2007.
[124]   Vgl. Investitionsbank Berlin, Existenzgründer-Leitfaden, S. 10, unter:

Gerade in der Abgrenzung zu den Wettbewerbern liegt für einen zukünftigen Personal Trainer die Schwierigkeit. Die Konkurrenzsituation hat sich verschärft. Die Kerndienstleistungen im Personal Training sind sehr ähnlich, so dass die Zusatzleistungen eine stärkere Bedeutung bekommen. Um sich erfolgreich von den Wettbewerbern abzuheben, Klienten zu gewinnen und diese zu halten, ist jeder Trainer gezwungen, sein eigenes Erfolgskonzept Personal Training zu erarbeiten.

6.1 Produkt und Dienstleistung

„Personal Training lässt sich heute sowohl inhaltlich als auch vom Businesskonzept her nicht mehr streng auf eine One-to-one-Betreuung in der privaten Umgebung des Klienten eingrenzen. Seit einiger Zeit beobachten wir unterschiedlichste Facetten und Ausprägungen der Grundidee, ein persönliches Coaching an den Mann oder die Frau zu bringen."[125] Nachfolgend zeige ich allgemein auf, welche Inhalte in einem Personal Training-Konzept enthalten sein können und was die Idee des Personal Trainings ausmacht.

6.1.1 Die Tätigkeitsbereiche

Wie aus den vorgenannten Zeilen hervorgeht, gibt es kein einheitliches Konzept. Die Tätigkeitsbereiche des Personal Trainers sind vielfältig und passen sich der Dynamik in der Branche an. Die nachstehende Abbildung zeigt mögliche Tätigkeitsbereiche und den Nutzen, der sich dem Klienten offeriert.

---

http://www.kontinuum-berlin.de/marktbuero/existenz/leitfaden_existenzgruendung.pdf, abgerufen am 22.12.2007.

[125] Freese, 8/2007, „Personal Training wird erwachsen", S. 14.

Abbildung 7: Tätigkeitsbereich des Personal Trainers

Tätigkeitsbereiche	Nutzen für den Klienten
• permanente Betreuung	• Der Klient wünscht eine permanente Betreuung. Diese ist auf unbestimmte Zeit geschlossen (keine vertragliche Bindung).
• stundenweise Betreuung	• Der Klient wünscht keine permanente Betreuung, sondern nur eine Kontrolle in jeder zweiten/dritten Trainingseinheit.
• vierteljährliche Zusammenarbeit	• Das Personal Training dient als Einstieg und Motivationshilfe, um danach selbständig weiter zu trainieren.
• kurzfristige Vorbereitung auf ein bestimmtes Ziel	• Mittels 10-er oder 20-er Karten kann für einen bestimmten Zeitraum der Einstieg in das Personal Training vermittelt werden (z. B. Rehabilitation nach einer Operation, Vorbereitung für einen Wettkampf oder als Einstieg in Gewichtsreduzierung innerhalb eines Diätplanes).
• „Training an der langen Leine"	• Der Klient trainiert nach den Vorgaben seines Personal Trainers zunächst allein. Alle vier bis sechs Wochen wird er kontrolliert und erhält gleichzeitig seinen neuen Trainingsplan.
• Kleingruppentraining	• Training in einer Gruppe von zwei bis drei Personen. (Jedoch nur in Einzelfällen, da individuelle Betreuung im Vordergrund steht).
• individuelle Beratung	• Der Klient wünscht sich lediglich eine persönliche Beratung zum Trainingsablauf und trainiert dann selbstständig.

Quelle: PROF. DR. BISCHOFF & PARTNER®; PERSONAL TRAINER NETWORK (2001): Der Personal Trainer: Darstellung eines neuen Berufsbildes, S. 6.

6.1.2 Das Dienstleistungsangebot

Wie aus dem Abschnitt „Geschäftsidee" erkennbar, ist vor allem die positive Abgrenzung zur Konkurrenz wichtig, um die eigenen Marktchancen aufzubauen und sich zu etablieren. Dabei spielt natürlich das Dienstleistungsangebot des Trainers eine elementare Rolle. Es umfasst einerseits die Trainingsarten, die ein Trainer anbietet, und andererseits die weiteren Zusatzleistungen, die das Trainingsangebot erweitern. Generell sollte das Standardangebot eines Personal Trainers, laut Freese, die in der Abbildung 8 dargestellten Leistungen beinhalten. Die Forderungen sind ähnlich den Darlegungen von Riedl in Kapitel 5.4.

Abbildung 8: Standardangebot im Personal Training

Standardangebot
• Kostenfreies Erstgespräch
• Analyse der Motive und Ziele
• Ermittlung des aktuellen Leistungsniveaus
• Durchführung eines Gesundheitschecks
• Erstellen eines individuellen Trainingsplans
• Ausreichend Basiskompetenz in den Bereichen Trainingslehre, Anatomie, Psychologie und diversen Sportarten
• Kooperation mit lokalem Netzwerk aus Medizinern, Therapeuten und weiteren Dienstleistern wie z. B. Laufläden oder Heilpraktiker
• Motivierende Fähigkeiten
• Ausreichende zeitliche und räumliche Flexibilität

Quelle: Eigene Darstellung in Anlehnung an Freese (2006): Start-up Personal Training: Einstieg und Aufstieg, S. 16.

Bezüglich der konkreten Inhalte, die ein Personal Trainer seinen Klienten offeriert, gibt Freese den Hinweis, dass diese:

- seiner Leidenschaft und seiner Kernkompetenz entsprechen sollten,
- ein Alleinstellungsmerkmal gegenüber Mitbewerbern enthalten sollten,
- räumlich und zeitlich flexibel umsetzbar sein müssen und
- keinem „Gemischtwarenladen" gleichen sollten.[126]

Kieß ergänzt die Äußerungen von Freese. Seiner Meinung nach sollte das Leistungsangebot eine große Anzahl an Sportarten und Trainingsformen beinhalten.[127] Dazu gehören beispielsweise die in der Abbildung 9 dargestellten Inhalte.

---

[126] Vgl. Freese, 2006, Start-up Personal Training: Einstieg und Aufstieg, S. 16.
[127] Vgl. Kieß, 2003, „Zielgruppen, Marketing, Akquise", S. 127.

Abbildung 9: Leistungsangebote Personal Training

Leistungsangebot
• Gesundheitsorientiertes Fitnesstraining • Rehabilitationstraining • Ernährungsberatung • Entspannung/Massage • Schmerzbehandlung • Gesundheitsberatung → Trainingspläne etc.
Dienstleistungen:
• Arbeitsplatzergonomie/Rückenschule • Mitarbeitermotivationstraining • Eventbetreuung • Urlaubsorganisation • Speak and Sports (Personal Training kombiniert mit Fremdsprachentraining)
Weitere Dienstleistungen:
• „Ich-Muss-Mal-Raus-Und-Abschalten-Ausflug" (Organisation und ggf. Begleitung eines zwei- bis siebentägigen Kurzurlaubs) • Einkaufsberater und Einkäufer für Ernährung, Sportbekleidung, -equipment • organisatorische Dienstleistungen (z. B. Vorsorge-Check-up bei PREVENT oder Hotelbuchung für Urlaubsreise)

Quelle: Eigene Darstellung in Anlehnung an Kieß (2007): „Traumberuf Personal Trainer - In 3 Monaten erfolgreich starten", Unterlagen Existenzgründerseminar, 2007, S. 5.

Gleichwohl verweist Kieß darauf, dass die Klienten neben einem vielfältigen Angebot einen ausgezeichneten Service und hohe Qualität wünschen.[128] Im Personal Training bedeutet dies zum Beispiel Bereitstellung eines Kooperationsnetzwerkes, Beratung und Einkauf von Sportbekleidung oder in Zusammenarbeit mit Fachärzten einen erweiterten Check-up zu organisieren etc.[129] Erstklassige Qualität ist dabei die Voraussetzung. Der Klient erwartet diese sowohl vom Trainer, von seiner Leistung als auch von den Partnern, mit denen er zusammenarbeitet. An dieser Stelle sei darauf hingewiesen, dass ein Personal Trainer nicht alle Angebote zwangsläufig selbst anbieten muss.[130] Er kann einige Leistungen durch Kooperationspartner ergänzen oder Klienten wenn nötig gänzlich an diese übergeben. Der essenzielle letzte Punkt ist das Vertrauen. Kieß meint hierzu: „Vertrauen ist das wichtigste

---

[128] Vgl. Kieß, 2003, „Zielgruppen, Marketing, Akquise", S. 127-128.
[129] Vgl. Kieß, 2003, „Zielgruppen, Marketing, Akquise", S. 128.
[130] Vgl. Kieß, 2003, „Zielgruppen, Marketing, Akquise", S. 131.

aller Argumente."[131] Dieses wird auch unter Gliederungspunkt 5.4 deutlich. Ein Personal Trainer ist neben seiner Funktion als Sportpartner ebenso Gesprächspartner und erfährt als solcher viele private und geschäftliche Dinge, die der absoluten Diskretion unterliegen. Insgesamt kann man sagen, der Erfolg im Personal Training liegt in der Kombination der vier Merkmale: Individualität, Service, Qualität und Vertrauen.

6.1.3 Betreuungsorte und Betreuungszeiten

Das One-to-one-Training zeichnet sich durch eine räumlich und zeitlich flexible Vor-Ort-Betreuung aus. Räumliche Flexibilität umfasst die verschiedenen Möglichkeiten der Betreuungsorte. Spajic meint: „Die Auswahl eines passenden Ortes richtet sich dabei in erster Linie nach seiner Zweckmäßigkeit. Weiterhin kann auch den Wünschen des Klienten Entgegenkommen geleistet werden."[132] Das Training kann unter Berücksichtigung der Zielsetzung des Klienten und seinen Wünschen an folgenden Orten absolviert werden: „Indoor/Outdoor, Firma, Privat/zu Hause, Praxis, Studio, eigenes Personal Training Studio".[133] Weitere Betreuungsorte können Hotels und Schwimmbäder sein, wobei letzteres laut Spajic eher eine Ausnahme darstellt.[134] Jeder der zuvor genannten Betreuungsorte birgt Vor- und Nachteile. Diese müssen je nach Einzelfall abgewogen werden. Bei Patienten kann es zum Beispiel sinnvoll sein, das Training in einer Praxis zu absolvieren, da dort die besseren Betreuungsmöglichkeiten gegeben sind. Für den Klienten bedeutet dies unter Umständen aber einen längeren Anfahrtsweg. Hier sollte die Zielsetzung des Klienten entscheidend für die Wahl des Betreuungsortes sein. Die zeitliche Flexibilität bezieht sich auf die Betreuungszeiten. Diese beinhalten:

- „Zum einen den Tageszeitpunkt, also einen genauen Betreuungstermin,

---

[131] Kieß, 2003, „Zielgruppen, Marketing, Akquise", S. 128.
[132] Spajic, 1999, „Personal Training als neues Arbeitsfeld auf dem Markt sportbezogener Dienstleistungen", S. 43.
[133] Kieß, 2007, „Traumberuf Personal Trainer - In 3 Monaten erfolgreich starten", S. 6.
[134] Vgl. Spajic, 1999, „Personal Training als neues Arbeitsfeld auf dem Markt sportbezogener Dienstleistungen", S. 52-53.

- zum anderen die Trainingsdauer bezüglich einer Trainingseinheit."[135]

Genau wie beim Betreuungsort ist auch hier der Klient mit seinen Zielstellungen und Motiven als Ausgangspunkt jeglicher Entscheidung zu sehen.[136] Das bedeutet, die Terminierung sollte sich immer nach den beruflichen und privaten Terminen des Klienten richten. Spajic sagt: „Häufig bietet es sich an, das Training kurz vor oder kurz nach der Arbeitszeit des Klienten durchzuführen. Es nimmt somit einen festen Platz im Terminkalender des Klienten ein und gewinnt an Verbindlichkeit und Bedeutung. Dies ist für beide Seiten eine gute Voraussetzung um miteinander motiviert arbeiten zu können. Die Terminierung ist in jeder Hinsicht wichtig, als daß sie die Konstanz des Trainings und somit den Trainingsfortschritt unterstützt."[137] Auch Freese stimmt dieser Ansicht weitgehend zu. Aus seiner Sicht bestimmt zunächst der Kunde die beste Trainingszeit, wobei er wiederum das Trainingsziel zu bedenken gibt. Er sagt: „Wenn es in der Betreuung allerdings um konkrete Zielsetzungen geht, wie z. B. Fettverbrennung, muss sich der Kunde an Ihre Anweisungen halten. Ansonsten können Sie Ihrem Klienten keinen sichtbaren Trainingserfolg garantieren."[138] Neben der Trainingszeit ist die Trainingsdauer zu beachten. Hierzu kann Folgendes gesagt werden: „Die Trainingsdauer kann genauso wie die Tageszeit unterschiedlich gewählt werden, steht jedoch in stärkerer Abhängigkeit zum Trainingsziel."[139] In der Praxis sind Trainingseinheiten zwischen 60 und 90 Minuten üblich. Diese beschriebene flexible Arbeitszeitgestaltung fordert vom Personal Trainer ein gutes eigenes Zeitmanagement. Ein angehender Trainer sollte sich bewusst sein, dass seine Öffnungszeiten zwischen 6 und 22 Uhr liegen, wobei die Kernarbeitszeiten je nach Zielgruppe variieren. Freese gibt beispielsweise an, dass Trainingseinheiten zwischen 6 und 8 Uhr morgens im Coaching von Unternehmern oder auch Trainingseinheiten in den späten A-

---

[135] Spajic, 1999, „Personal Training als neues Arbeitsfeld auf dem Markt sportbezogener Dienstleistungen", S. 54.
[136] Vgl. Spajic, 1999, „Personal Training als neues Arbeitsfeld auf dem Markt sportbezogener Dienstleistungen", S. 54.
[137] Spajic, 1999, „Personal Training als neues Arbeitsfeld auf dem Markt sportbezogener Dienstleistungen", S. 54-55.
[138] Freese, 2003, „Ansichten", S. 67.
[139] Spajic, 1999, „Personal Training als neues Arbeitsfeld auf dem Markt sportbezogener Dienstleistungen", S. 55.

bendstunden beim gehobenen Management üblich sind.[140] Zielgruppen wie Senioren, Hausfrauen und Mütter trainieren erfahrungsgemäß in den Zwischenzeiten. Das bedeutet, ein Personal Trainer arbeitet in der Regel dann, wenn andere Freizeit haben. Je nach Zielgruppe und eigenem Konzept können auch Wochenendtrainingseinheiten anfallen. Es liegt hier allein in der Entscheidung des Trainers, ob er am Wochenende arbeiten möchte oder ob dieses seiner Erholung und der Familie dient. Für Kieß beispielsweise ist der Sonntag frei und seine Klienten akzeptieren dies.[141] In der Startphase zur Vollexistenz kann es jedoch für den Trainer sehr nützlich, vielleicht sogar notwendig sein, Trainingseinheiten am Wochenende anzubieten. In jedem Fall sollte ein notwendiger Regenerationstag dann auf die Woche verlegt werden. Außerdem muss ein Personal Trainer bei seiner Planung berücksichtigen, dass er nur ein begrenztes Kontingent an Stunden hat und zu den normalen Trainingseinheiten auch noch Fahrzeiten sowie Zeiten für Vor- und Nachbereitung kalkuliert werden müssen. Hierauf gehe ich speziell unter Gliederungspunkt 10.1 ein.

6.2   Die Zielgruppen

„Die Zielgruppe legt fest, welches die heutigen und zukünftigen Kunden sind, die das Unternehmen mit seinen Gütern und Dienstleistungen zufrieden stellen möchte, sie definiert also den relevanten Markt."[142] Ebenso vielfältig wie das Dienstleistungsangebot sind auch die Zielgruppen im Personal Training. Wade beispielsweise erzählt: „Meine Kunden kommen aus den unterschiedlichsten Bereichen: Ob Models, gestreßte Manager oder Hausfrauen, die Bandbreite reicht von der glitzernden Fernseh- und Starwelt über permanent beschäftigte Firmenbosse bis hin zu ‚normalen` Menschen mit ganz individuellen Problemen."[143] Neben den von Wade aufgeführten Zielgruppen gibt es natürlich noch wesentlich mehr. Abbildung 10 liefert einen groben Überblick.

---

[140] Vgl. Freese, 2003, „Ansichten", S. 67.
[141] Vgl. Kieß, 2003, „Zielgruppen, Marketing, Akquise", S. 129-130.
[142] Uhe, 2002, Strategisches Marketing: Vom Ziel zur Strategie, S. 36.
[143] Wade, 1996, Personal Training – Fitneß für ein neues Lebensgefühl, S. 10.

Abbildung 10: Zielgruppen im Personal Training

Zielgruppen
• Freizeit- und Leistungssportler (Betreuung in der jeweiligen Sportart) • Patienten (als postrehabilitative Betreuung oder zur Heilungsunterstützung bei akuten Erkrankungen sowie chronischen psychischen oder physischen Leiden) • Prominente und Prestigepersonen (individuelles Personal Training, da hoher Serviceanspruch besteht) • Führungspersönlichkeiten im Top-Management, Vorstände, Geschäftsführer und Unternehmer in verschiedenen Wirtschaftsbereichen (besondere individuelle Betreuung, da aufgrund von Zeitmangel Flexibilität gefragt ist) • Senioren (allgemeine Betreuung zur physischen Stabilität) • Schwangere (begleitende Betreuung und zur Vorbereitung) • Gesundheitsbewusste Personen (u. a. im Rahmen eines Diätplanes)

Quelle: Eigene Darstellung in Anlehnung an PROF. DR. BISCHOFF & PARTNER®; PERSONAL TRAINER NETWORK (2001): Der Personal Trainer: Darstellung eines neuen Berufsbildes, S. 8-9.

Aber auch diese Aufzählung ist nicht abschließend. Freese meint: „Die Klientel ... erweiterte sich vom ursprünglich klassischen Unternehmer und Publicity-trächtigen Prominenten hin zu speziellen Zielgruppen aus der Kunstszene, dem Top-Management, dem Pferdesport, der kindlichen Früherziehung oder dem Leistungssport."[144]

Ausgehend von dieser Vielfalt sind natürlich auch die Motive und Bedürfnisse jeder einzelnen Zielgruppe unterschiedlich. Um ein nutzengerechtes Angebot offerieren zu können, sollte der Personal Trainer daher jede einzelne Zielgruppe, welche er ansprechen möchte, genau analysieren, denn unterschiedliche Zielgruppen verlangen nach unterschiedlichen Angeboten. Aus meiner Sicht zeigt besonders die Mannigfaltigkeit innerhalb der Zielgruppen mit differenten Ansprüchen, wie viel Potenzial in diesem Markt steckt. Dies deutet wiederum darauf hin, dass der Markt für einen Neueinsteiger sehr lukrativ sein kann.

6.3 Vorteile

Wie unter Punkt 6 erwähnt, ist ein Nutzer nur dann bereit, einen Preis zu bezahlen, wenn die Leistung für ihn einen Nutzen hat. Personal Training bietet dem, der sich die Dienstleistung leisten kann, beachtli-

---

[144] Freese, 8/2007, „Personal Training wird erwachsen", S. 14.

che Vorteile. „Personal Training ermöglicht z. B. Menschen mit unregelmäßigen Arbeitszeiten, Fitneß in ihren Alltag zu integrieren. Anderen hilft die ständige individuelle Betreuung, Motivationsprobleme zu überwinden, denn oft werden Fitneßprogramme begonnen, aber nicht durchgehalten. Außerdem ist Personal Training durch seine individuelle Konzeption weitaus intensiver und damit effektiver: Sie können schon nach relativ kurzer Zeit größere Erfolge an sich feststellen als bei einem Gruppentraining."[145] Die Vorteile des Personal Trainings sind demnach: Individualität, Flexibilität, Ganzheitlichkeit und Exklusivität. Rasner, Füser und Faix unterteilen den Nutzen einer erfolgreichen Geschäftsidee in einen Grundnutzen, einen generellen Zusatznutzen und einen spezifischen Zusatznutzen. Die nachfolgende Abbildung zeigt eine Zusammenfassung dieser Anforderungen mit Blick auf das Personal Training. Hierbei muss aber beachtet werden, dass diese Darstellung sehr allgemein ist und auf die jeweilige Zielgruppe abgestimmt werden muss.

---

[145] Wade, 1996, Personal Training – Fitneß für ein neues Lebensgefühl, S. 10.

Abbildung 11: Kundennutzen

Grundnutzen:	• ganzheitliche Gesundheitsberatung und -betreuung

Generell Zusatznutzen:	Durch Service:
	 • individuell auf die Person des Klienten abgestimmtes Trainingsprogramm und dadurch größere und schnellere Erfolgschancen
	 • räumlich und zeitlich flexibles Dienstleistungsangebot und dadurch Zeitersparnis
	 • ganzheitliche Dienstleistung mit Bereitstellung eines Expertennetzwerkes
	 • ein Ansprechpartner für Alles
	 • zusätzliche Angebote je nach Ausrichtung:
	   o Speak an Sports
	   o Laktatmessung etc.
	 • Beratung und Kauf von Sportsachen und Sportgeräten
	 • Organisation von Arztterminen, Wellnessurlauben und ggf. Begleitung etc.
	 Durch Qualität:
	 • der Klient bekommt in jeder Hinsicht eine erstklassige Qualität
	   o Zielorientierte Trainingsplanung mit regelmäßiger Kontrolle
	   o Seriöses Auftreten und gepflegtes äußeres Erscheinungsbild des Personal Trainers (Vorbildfunktion)
	   o Erstklassige Fachkompetenz gesichert durch Teilnahme an regelmäßigen Weiterbildungen
	   o Professionelle Geschäftsunterlagen
	   o Professionelles Trainingsequipment
	   o Erlangung des Zertifikates „PREMIUM Personal Trainer"
	 Durch Design:
	 • Einheitliches Corporate Design im Geschäftsauftritt und im Outfit des Trainers
	 Durch den Preis:
	 • Exklusives Produkt im Premiumsegment somit Assoziation zu Qualität
	 Weitere Nutzenmerkmale: Technologie, Image:
	 • Einwandfreie Funktionalität hinsichtlich des eingesetzten Equipments
	 • Exklusive Behandlung bei Kooperationspartnern

Spezifischer Zusatznutzen:	• Steigerung der Lebensqualität • Stressreduktion • besseres Zeitmanagement, mehr Zeit für die Familie

Quelle: Eigene Darstellung in Anlehnung an Rasner, Füser, Faix (1997): Das Existenzgründer Buch: Von der Geschäftsidee zum sicheren Geschäftserfolg, S. 67.

Abschließend zur Darstellung der Geschäftsidee Personal Training gebe ich unter Gliederungspunkt 6.4 eine beispielhafte Kurzbeschreibung.

6.4 Beispielformulierung Geschäftsidee Personal Training

„Personal Training Max Mustermann" ist ein Dienstleistungsunternehmen für ganzheitliche Gesundheitsberatung und -betreuung und somit dem Fitness- und Gesundheitsmarkt oder auch Fitness- und Wellnessmarkt zuzurechnen. Als freiberuflicher Personal Trainer berät und betreut Max Mustermann Klienten in den Bereichen Fitness, Entspannung und Ernährung. Die Existenzgründung ist für den 01.01.2008 geplant. Weitere Mitarbeiter werden nicht eingestellt. Das Leistungsangebot von „Personal Training Max Mustermann" gestaltet sich wie folgt.

Abbildung 12: Leistungsspektrum „Personal Training Max Mustermann"

Das Leistungsangebot	Die Sportarten
• Gesundheits-Check-up	• Golffitness
• Herz-Kreislauftraining	• Rückenschule/Wirbelsäulengymnastik
• Muskelaufbautraining	
• Koordinationstraining	• Krafttraining (z. B. Langhanteltraining)
• Flexibilitätstraining	
• Rückentraining	• Walking, Nordic Walking
• Gewichtsreduktion	• Lauftraining (5 km, 10 km, Halbmarathon)
• Problemzonengymnastik	
• Ernährungsberatung	• Fitness- und Sportbiking (indoor/outdoor)
• Firmenfitness (Personal Training für Führungskräfte, Mitarbeiter-Groupfitness)	• Haltungstraining
	• Funktionelles Dehnen
• Einkaufsservice (Beratung und Einkaufshilfe für Sportkleidung, Sportgeräte, Nahrungsmittel usw.)	• Progressive Muskelrelaxation nach Jacobson
• Geschenkgutschein	

Quelle: Eigene Darstellung.

Charakteristisch für „Personal Training Max Mustermann" ist die individuelle Orientierung am Klienten. Im Mittelpunkt des Konzeptes steht der Mensch als Ganzes. Sämtliche Trainingsempfehlungen beruhen auf einer Analyse der Ist-Situation und werden entsprechend den persönlichen Fähigkeiten, der individuellen Konstitution sowie der jeweiligen Zielsetzung des Klienten festgelegt und fortwährend angepasst. Die maßgeschneiderte Trainingssteuerung kombiniert verschiedene Trainingsmethoden und ermöglicht dem Klienten eine intensive Auseinandersetzung mit Körper, Geist und Seele. Gleichzeitig verhindert sie Überanstrengung und wirkt motivierend. „Personal Training Max Mustermann" sieht seinen Kundenstamm grundsätzlich in allen Menschen, die ihre körperliche Leistungsfähigkeit und ihre persönliche Fitness verbessern wollen. Aufgrund der exklusiven Beschaffenheit der Dienstleistung erfolgt jedoch eine Einschränkung des Kundenkreises auf die gehobene Einkommensschicht. Explizit richtet sich sein Angebot an Manager(innen) und selbstständige Unternehmer(innen), denen sowohl die Zeit, die Kontinuität sowie die Motivation zum selbstständigen Gesundheitstraining fehlt, für die aber Leistungsfähigkeit eine unverzichtbare Komponente im erfolgreichen Business darstellt. Daneben richtet sich das Gesundheitskonzept an Golfer. Hier sieht er ebenfalls großes Potenzial aufgrund eines wachsenden Marktes und fühlt sich als leidenschaftlicher Hobbygolfer mit abgeschlossener Personal Golffitness Trainer Ausbildung optimal positioniert. Eine letzte Zielgruppe, auf die er sich konzentriert, sind Klienten mit Rückenleiden. Diese Ausrichtung ergibt sich allein aus der Verknüpfung zum Golf und zum Management.[146]

---

[146] Teichert, 2007, „Strategisches Marketing für eine Existenzgründung im Bereich Personal Training", S. 7.

7 Die Analyse

Im Anschluss an die Überlegungen zur Geschäftsidee ist es notwendig zu hinterfragen, ob das Produkt vom Markt angenommen wird und wie die Zukunftsaussichten einzuschätzen sind. Als Existenzgründer benötigt man daher fundierte Informationen über den Absatzmarkt, insbesondere über die Umwelt, den Standort und den Markt einschließlich der Kunden und Konkurrenten. Nachfolgend gehe ich auf diese Punkte ein, wobei ich meine Äußerungen allgemein halte. Jeder Personal Trainer muss diese Analysephase speziell für seinen Einzelfall durchlaufen, um darauf aufbauend eine Unternehmensstrategie entwickeln zu können.

7.1 Die Umweltanalyse

„Jede ausführliche Marketing-Studie beginnt mit einer Analyse der allgemeinen Trends in Gesellschaft, Politik, Wirtschaft usw., ganz allgemein: der Umfeldbedingungen. Hierbei sind grundsätzlich alle gesellschaftlichen Daten und Entwicklungen, die eine Auswirkung auf den Sport bzw. den speziellen Sportbetrieb haben (könnten), von Interesse. Bei den Umfeldbedingungen geht man davon aus, daß sie für die jeweilige Organisation **extern** gegeben sind, von ihr selbst nicht (oder nur sehr indirekt und langfristig) beeinflusst werden können und sie sich folglich an diese Trends mit einer langfristigen Marketingstrategie anpassen muß."[147] Walter Freyer verweist in seinem Buch „Handbuch des Sportmarketing" im Umfeld des Sports auf folgende Untersuchungspunkte: „Einkommen und Wohlstand, Arbeitszeit und Freizeit, Wertewandel, Technischer und medizinischer Wandel, Bevölkerungswachstum und Verstädterung, Sport und Ökonomie."[148] Eine Umweltanalyse im Bereich Personal Training sollte sich aus meiner Sicht weitgehend an diesen Schwerpunkten orientieren. Im Mittelpunkt sollten gesellschaftliche Trends stehen, die für eine Selbstständigkeit als Personal Trainer von Bedeutung sind. Warum aber ist eine Umweltanalyse überhaupt erforderlich? Für einen Existenzgründer ist die Umweltanalyse deswegen so wichtig, weil sich daraus die für die SWOT-Analyse notwendigen Chancen und Risiken ableiten. Abschnitt 7.4 enthält eine beispielhafte Darstellung einer SWOT-Analyse für eine Existenzgründung im Personal Training. Auf eine ausführliche Dar-

---

[147] Freyer, 1990, Handbuch des Sportmarketing, S. 70.
[148] Freyer, 1990, Handbuch des Sportmarketing, S. 70.

stellung einer Umweltanalyse wird innerhalb dieser Arbeit verzichtet. Unter Gliederungspunkt 4.3 habe ich bereits wesentliche Trends für die Branche aufgezeigt.

7.2 Die Standortanalyse

Die Entscheidung für den Standort basiert innerhalb der Existenzgründungsplanung prinzipiell auf einer umfangreichen Untersuchung des Umfeldes und des Marktes. Im Personal Training kann eine Standortanalyse aufgrund der örtlichen, räumlichen und zeitlichen Flexibilität weitgehend vernachlässigt werden. Der Trainer benötigt keine Gewerberäume. Er organisiert das Training nach den Wünschen des Klienten zu Hause, im Büro, im Park oder nach Bedarf in einem Fitnessstudio. Auf diese Weise schont er die begrenzten zeitlichen Ressourcen seiner Kundschaft und erspart ihnen aufwendige Anfahrtswege. Gleichwohl sei an dieser Stelle darauf hingewiesen, dass in Großstädten die Nachfrage intensiver ist als in ländlichen Gebieten.[149] Früh führt dafür folgende Gründe an:

- „Menschen in der Stadt haben modernere Ansichten und höheres Körperbewußtsein
- Zeitdruck und Freizeitstreß ist in der Stadt ausgeprägter
- Streßfaktor ist in der Stadt größer als auf dem Land
- Städter sind deutlich offener und finanzkräftiger
- Mehr potenzielle Kunden auf kleiner Fläche".[150]

Ausgehend von dieser Tatsache sollte der Personal Trainer seinen Standort am bestehenden Zielgruppenklientel ausrichten.[151] Insofern kann es notwendig sein, dass der Trainer seinen Wohnort wechselt. Er sollte auf jeden Fall die nötige Flexibilität für einen Umzug mitbringen. Welchen Umkreis um den Firmensitz herum ein Personal Trainer abdecken sollte, ist abhängig von seinem individuellen Konzept und von der Situation der Verkehrsanbindung. Möglichkeiten der Einschränkung des Einzugsgebietes sind zum Beispiel: 40 km ausgehend von

---

[149] Vgl. PROF. DR. BISCHOFF & PARTNER®; PERSONAL TRAINER NETWORK, 2001, Der Personal Trainer: Darstellung eines neuen Berufsbildes, S. 9.
[150] Früh, 2001, „Entwicklung einer Marketingkonzeption für Personal Training unter Berücksichtigung der branchenspezifischen Besonderheiten", S. 18.
[151] Vgl. PROF. DR. BISCHOFF & PARTNER®; PERSONAL TRAINER NETWORK, 2001, Der Personal Trainer: Darstellung eines neuen Berufsbildes, S. 9.

seinem Wohnort oder eine Fahrzeit von ca. 30 min – 45 min um den Wohnort. Ferner möchte ich bemerken, dass Großstädte neben einem besseren Kundenpotenzial aber auch mehr Konkurrenz aufweisen. Die Forderung nach einem professionellen Marketing und der Positionierung wird demzufolge weiter verstärkt.

7.3 Die Marktanalyse

Die Marktanalyse beinhaltet die Untersuchung der Geschäftsidee unter Berücksichtigung der Marktgegebenheiten. Die Informationsbeschaffung innerhalb der Marktanalyse bezieht sich auf folgende drei Bereiche: Marktbestimmung, Kundenanalyse, Konkurrenzanalyse.[152] Unter Abschnitt 4.3 habe ich bereits aufgezeigt, wie sich die momentane Situation in der Branche gestaltet.

7.3.1 Marktbestimmung

Innerhalb der Marktbestimmung geht es um die Frage, welches ist der relevante Markt für die Dienstleistung des Existenzgründers. Der Begriff Markt definiert sich dabei, wie folgt: „Ein Markt besteht aus allen potenziellen Kunden mit einem bestimmten Bedürfnis oder Wunsch, die willens und fähig sind, durch einen Austauschprozeß das Bedürfnis oder den Wunsch zu befriedigen."[153] Dabei ist aber zu beachten, dass kein Unternehmen alle Kunden gleichermaßen zufrieden stellen kann. Insofern ist es wichtig, sich auf bestimmte Zielgruppen zu konzentrieren. Diese Vorgehensweise ermöglicht dem Trainer, die Bedürfnisse seiner Kunden besser zu befriedigen, und bietet ihm die Chance, zum bevorzugten Anbieter der Gruppe zu werden. Wie aber findet man die geeignete Zielgruppe? Hierzu ist es zunächst notwendig, den Markt nach bestimmten Kriterien zu segmentieren. Eine ordentliche durchgeführte Marktsegmentierung bringt als Ergebnis die individuelle Zielgruppe für den Existenzgründer hervor. Differenzierungsmerkmale, nach denen eine Zielgruppendefinition erfolgen sollte, sind:

„**Geografische Kriterien:** Wie weit läßt sich Ihr Kundenkreis nach geografischen Kriterien fassen? Sind Ihre Kunden eher regional, überregional, national oder international anzutreffen?

---

[152] Vgl. Schwall, Huber, 2003, „Sportanlagenmarketing", S. 11.
[153] Kotler, Bliemel, 1995, Marketing-Management: Analyse, Planung, Umsetzung und Steuerung, S. 13.

Demografische Kriterien: Alter, Geschlecht, Familiengröße, Beruf usw. für Privatkunden. Branche, Größe, Marktzyklus für Institutionen.

Kaufkraftpotenzial und Geschäftsvolumen: Welche Umsätze können Sie mit Ihren Kunden erzielen? Wie oft kaufen Ihre Kunden? Wie sehen die Rabatte aus, die Sie geben müssen? Wie unterschiedlich sind die Deckungsbeiträge?

Psychografische Kriterien: Soziale Schicht, Lebensstil, Persönlichkeit usw.

Verhaltensbezogene Segmentierung: Wann, wie und wie häufig wird das Produkt genutzt? Welches sind die Entscheidungskriterien? Nutzungstreue?"[154]

Allgemein kann an dieser Stelle Folgendes zum typischen Klienten im Personal Training gesagt werden: er hat wenig Zeit, verfügt über ein gutes Einkommen und liebt Exklusivität. Er ist ein Stadtmensch mit relativ hohem Bildungsgrad und gehört der Altersgruppe zwischen 35 und 55 Jahren an.[155]

7.3.2 Kundenanalyse

Im Weiteren geht es darum, diese Zielgruppendefinition zu konkretisieren. Es gilt, die Erwartungen und das Kaufverhalten der Kundengruppe zu erfassen, um ein befriedigendes Leistungsangebot entwickeln zu können. Möglichkeiten, Zielgruppen zu definieren, bieten zum Beispiel das Sinus Milieu[156], die Einteilung der Freizeitkonsumenten-Typen nach Opaschowski[157] oder auch die Differenzierung nach Sporttypen[158]. Differenziert man nach den Freizeitkonsumenten-Typen (nach Opaschowski), dann würden aus meiner Sicht folgende Personal Training kaufen: der Geltungs- und Erlebniskonsument, (12 Prozent und 14 Prozent). „Hier wird Sport als Prestige (Typ 2) oder Erlebnis (Typ 3) angesehen. Diese Gruppe wird vor allem bei prestige- oder erlebnisträchtigen Sportarten vertreten sein, wie z. B. (Prestige) Tennis,

---

[154] Rasner, Füser, Faix, 1997, Das Existenzgründer Buch: Von der Geschäftsidee zum sicheren Geschäftserfolg, S. 88.
[155] Vgl. Weigmann, 2003, „Start-up", S. 20.
[156] Vgl. http://www.sinus-sociovision.de/, abgerufen am 23.12.2007.
[157] Vgl. Freyer, 1990, Handbuch des Sportmarketing, S. 121-124.
[158] Vgl. FOCUS, 2005, „Der Markt für Fitness und Wellness: Daten, Fakten, Trends", S. 4, unter:
http://www.dienstleisterinfo.ihk.de/branchen/Fitnesswirtschaft/Merkblaetter/05fitness.pdf, abgerufen am 23.12.2007.

Golf, Polo oder (Erlebnis) Drachenfliegen, Segeln, Surfen. Auch sind beide Gruppen überproportional im Hochleistungsbereich vertreten."[159] Menschen dieser Typen haben eine Vorliebe für Individualität. Ihnen ist es wichtig, sich von der Masse abzuheben.[160] Neben diesen beiden Freizeitkonsumenten erscheint noch der Anspruchskonsument (12 Prozent) als potenzieller Klient. „Dies ist die typische Zielgruppe für exklusive Sportarten (Golf, Tennis, Reiten, ...) mit einem Schwerpunkt auf Entspannung und Freizeitgestaltung, z. B. Gesundheits- oder Ernährungskurse für Manager, Sport und Reisen. In Abgrenzung zu Typ 2 und 3 überwiegt hier die interne Qualität des Sportangebotes, weniger bedeutend ist (wie bei 2 und 3) die Auswirkung."[161] Dennoch ist eine ganz präzise Zuteilung der Kunden in eine „Typenklasse" schwierig, da bei jeder Person mehrere verschiedene Merkmale gleichzeitig vorhanden sein können. Auf der Grundlage einer von mir im November 2006 erhobenen Qualitätsanalyse für den PREMIUM Personal Trainer Club sowie auf einer intensiven Literaturrecherche und eigenen Erfahrungswerten kann das o. g. Profil wie folgt ergänzt werden. Die Qualitätsanalyse hinsichtlich der Kunden beruht auf 37 ausgefüllten Fragebögen, davon 17 weibliche und 20 männliche Teilnehmer. Dies zeigt, das Personal Training von Männern und Frauen gleichermaßen genutzt wird. Das Durchschnittsalter der Frauen lag bei 42 Jahren und das der Männer bei 47 Jahren. 51,4 Prozent der Befragten waren selbstständige Unternehmer, 27 Prozent Geschäftsführer oder Vorstand, 16,2 Prozent Angestellte und die restlichen knapp sechs Prozent waren Hausfrauen und Freiberufler.[162] Ski fahren, Golf und Segeln sind die meist genannten Hobbys gefolgt von Arbeit, Familie und Reisen. 62,2 Prozent der Befragten trainierten bereits länger als ein Jahr mit dem Personal Trainer, 13,5 Prozent trainierten zwischen sechs Monaten und einem Jahr. Bezüglich der Trainingshäufigkeit ergab sich Folgendes: 51,4 Prozent trainierten zweimal pro Woche, 32,4 Prozent trainierten einmal pro Woche, 8,1 Prozent trainierten dreimal pro Woche und 2,7 Prozent einmal im Vierteljahr.[163] Diese Ergebnisse deuten darauf hin, dass eine langfristige und regelmäßige Betreuung er-

---

[159] Freyer, 1990, Handbuch des Sportmarketing, S. 123.
[160] Vgl. Schwall, Huber, 2003, „Sportanlagenmarketing", S. 15.
[161] Freyer, 1990, Handbuch des Sportmarketing, S. 123.
[162] Vgl. Teichert, 2007, „Qualitätsmanagement im PREMIUM Personal Trainer Club", S. 72-76.
[163] Vgl. Teichert, 2007, „Qualitätsmanagement im PREMIUM Personal Trainer Club", S. 72-76.

wünscht ist, wobei für einige Klienten auch das Training an der „langen Leine" eine attraktive Lösung darstellt. Die Probleme von PT-Klienten sind: individuelle gesundheitliche Defizite, Gewichtsreduktion, Stress, Zeitmangel, Motivationsmangel sowie keine Kenntnisse über effektives Training. Sie wünschen sich mehr Leistungsfähigkeit oder die Linderung ihres Leidens und sehen in der normalen Studiobetreuung keine Lösung. Der typische Klient erwartet ein räumlich und zeitlich flexibles, ganzheitliches und spezifisches Trainingsprogramm sowie eine kompetente und professionelle Anleitung. Neben der eigentlichen Trainingsbetreuung wünschen diese Menschen die Bereitstellung eines kompetenten Expertennetzwerkes, Einkaufsberatungen etc. Darüber hinaus buchen auch Freizeit- und Leistungssportler einen Personal Trainer, um ein ganz bestimmtes Ziel schneller oder ressourcenschonender zu erreichen.

Beispielhaft möchte ich an dieser Stelle die Zielgruppen Manager und Golfer näher beschreiben. Die Gruppe der Manager lässt sich wie folgt beschreiben: „Unternehmer und Manager arbeiten hart für ihr Geld, sind oft auf Geschäftsreisen, hetzen von Meeting zu Meeting, haben unregelmäßige Essenszeiten und tragen ein hohes Maß an Verantwortung für ein Unternehmen und deren Mitarbeiter. Außerdem lastet auf ihnen ein massiver Erfolgsdruck durch den „shareholder value." Nach dem oft typischen 12- bis 14-Stunden-Tag kommen sie abgespannt nach Hause. Die Vernachlässigung der körperlichen Belange ist die Folge und führt zu Verspannungen, Übergewicht, Bluthochdruck und mangelnder Kondition."[164] Personal Training ist für diese Menschen eine optimale Möglichkeit, um trotz fehlender Zeit effektiv etwas für die Gesundheit und die Leistungsfähigkeit zu tun. Die Golfer sind neben den Managern eine weitere interessante Zielgruppe im Personal Training. Der Golfmarkt hat sich in den letzten zehn Jahren fast verdoppelt. Während wir 1997 296.370 Golfer und 534 Golfplätze verzeichneten, so sind es im Jahr 2006 bereits 527.427 Golfer und 677 Golfplätze.[165] Allein in Nordrhein-Westfalen gibt es 147 Golfplätze[166]

---

[164] Kieß, 2003, „Zielgruppen, Marketing, Akquise", S. 121.
[165] Vgl. http://www.golf.de/dgv/binarydata/DGV_Statistik_2006_Spieler_Clubs_Anlagen_1997-2006_Tabelle.pdf, abgerufen am 23.12.2007.
[166] Vgl. http://www.golf.de/dgv/binarydata/Golfplaetze_LGV_2006.pdf, abgerufen am 23.12.2007.

und 112.861 aktive Golfer.[167] „Die Zielgruppe der Golfer umfasst im wesentlichen alle wichtigen Meinungsbildner und Entscheidungsträger der Deutschen Wirtschaft. Die Kaufkraft und das Reiseverhalten der Golfer liegen weit über dem Durchschnitt der Bundesbürger."[168] Hinzu kommt die Tatsache, dass das typische Golfklientel der Altersgruppe ab 55 angehört und damit eventuell altersbedingte Vorschäden und ein höheres Verletzungsrisiko für diesen Sport mitbringt. Der klassische Golfeinsteiger berücksichtigt nicht, dass eine gewisse Kondition, Kraft, Beweglichkeit, Koordination und Ausdauer die Basis für Golfsport bilden. Rücken-, Ischias- und Bandscheiben- sowie Schulter- und Armprobleme gehören zum Alltag dieser Zielgruppe.[169] „Fakt ist, auch Golfer und Golferinnen brauchen eine gut gekräftigte, dehnfähige Muskulatur sowie ein hohes Maß an Koordination- und Gleichgewichtsfähigkeit, damit sie die anspruchsvollen komplexen Bewegungen effektiv umsetzen können. Um Verletzungen vorzubeugen und die Techniktipps eines Golflehrers effizient umsetzen zu können, ist ein gezieltes Golf-Fitness-Training unerlässlich. Ein wunderbarer Nebeneffekt ist, dass damit auch Spielstärke und Handicap deutlich verbessert werden können."[170]

Jeder Existenzgründer muss, wie zuvor aufgezeigt, eine Zielgruppendefinition für sich speziell vornehmen. Dabei muss er analysieren, ob in seinem relevanten Markt genügend Kundenpotenzial bezüglich dieser Zielgruppe vorhanden ist. Informationen hierfür liefern folgende Medien: Fachzeitschriften, Elektronische Medien, Datenbanken, Unternehmensverzeichnisse, IHK, Statistische Bundes- und Landesämter sowie Kundengespräche und Kundenbefragungen.[171]

7.3.3 Konkurrenzanalyse

Der nächste Komplex, mit dem sich ein Personal Trainer auseinandersetzen muss, ist die Konkurrenzanalyse. Diese beschäftigt sich mit den

---

[167] Vgl. http://www.golf.de/dgv/binarydata/DGV_Statistik_2006_GolferLGV.pdf, abgerufen am 23.12.2007.
[168] http://www.golf.de/dgs/leist_zg.cfm, abgerufen am 23.12.2007.
[169] Vgl. http://www.personalfitness.de/lifestyle/198, abgerufen am 23.12.2007.
[170] http://www.personalfitness.de/lifestyle/198, abgerufen am 23.12.2007.
[171] Vgl. Investitionsbank Berlin, Existenzgründer-Leitfaden, S. 12., unter: http://www.kontinuum-berlin.de/marktbuero/existenz/leitfaden_existenzgruendung.pdf, abgerufen am 22.12.2007.

Fragen: „Welche Anbieter kommen als Konkurrenten in Frage? Was bieten sie an? Und wie bieten sie an"?[172] Das „... Ziel der Konkurrenzanalyse ist das Bestimmen der eigenen Marktposition bzw. eigenen Marktchance sowie der internen Leistungspositionierung." [173] Nur, wenn man über dieses Wissen verfügt, kann man sein Angebot entsprechend verbessern und auf Wettbewerbsschauplätze ausweichen, welche einem Vorteile bieten. Die Hauptkonkurrenten für einen angehenden Personal Trainer lassen sich in direkte und indirekte Konkurrenten unterteilen.[174] Zur direkten Konkurrenz zählen alle Anbieter für Personal Training im jeweilig definierten Einzugsgebiet. Explizit sind dies alle selbstständigen (hauptberuflich und nebenberuflich tätigen) Personal Trainer sowie die Fitnessstudios und Hotels mit dem Angebot Personal Training. Zur indirekten Konkurrenz gehören Fitnessstudios ohne Personal Training sowie Sportvereine oder auch Kurse der Krankenkassen. Die beste Möglichkeit, einen Überblick über den Personal Trainer Markt und die Konkurrenz zu gewinnen, bietet eine Internetrecherche. Die meisten Trainer sind in den verschiedenen Internetportalen für Personal Training mit einem eigenen Profil und der Verlinkung zur eigenen Internetseite gelistet und betreiben so ihre Klientenakquise. Die Netzwerke investieren monatlich viel Geld in dieses Marketinginstrument und garantieren den Trainern bei bestimmten Suchanfragen eine optimale Positionierung. Durch den Eintrag werden die Trainer demnach bei Suchbegriffen, wie zum Beispiel Personal Training, Personal Training Köln usw. entweder mit der eigenen Webseite oder über das gelistete Profil gefunden. Außerdem sucht auch die Mehrzahl der Klienten ihren Trainer über dieses Medium, insbesondere über die Suchmaschine Google. Ein Existenzgründer sollte sich in jedem Fall sowohl regional als auch überregional über den Markt informieren. Dieses Vorgehen bietet zum einen den Vorteil, dass er sich einen umfassenden Überblick über die Konkurrenz verschafft, zum anderen sammelt er aber auch innovative Ideen aus anderen Regionen, die er in sein Angebot integrieren kann. Bei seiner Recherche sollte er folgende Internetportale mit Einträgen der Konkurrenz berücksichtigen:
- http://www.bdpt.org (Bundesverband Deutscher Personal Trainer e. V.)

---

[172] Schwall, Huber, 2003, „Sportanlagenmarketing", S. 18.
[173] Früh, 2001, „Entwicklung einer Marketingkonzeption für Personal Training unter Berücksichtigung der branchenspezifischen Besonderheiten", S. 37.
[174] Vgl. Schwall, Huber, 2003, „Sportanlagenmarketing", S. 18.

- http://www.premium-personal-trainer.com (PREMIUM Personal Trainer Club)
- http://www.personalfitness.de (PersonalFitness.de)
- http://www.first-guide.de (first GUIDE).

Dennoch bleibt die über diese Institutionen ermittelte Trainerzahl nur eine Schätzung, da nicht alle Trainer in diesen Portalen eingetragen sind. Weitere Möglichkeiten der Recherche sind: Suche über die Website der eigenen Stadt, Branchenzeitungen, Lokalzeitungen,[175] Telefonbücher, Gelbe Seiten, Messebesuche, Testkäufe, Gespräche mit Kunden usw.[176] Neben den selbstständigen Personal Trainern haben auch einige Fitnessstudios und Hotels Personal Training in ihr Angebot aufgenommen. Auch hier muss jeder Personal Trainer individuell untersuchen, inwieweit die Angebote für ihn eine Konkurrenz darstellen. Im Ergebnis zur Wettbewerbssituation lässt sich sagen: ein Existenzgründer, der sich gegenwärtig auf dem PT-Markt etablieren möchte, steht einer Vielzahl an Trainern gegenüber. Da die Mehrzahl aller Trainer sich aber über Fitness nach außen präsentiert und nur selten spezialisiert hat, kann eine gute Positionierung im Markt Vorteile verschaffen. Früh meint: „Marktauftritt und Qualifikation des Trainers nehmen ... Platz eins und zwei der effektivsten Konkurrenzabgrenzung ein."[177]

7.4 Die SWOT-Analyse

Jede Geschäftsidee weist Stärken und Schwächen auf. Mit Hilfe einer SWOT-Analyse ist es möglich, eine Geschäftsidee umfassend zu untersuchen. „Die SWOT-Analyse ist ein Beispiel für eine qualitative Methode zur Identifizierung von Risiken und ermöglicht die Analyse von Stärken (Strengths), Schwächen (Weaknesses), Chancen (Opportunities) und Risiken (Threats). Ihr Einsatzgebiet ist vor allem im Bereich der Strategieentwicklung zu sehen. Sie gilt als wertvolles Instrument, um Kapitalgebern kurz und übersichtlich die Lage des Unternehmens aus strategischer Sicht darzustellen und somit Investitionsvorhaben

---

[175] Vgl. Freese, 2006, Start-up Personal Training: Einstieg und Aufstieg, S. 53.
[176] Vgl. Investitionsbank Berlin, Existenzgründer-Leitfaden, S. 12., unter: http://www.kontinuum-berlin.de/marktbuero/existenz/leitfaden_existenzgruendung.pdf, abgerufen am 22.12.2007.
[177] Vgl. Früh, 2001, „Entwicklung einer Marketingkonzeption für Personal Training unter Berücksichtigung der branchenspezifischen Besonderheiten", S. 32.

strategisch zu hinterlegen."[178] Kurz gesagt, um eine exakte Strategieplanung für ein Unternehmen vornehmen zu können, ist das Kennen der Stärken und Schwächen des eigenen Unternehmens unabdingbar. Diese werden innerhalb der SWOT-Analyse mit den Chancen und Risiken aus der Umweltanalyse in den Zusammenhang gestellt und ermöglichen eine Einschätzung der unternehmerischen Ausgangssituation. Die nachfolgende Abbildung zeigt ein Beispiel für eine SWOT-Analyse im Personal Training.

Abbildung 13: SWOT-Analyse für Personal Training

STÄRKEN	SCHWÄCHEN
• das ganzheitliche, individuelle, örtlich und zeitlich flexible Trainings- und Betreuungskonzept • Effektivität • sehr gute Fachkompetenz des Personal Trainers sowohl sportwissenschaftlich als auch wirtschaftlich • Qualität des Angebots • Kundenorientierung und Service • Kundennähe • Bereitstellung eines Kooperationsnetzwerkes	• als Existenzgründer kein Unternehmensimage und keinen Bekanntheitsgrad • das hohe Stundenhonorar muss verkauft werden • Kundenakquise • begrenztes Nachfragepotenzial • eigene gesundheitliche Situation des Personal Trainers (Verletzungen und Krankheit) • eventuell falsche Einschätzung der Unternehmerpersönlichkeit
CHANCEN	RISIKEN
• der demografische Bevölkerungswandel • die Auswirkungen des hektischen und bewegungsarmen Lebensstils (zunehmende Gesundheitsprobleme) • steigendes Gesundheitsbewusstsein in der Bevölkerung • verstärktes Körperbewusstsein • steigendes Einkommen und wenig Zeit • steigende Flexibilitätsanforderungen	• geringe Eintrittsbarrieren in den Markt (kein Lehrberuf, Berufsbezeichnung nicht geschützt) • starkes Marktwachstum (Zunahme an Personal Trainern) • harter Konkurrenzkampf (indirekt/direkt) • der Premium Markt scheint in der Sättigungsphase zu sein • das Billigsegment wächst enorm (Preisdumping anderer Personal Trainer)

Quelle: Eigene Darstellung in Anlehnung an Gietl, Lobinger (2006): Risikomanagement für Geschäftsprozesse: Leitfaden zur Einführung eines Risi-

---

[178] Vgl. Gietl, Lobinger, 2006, Risikomanagement für Geschäftsprozesse: Leitfaden zur Einführung eines Risikomanagementsystems, S. 47-48.

komanagementsystems, S. 50; Teichert (2007): „Strategisches Marketing für eine Existenzgründung im Bereich Personal Training", 2007, S. 30.

7.5 Die Konsequenzen

Am Ende der Analysephase geht es um die Einschätzung der Geschäftsidee. Hier fließen sämtliche Informationen, die bisher erarbeitet wurden, zusammen und werden bezüglich der Erfolgsaussichten bewertet. Zur Existenzgründung im Personal Training kann im Ergebnis Folgendes festgehalten werden. Dem Berufsbild des Personal Trainers werden die besten Zukunftschancen prognostiziert. Gerade der demografische Wandel und die Änderung unseres Lebensstils verstärken diese Aussage. Das Unternehmenskonzept sollte grundsätzlich ganzheitlich, individuell, zeitlich und örtlich flexibel sein. Zusammen mit den zusätzlichen Serviceleistungen und dem Angebot eines professionellen Kooperationsnetzwerkes weist es alle kundenrelevanten Faktoren auf. Sofern sich ein potenzieller Existenzgründer in einer Großstadt niederlässt und eine vernünftige Marktsegmentierung vornimmt, ist davon auszugehen, dass genügend Kundenpotenzial gegeben ist. Gleichwohl sind gute Fachkompetenz, sowohl im wirtschaftlichen als auch im sportwissenschaftlichen Bereich, sowie ein hohes Maß an sozialer Kompetenz, Voraussetzungen für den Erfolg des Unternehmens. Die Gründung in Form einer Einzelunternehmung gibt dem Gründer große Flexibilität. Notwendige Entscheidungen können schnell getroffen werden.

8 Unternehmen, Visionen, Ziele, Strategien

„Viele Gründerinnen und Gründer wirtschaften einfach „ins Blaue". Sie verfügen weder über konkrete Ziele noch über eine Vorstellung, auf welchen Wegen sie diese Ziele erreichen wollen. Die Aufträge werden schon kommen, das Geld wird schon reichen, es wird schon gut gehen. Dazu kommt: Viele Gründerinnen und Gründer „beackern" eine Vielzahl verschiedener Geschäftsfelder mit unterschiedlichen Produkten oder Dienstleistungen und verschiedenen Zielgruppen. Die zwangsläufige Folge ist eine heillose Verzettelung der persönlichen und betrieblichen Ressourcen wie Know-how, Kapital, Energie und Zeit. Die Erfahrung lehrt: Wer auf allen Gebieten gut sein will, kann insgesamt nur durchschnittlich sein."[179] Diese Aussage bezieht sich nicht nur auf Unternehmensgründungen im Allgemeinen, sondern auch speziell auf Gründungen im Bereich Personal Training. Kieß äußert sich in einem Artikel der Zeitschrift Trainer hierzu wie folgt: „Leider starten Personal Trainer viel zu oft ziel- und planlos in ihre Tätigkeit. Das hat zur Folge, dass nach geraumer Zeit der Beruf wegen mangelnden Erfolgs aufgegeben werden muss. Viele der vor vier Jahren noch aktiven Personal Trainer gibt es heute nicht mehr."[180]

8.1 Unternehmen

Wer sich heute erfolgreich als Personal Trainer am Markt etablieren möchte, der muss sein Unternehmen systematisch planen und aufbauen. Dazu gehört, ausgehend von der vorherigen Analyse der Ist-Situation, die Formulierung von Zielen und die Festlegung der Maßnahmen und Mittel, wie diese zu erreichen sind. Ebenso sollte sich ein Personal Trainer entsprechend den dargestellten Möglichkeiten im Rahmen der Geschäftsidee konkrete Gedanken machen zu seiner Geschäftspolitik, seiner Produktstrategie und Dienstleistung sowie über seine Unternehmenskultur.[181] Im Weiteren sollte er sich laut Heaner, zitiert nach Laidlaw, mit folgenden grundlegenden Fragestellungen auseinandersetzen: „Welchen Service will man anbieten? Wieviele Kunden werden benötigt, um auf Basis der Fixkosten bald in die Ge-

---

[179] BMWi, Januar 2007, „Ziele setzen, Strategien entwickeln", Nr. 54, S. 1.
[180] Kieß, 3/2007, „Beruf mit Zukunft: Personal Trainer: Die richtige Positionierung im Markt", S. 28.
[181] Vgl. Falk [u. a.], 2006, Selbstständig und erfolgreich sein: Der neue Leitfaden für Existenzgründer, S. 14.

winnzone zu kommen? Wieviele Kunden bedeuten maximale Kapazitätsauslastung? An welchen Wochentagen und zu welchen Zeiten wird der Service geboten? Wieviele Stunden pro Tag oder pro Woche soll trainiert werden? Wieviele Minuten dauert die Trainingsstunde? Welche Regelungen werden vereinbart, wenn entweder der Trainer oder der Klient nicht pünktlich erscheinen? Soll es Distanz- bzw. Wegebeschränkungen geben? Muß es höchstens X-Minuten oder weniger dauern, um zum Klienten zu kommen? Was soll die Trainingsstunde kosten? Was sind die Selbstkosten pro Trainingsstunde? Wie soll das Inkasso aussehen? Was soll bei Kündigungen oder Terminabsagen geschehen?"[182] Diese Fragestellungen sind keineswegs vollständig. Ferner müssen auch folgende Themen bearbeitet werden:

1. „Erstellung einer Unternehmensplanung bzw. eines Businesskonzepts (...).

2. Abklären Ihrer Rechtsform (Einzelunternehmer, Partnerschaftsgesellschaft, GbR, GmbH, AG).

3. Beschäftigung mit den Themen Einkommenssteuer, Gewerbesteuer und Umsatzsteuer.

4. Lösen der Problematik „Scheinselbstständigkeit".

5. Erstellung Ihres Buchhaltungssystems.

6. Absicherung durch einen Financial Planner.

7. Erarbeitung und Umsetzung Ihres erfolgreichen Marketingkonzeptes (Wie wollen Sie auf dem Markt auftreten und wahrgenommen werden?)."[183]

Wie aus diesen Fragestellungen und Aufgabenkomplexen ersichtlich, ist „Handlungsorientiertes Planen"[184] eines der absoluten Grundprinzipien, die ein Personal Trainer einhalten sollte.

8.2 Visionen

Im Rahmen der Planungsphase ist es notwendig, dass sich der Personal Trainer mit dem Entwicklungspotenzial seiner Geschäftsidee auseinandersetzt. Die Darstellung einer Vision ist dabei ein wesentliches

---

[182] Heaner, 1993, zitiert nach Laidlaw, 1998, „Personal Trainer als Beruf – konzeptionelle und perspektivische Aspekte", S. 54-55.
[183] Kieß, 04/2007, „Beruf mit Zukunft: Teil 2: Strategie & Konzept", S. 25.
[184] Rasner, Füser, Faix, 1997, Das Existenzgründer Buch: Von der Geschäftsidee zum sicheren Geschäftserfolg, S. 117.

Element. Eine Vision lässt sich definieren als „Wunschbild der Zukunft."[185] Warum aber ist eine Unternehmensvision wichtig? „Eine Vision gibt die Marschrichtung für Sie und Ihr Unternehmen vor. Sie hat Orientierungs- und Ordnungsfunktion, weil sie das unternehmerische Agieren an einer übergeordneten Zielsetzung verpflichtet. Eine Vision sollte dabei immer den Glauben an Ihr Produkt, an Ihr Unternehmen und Ihre Leistungskraft zum Ausdruck bringen."[186] Anders ausgedrückt, eine Vision ist der Leitstern, der einem Unternehmer hilft, schwere Zeiten und Rückschläge besser zu verkraften.[187] Bei der Entwicklung einer Vision sollte sich ein Personal Trainer an folgenden Hinweisen orientieren:

- „Ihre Grundfrage muss lauten: „Wie sieht das Idealbild meines Unternehmens in der Zukunft aus?"
- Ihre visionäre Antwort ist eine Verpflichtung und beginnt mit den Worten: „Ich werde ..." bzw. „Wir werden ..."
- Formulieren Sie Ihre Vision in einem Satz. Diese Verpflichtung sollte kurz und prägnant sein.
- Eine Vision muß fast erreichbar sein – im Prinzip aber unerreichbar. Sie muß eine Sehnsucht nach Erfolg zum Ausdruck bringen.
- Kommunizieren Sie diese Vision stets an alle Mitarbeiter und Partner."[188]

Beispiele für Visionen im Personal Training könnten demnach wie folgt lauten: „Ich werde meinen Klienten immer das beste ganzheitliche Personal Trainings- und Gesundheitskonzept bieten" oder „Ich werde in der Region xy Marktführer für Personal Training mit Managern und Golfern."

Letztlich möchte ich mit Blick auf die Visionsformulierung eines Personal Trainers noch Folgendes anmerken. Personal Trainer sind in der Regel Kleinunternehmer bzw. Mittelständler. Insofern ist das Unternehmen und somit auch die Unternehmensvision maßgeblich durch

---

[185] Nussbaum, Grubbe, 2006, Die 100 häufigsten Fallen nach der Existenzgründung, S. 53.
[186] Rasner, Füser, Faix, 1997, Das Existenzgründer Buch: Von der Geschäftsidee zum sicheren Geschäftserfolg, S. 121-122.
[187] Vgl. Nussbaum, Grubbe, 2006, Die 100 häufigsten Fallen nach der Existenzgründung, S. 54.
[188] Rasner, Füser, Faix, 1997, Das Existenzgründer Buch: Von der Geschäftsidee zum sicheren Geschäftserfolg, S. 123.

ihre Persönlichkeit geprägt. Deshalb ist es sinnvoll und notwendig, vor der Darstellung der unternehmerischen Zukunft ebenso die persönlichen Ziele und Wünsche des Personal Trainers zu analysieren und im Entwicklungsprozess zu berücksichtigen.[189]

8.3 Ziele

Ausgehend von der Unternehmensvision geht es um die Formulierung von Unternehmenszielen. Generell lassen sich Unternehmensziele wie folgt definieren: „Unternehmensziele („Wunschorte") stellen ganz allgemein Orientierungs- bzw. Richtgrößen für unternehmerisches Handeln dar. Sie sind konkrete Aussagen über angestrebte Zustände bzw. Ergebnisse, die aufgrund von unternehmerischen Maßnahmen erreicht werden sollen."[190] Ebenso wie die Vision sind sie ein elementarer Teil des Unternehmens. Festgelegte Unternehmensziele „... geben unternehmerischem Handeln Sinn und Orientierung, machen es steuerbar und kontrollierbar." [191] Unternehmensziele lassen sich entsprechend ihrer Zielinhalte in Sachziele und Formalziele einteilen. „Sachziele sind Ziele, die durch das konkrete Handeln des Unternehmens bestimmt werden."[192] Sie lassen sich ihrerseits in Leistungsziele, Finanzziele, Führungs- und Organisationsziele sowie soziale und ökologische Ziele differenzieren.[193] „Formalziele beschreiben die abstrakten Ziele, die übergeordnet mittels der Sachziele erreicht werden sollen. Der Unternehmenserfolg, ausgedrückt im monetären Gewinn des Unternehmens, ist ein wichtiges Formalziel." [194]

Bezüglich der Definition von Zielen gilt es, bestimmte Anforderungen einzuhalten. Falk, Franz [u. a.] fassen diese wie folgt zusammen und empfehlen: „Definieren Sie Ziele, die

- realistisch und erreichbar,
- klar, eindeutig und messbar,
- zeitlich begrenzt,
- sinnvoll und motivierend und

---

[189] Vgl. Nussbaum, Grubbe, 2006, Die 100 häufigsten Fallen nach der Existenzgründung, S. 53.
[190] Becker, 1999, Das Marketingkonzept: Zielstrebig zum Markterfolg!, S. 7.
[191] Becker, 1999, Das Marketingkonzept: Zielstrebig zum Markterfolg!, S. 7.
[192] Hovemann, Trinkhaus, 2002, „Management", S. 20.
[193] Vgl. Hovemann, Trinkhaus, 2002, „Management", S. 20.
[194] Hovemann, Trinkhaus, 2002, „Management", S. 20.

- anpassungsfähig sind."[195]

Was aber bedeuten diese Aussagen nun für den Zielfindungsprozess eines Personal Trainers genau? Hierauf geben Rasner, Füser und Faix eine adäquate Antwort. Statt auf sämtliche Möglichkeiten der Zielfindung einzugehen, beschränken sie sich im Gründungsjahr auf die vier wichtigsten Ziele (Primärziele). Das sind die in Abbildung 14 dargestellten Ziele.

Abbildung 14: Die vier Primärziele eines Existenzgründers

1. Das Gründungsziel:	Am tt.mm.jjjj werde ich meine Unternehmensgründung vornehmen.
2. Das Umsatzziel:	**Im ersten Jahr mache ich xx.xxx.yy Euro (= Betrag) Umsatz.** **Hinweise:** Es empfiehlt sich als Personal Trainer festzulegen, wie viele Trainingseinheiten kann ich grundsätzlich leisten und wie viele verkaufte Einheiten brauche ich grundsätzlich pro Monat? Davon abgeleitet: Wie viele Klienten brauche ich, um diese Stundenzahl zu erreichen?
3. Das Kostendeckungsziel:	Bis zum tt.mm.jjjj werde ich so viel Umsatz pro Monat machen, dass meine monatlichen Fixkosten gedeckt werden. (Hinweis: Nach 6 Monaten sollten die Fixkosten spätestens gedeckt sein. Falls dies nicht der Fall ist, sind unbedingt die Marketingaktivitäten zu steigern oder aber die Geschäftsidee zu überdenken.
4. Das Gewinnziel:	Im ersten Jahr mache ich xxx.xxx.yy.Euro (= Betrag) Gewinn.

Quelle: Eigene Darstellung in Anlehnung an Rasner, Füser, Faix (1997): Das Existenzgründer Buch: Von der Geschäftsidee zum sicheren Geschäftserfolg, S. 125.

Ein Personal Trainer sollte sich folglich im ersten Jahr auf diese vier Ziele konzentrieren, wobei sein Hauptaugenmerk bezüglich des Umsatzziels natürlich auf die Kundenneugewinnung (Akquise) gerichtet sein muss. Sofern die Primärziele erreicht werden, empfehlen die oben genannten Autoren die Einführung eines dreigliedrigen Zielsystems, welches sich in ein 1-Jahres-Ziel, ein 5-Jahres-Ziel und ein 10-Jahres-Ziel gliedert. Zielinhalte, die dann entsprechend geplant werden sollten, sind: Gewinn als Oberziel, Umsatz, Größe (Mitarbeiter), neue Zielangebote (neue Kooperationspartner, neue Trainingsmethoden, neues

---

[195] Falk [u. a.], 2006, Selbstständig und erfolgreich sein: Der neue Leitfaden für Existenzgründer, S. 14.

technisches Equipment), Marktanteil, Kompetenzen (Aus- und Fortbildungen) und neue Zielmärkte.[196] Was bei dieser Aufzählung fehlt, aus meiner Sicht aber sehr wichtig erscheint, sind die qualitativen Marketingziele. Diese „... haben im Gegensatz zu den ökonomischen Marketingzielen keinen direkten Einfluss auf die den Gewinn bestimmenden Größen, sondern haben hierfür nur Mittelcharakter."[197] Qualitative Marketingziele, welche sich ein Personal Trainer unbedingt setzen sollte, sind: höchste Kundenzufriedenheit und Kundenorientierung, die Erreichung eines hohen Bekanntheitsgrades bei seiner Zielgruppe in Verbindung mit dem bestmöglichen Image, ein ganzheitliches PT-Konzept auf höchstem Qualitätsniveau, die Ansprache der Zielgruppe im gehobenen Preissegment, Kundenloyalität und eine hohe Kaufhäufigkeit. Bei den erwähnten ökonomischen Marketingzielen handelt es sich um Ziele, „... die den Gewinn direkt und in Geldeinheiten ausgedrückt bestimmen und die durch die Marketinginstrumente wesentlich beeinflussbar sind."[198] Beispiele hierfür sind: Umsatz- und Absatzsteigerung, Deckungsbeitrag, Marktanteil.

Bezogen auf den oben vorgegeben Zeithorizont für Ziele, möchte ich anmerken, dass diese Gliederung nach meinem Empfinden für die Branche Personal Training aufgrund des schnelllebigen Charakters zu weit gefasst ist. Besser geeignet ist die Einteilung in ein 1-Jahres-Ziel, ein 3-Jahres-Ziel und ein 5-Jahres-Ziel.

Letztlich möchte ich mit Blick auf die Planung von Unternehmenszielen im Rahmen der Existenzgründung noch folgende Hinweise von Hofert berücksichtigen. Sie sagt: „Für die meisten Dienstleister gilt Folgendes:

- Die Akquise-Bemühungen sollten nach drei bis sechs Monaten Erfolg zeigen.

- Nach etwa einem halben Jahr Akquise sollte sich auch in erklärungsbedürftigen Geschäftsfeldern mindestens ein konkreter Auftrag ergeben haben.

- Nach einem Jahr sollte sich abgezeichnet haben, ob eine Idee sich durchsetzen wird. Das Interesse am Produkt muss jetzt sehr konkret sein.

---

[196] Vgl. Rasner, Füser, Faix, 1997, Das Existenzgründer Buch: Von der Geschäftsidee zum sicheren Geschäftserfolg, S. 126.
[197] Uhe, 2002, Strategisches Marketing: Vom Ziel zur Strategie, S. 18.
[198] Uhe, 2002, Strategisches Marketing: Vom Ziel zur Strategie, S. 18.

- Nach drei Jahren haben viele ein erstes Auftragshoch erreicht.
- Nach fünf Jahren haben Sie es geschafft."[199]

Zusammenfassend zu den Unternehmenszielen eines Personal Trainers habe ich in Anlage 5 die Abbildung einer Zielhierarchie für Personal Training nach Früh beigefügt.

Die Überschrift „Ziele" meint aber nicht nur Unternehmensziele. Ein Personal Trainer sollte sich unbedingt auch mit seinen persönlichen Zielstellungen beschäftigen. Folgende Bereiche sind hierbei relevant:

- „Körper: Gesundheit, Ernährung, Erholung, Fitness, Urlaub etc.
- Kontakt: Familie, Partnerschaft, Freunde, Anerkennung etc.
- Karriere: Beruf, Beziehungen, Fähigkeiten, Statussymbole etc.
- Sinn: Religion, Liebe, Selbstverwirklichung, soziales Engagement, politisches Interesse etwas Sinnvolles tun, etc."[200]

Nur wenn beide Seiten ausreichend im Planungsprozess und auch in der weiteren Entwicklung des Unternehmens Berücksichtigung finden, ist Erfolg möglich. Um die gesetzten Ziele zu erreichen, erfolgt der nächste Schritt der Konzeptionsphase, die Strategieentwicklung.

8.4 Strategien

„Eine Strategie ist ein auf lange Sicht angelegter detaillierter Plan des eigentlichen Vorgehens, um gesteckte Ziele zu erreichen. Man versucht, Faktoren, die das eigene Handeln beeinflussen könnten, von vornherein einzukalkulieren. Die Frage lautet also: Wie kann ich das Gewollte erreichen?"[201] Die Strategie lenkt demnach alle Aktivitäten in die gewünschte Zielrichtung und verhilft damit zum Erfolg des Unternehmens. Welches ist aber nun die richtige Strategie für einen angehenden Personal Trainer? Hierzu kann gesagt werden, dass es viele verschiedene Strategiemöglichkeiten gibt, aber keine einheitliche, auf alle Unternehmen passende. Aufgrund der dargestellten Marktsituation wird es notwendig sein, vor allem auf entsprechende wettbewerbsorientierte Strategien zurückzugreifen. Darüber hinaus ist Personal Training ein

---

[199] Hofert, 2007, Praxisbuch Existenzgründung: Erfolgreich selbständig werden und bleiben, S. 404.

[200] Nussbaum, Grubbe, 2006, Die 100 häufigsten Fallen nach der Existenzgründung, S. 173.

[201] Geyer, Ephrosi, 2005, Chrashkurs Marketing: Strategien für den Erfolg am Markt, S. 58-59.

exklusives Produkt, dass einer gehobenen Bevölkerungsschicht verkauft werden soll. Die Qualitätsstrategie ist somit absolute Grundvoraussetzung. Der Kunde muss in den Mittelpunkt sämtlicher Aktivitäten gestellt werden, denn nur, wenn er das Produkt kauft, ist Umsatz möglich. Ausgehend von diesen Gegebenheiten erscheint es sinnvoll und notwendig, mehrere Strategien miteinander zu kombinieren.

8.4.1 Wettbewerbsstrategien

Wie dargestellt, ist Personal Training gegenwärtig keine unbekannte Dienstleistung mehr. Freese sagt: „Heute bieten mehrere Hundert freiberufliche Bewegungs- und Ernährungsexperten ihren Service im gesamten Bundesgebiet an – in ganz unterschiedlicher Ausprägung. Ohne Zweifel: Das Potenzial von Personal Training liegt in seiner Variation - vom mobilen Personal Trainer, der seine Kunden vor Ort besucht, über Personal Trainer, die ihre Kunden im Fitnesszentrum oder in der Physiotherapie akquirieren, bis hin zur wachsenden Zahl von Personal Trainern, die ein eigenes PT-Studio betreiben."[202] Wer sich also mit der Idee selbstständig machen möchte, steht nicht mehr vor der Problematik einer unbekannten Dienstleistung. Für einen Neueinsteiger im Käufermarkt Personal Training, besteht vielmehr das Problem der Auffindbarkeit durch den Kunden. Die Lösung für dieses Problem liegt in der Positionierung. Positionierung meint dabei die Notwendigkeit, sich von der Konkurrenz zu unterscheiden und beschreibt: „ ... wo Sie ‚im Kopf des Kunden' – im Vergleich zu den Mitbewerbern – stehen; letztlich, also, ob man Sie kennt oder womit man Sie verbindet".[203] Grundsätzlich bieten sich nach Aussage von Weyand drei große Möglichkeiten der Positionierung: ein Thema, eine Methode oder eine bestimmte Zielgruppe.[204] Im Personal Training gilt dies adäquat. Freese unterscheidet: die Positionierung als Spezialist, auf Zielgruppe oder auf Problemlösungen.[205]

Ausgehend von diesen Gegebenheiten gewinnen die Wettbewerbsstrategien von Porter an Bedeutung. Porter unterscheidet: die Strategie der Differenzierung, die Strategie der umfassenden Kostenführerschaft

---

[202] Freese, 2006, Start-up Personal Training: Einstieg und Aufstieg, S. 7.
[203] Weyand, 2006, Allein erfolgreich - Die Einzelkämpfermarke: Erfolgreiches Marketing für beratende Berufe, S. 19.
[204] Vgl. Weyand, 2006, Allein erfolgreich - Die Einzelkämpfermarke: Erfolgreiches Marketing für beratende Berufe, S. 19-26.
[205] Vgl. Freese, 2006, Start-up Personal Training: Einstieg und Aufstieg, S. 99.

und die Strategie der Konzentration auf Schwerpunkte.[206] Die Strategie der Kostenführerschaft, welche darauf zielt, durch kostenorientiertes Denken und Handeln[207], also durch einen niedrigen Preis, einen Wettbewerbsvorsprung zu gewinnen, kann für einen Personal Trainer ausgeschlossen werden. Zum einen braucht er wie im Abschnitt „10.1 Preiskalkulation" dargestellt ein angemessenes Stundenhonorar, um Fixkostendeckung zu erlangen. Auf der anderen Seite zeigt sich hier der Erfolgsgarant der Dienstleistung: Qualität. Mit einem hohen Preis verbindet ein Kunde meist auch höhere Qualität. Weitere Hinweise zur Qualitätsstrategie folgen in Abschnitt 8.4.2.

Die zweite Strategie ist die der Differenzierung. Sie zielt darauf ab, dass sich der Personal Trainer durch die Bereitstellung einer einzigartigen Dienstleistung von der Konkurrenz abhebt und sich dadurch einen Wettbewerbsvorteil verschafft. Man spricht an dieser Stelle auch von der „*Unique Selling Proposition*". Möglichkeiten der Abgrenzung sind einzigartiger Service, einzigartige Qualität, einzigartiges Design, einzigartige Technologie, einzigartiges Image und einzigartiges Marketing.[208] Auch diese Strategie kommt für einen Personal Trainer als Einstiegsalternative nicht in Frage. Die Kerndienstleistungen im Personal Training sind zumeist standardisiert. Ein umfasender Service in Form von Kooperationsnetzwerken, Beratungsleistungen etc. wird von fast allen angeboten. Wer sich wirklich abheben möchte, muss eine aufwendige Markenpolitik betreiben[209], die sehr kostenintensiv ist. Optimal geeignet für den Einstieg ist jedoch die dritte Alternative, die Konzentration auf Schwerpunkte, auch Nischenstrategie genannt. Voraussetzung für diese Strategie ist eine intensive Marktsegmentierung, die als Ergebnis eine bestimmte Zielgruppe hervorbringt sowie einmalige Nischenprodukte.[210] Anders ausgedrückt, der Personal Trainer bedient nicht den gesamten regionalen Personal Trainer Markt sondern selektiert ihn hinsichtlich einer Zielgruppe, die ein bestimmtes Problem bzw. Bedürfnis hat, von dem er ausgeht, dass er der Beste ist, der dieses

---

[206] Vgl. Rasner, Füser, Faix, 1997, Das Existenzgründer Buch: Von der Geschäftsidee zum sicheren Geschäftserfolg, S. 132.
[207] Vgl. Kalba, Mäßen, 2004, Marketing: Einfach! Praktisch!, S. 60.
[208] Vgl. Rasner, Füser, Faix, 1997, Das Existenzgründer Buch: Von der Geschäftsidee zum sicheren Geschäftserfolg, S. 134-135.
[209] Vgl. Rasner, Füser, Faix, 1997, Das Existenzgründer Buch: Von der Geschäftsidee zum sicheren Geschäftserfolg, S. 136.
[210] Vgl. Rasner, Füser, Faix, 1997, Das Existenzgründer Buch: Von der Geschäftsidee zum sicheren Geschäftserfolg, S. 137.

Problem/Bedürfnis lösen oder befriedigen kann. Um diesen Nischenvorteil möglichst lange konkurrenzfrei aufrechtzuerhalten und weiter auszubauen, bietet es sich an, die Nischenstrategie und die Strategie der Differenzierung zu kombinieren.[211]

Eine weitere Nischenstrategie ist die Engpasskonzentrierte Verhaltens- und Führungsstrategie (EKS®) von Wolfgang Mewes. Diese Erfolgsstrategie geht davon aus, „dass jedes Unternehmen, aber auch jeder Selbstständige und auch jeder Angestellte sich auf seine Stärken konzentrieren sollte. Nur eine solche Nischenstrategie schafft die Voraussetzung für langfristigen Erfolg."[212] Die EKS-Strategie basiert auf vier Eckpfeilern des Erfolgs:

1. **Stärkenkonzentration:** meint die Konzentration auf die eigenen Stärken und die Vernachlässigung der Schwächen.

2. **Kräftebündelung:** meint die Bündelung aller Kräfte auf eine klar definierte Zielgruppe. Die Dienstleistung Personal Training darf nicht für jeden sein.

3. **Nische:** meint das Besetzen einer bestimmten Nische und dabei Abgrenzung zu anderen Anbietern. Das eigene Angebot sollte sich von dem der Konkurrenz unterscheiden.

4. **Problemlöser:** meint die Entwicklung zum besten Problemlöser der Zielgruppe. Hier ist vor allem Tiefen-Know-how wichtig. Statt immer mehr zu offerieren, sollte sich der Trainer fortwährend in dem verbessern, was er gegenwärtig anbietet.[213]

„Um dieses Ziel zu erreichen, hat Mewes ein 7-Phasen-Programm entwickelt, das eine Erfolgsspirale in Gang setzt."[214] In der nachfolgenden Abbildung habe ich diese Phasen am Beispiel eines Personal Trainers dargestellt.

---

[211] Vgl. Rasner, Füser, Faix, 1997, Das Existenzgründer Buch: Von der Geschäftsidee zum sicheren Geschäftserfolg, S. 137-138.
[212] Hofert, 2006, Erfolgreiche Existenzgründung für Trainer, Berater, Coachs: Das Praxisbuch für Gründung, Existenzaufbau und Expansion, S. 20.
[213] Vgl. Hofert, 2006, Erfolgreiche Existenzgründung für Trainer, Berater, Coachs: Das Praxisbuch für Gründung, Existenzaufbau und Expansion, S. 20.
[214] http://www.wolfgangmewes.de/wolfgang-mewes.htm, abgerufen am 01.11.2007.

Abbildung 15: 7-Phasen-Programm nach Mewes

	Erläuterung	Beispiel: Personal Training
1. Phase:	Erfassung der Stärken als Kernkompetenzen.	• Studium der Sportwissenschaften • Langjährige Tätigkeit als Fitnesstrainer mit Schwerpunkt auf Rückentraining • Präventiver Gesundheitstrainer • Personal Golffitness Trainer • Golf als Hobby mit einem guten Handicap
2. Phase:	Festlegung des erfolgversprechendsten Geschäfts- bzw. Aufgabenfeldes.	• Personal Training
3. Phase:	Festlegung der erfolgversprechendsten Zielgruppe mit Blick auf die ersten beiden Phasen.	• Manager und Golfer
4. Phase:	Wahrnehmung des brennendsten Problems (Entwicklungsengpass) der Zielgruppe.	• anspruchsvoller und stressiger Job • wenig Zeit • häufig gesundheitliche Defizite insbesondere Rückenprobleme • wenn Sport meist Golf, aber mit Rücken-, Ischias- und Bandscheiben- sowie Schulter- und Armproblemen (vgl. 7.3.2)
5. Phase:	Die Innovationsphase: Der Anwender hat eine systematische Problemlösungsmethode an der Hand, die ihn bei der Zielgruppe unersetzbar macht.	• mehr Stressresistenz für den Alltag • Beseitigung der gesundheitlichen Probleme und mehr Leistungsfähigkeit sowie Lebensqualität, aber geringer zeitlicher Aufwand • besser und schmerzfrei Golfspielen
6. Phase:	Konzentration auf Schwerpunkte hat zur Folge, dass man nicht alles anbieten kann. Deshalb beschäftigt sich diese Phase mit dem Aufbau von Kooperationen.	• Kooperationspartner mit speziellen Gesundheitschecks für Manager sowie Kooperationspartner im Bereich Coaching • Bezüglich der Golfer: Kooperationen mit Physiotherapeuten, Orthopäden und speziellem Anbieter für eine komplette Golf Analyse • Angebot der Zusammenarbeit mit dem Golflehrer des Klienten
7. Phase:	Ein konstantes soziales Grundbedürfnis für die jeweilige Zielgruppe wird dauerhaft gelöst. Mit dieser Problemlösung wird die Marktführung angestrebt.	

Quelle: Eigene Darstellung in Anlehnung an http://www.wolfgangmewes.de/wolfgang-mewes.htm, abgerufen am 01.11.2007.

8.4.2 Strategie der Qualitätsführerschaft

Ein Personal Trainer sollte sich zum Ziel setzten, eine herausragende Stellung im relevanten Markt einzunehmen. Dazu ist es notwendig, sich positiv von der Konkurrenz abzuheben. Wie bereits im Rahmen der Differenzierung erwähnt, geht dies insbesondere über Qualität. Die Darbietung eines ganzheitlichen PT-Konzeptes auf höchstem Niveau ist dabei nur ein Aspekt.

Regelmäßige Fort- und Weiterbildungen, ein professioneller Geschäftsauftritt, ein gepflegtes äußeres Erscheinungsbild sowie hochwertiges und professionelles Equipment sind weitere Möglichkeiten. Die Qualitätsstrategie schlägt aber auch in einem anderen essenziellen Punkt nieder. Beispielsweise sollten die Umsätze und Gewinne nicht über die Menge an verkauften Trainingseinheiten erwirtschaftet werden, sondern vielmehr über die Gewinnspanne der Dienstleistung. Ein Personal Trainer kann nur ein begrenztes Kontingent an Stunden bereitstellen. Dies ist einerseits darauf zurückzuführen, dass er sich größtmögliche räumliche und zeitliche Flexibilität gegenüber seinen Klienten bewahren muss. Andererseits braucht er entsprechend Regenerationszeiten, um gesund zu bleiben. Darüber hinaus fordert allein schon die Zielgruppe im gehobenen Preissegment ein Produkt höchster Qualität, bestem Service und adäquaten Zusatzangeboten. Im Ergebnis bedeutet dies für einen Personal Trainer, der sich unter den momentanen Marktbedingungen selbstständig machen will, dass er die Ansprüche seiner Zielgruppe nicht nur erfüllen, sondern die Erwartungen sogar übertreffen muss. Insofern ist es notwendig, entsprechend den definierten Marketingzielen und der Marketingstrategie einen optimalen Marketing-Mix zu entwickeln. Was dies im Einzelnen bedeutet, darauf gehe ich im Kapitel 12 Marketing näher ein.

9 Rechtliche Aspekte

Im Rahmen der Existenzgründung wird ein Personal Trainer mit einer Vielzahl an rechtlichen Aspekten konfrontiert. Neben der fachlichen Beratung, die er in jedem Fall in Anspruch nehmen sollte, ist es aus meiner Sicht erforderlich, sich ein Mindestmaß an rechtlichem Grundwissen anzueignen. Nachfolgend gehe ich auf die wesentlichen Bereiche, wie zum Beispiel das Gesellschaftsrecht, das Steuerrecht oder auch den Bereich des Versicherungsrechts ein. Eine vollständige Abhandlung aller rechtlichen Berührungspunkte, die ein Personal Trainer haben kann, ist innerhalb dieser Arbeit nicht möglich.

9.1 Freier Beruf oder Gewerbe

„Ein beruflich Selbstständiger ist entweder als Gewerbetreibender, als Freiberufler oder in der Land- und Forstwirtschaft tätig."[215] Mit Blick auf die Selbstständigkeit des Personal Trainers geht es ausschließlich um die gewerbliche und freiberufliche Tätigkeit. Um eine Abgrenzung zwischen beiden Aktivitäten vornehmen zu können, ist zunächst eine Erläuterung der Begriffe notwendig. Bevor ich diese Darstellung gebe, möchte ich darauf hinweisen, dass die Abgrenzung zwischen beiden Tätigkeiten in der Praxis oft schwierig ist und vom Einzelfall abhängt. Wer sich unsicher ist, ob eine freiberufliche Tätigkeit vorliegt, sollte beim zuständigen Finanzamt eine schriftlich und somit verbindliche Auskunft einfordern.[216] Andernfalls kann das Finanzamt bis zu sieben Jahren nach der Gründung den Status als Freiberufler aberkennen und die Nachzahlung der Gewerbesteuer fordern.[217]

Der § 15 Abs. 2 S. 1 Einkommensteuergesetz (EStG) liefert die Legaldefinition zum Gewerbebetrieb. Hier heißt es: „Eine selbständige nachhaltige Betätigung, die mit der Absicht, Gewinn zu erzielen, unternommen wird und sich als Beteiligung am allgemeinen wirtschaftlichen Verkehr darstellt, ist Gewerbebetrieb, wenn die Betätigung weder als Ausübung von Land- und Forstwirtschaft noch als Ausübung eines freien Berufs noch als eine andere selbständige Arbeit anzusehen

---

[215] http://www.ihk-schwaben.de/dokumente/merkblaetter/M87709.pdf, abgerufen am 29.09.2007.
[216] Vgl. Hofert, 2007, Praxisbuch Existenzgründung: Erfolgreich selbständig werden und bleiben, S. 134.
[217] Vgl. Hofert, 2007, Praxisbuch Existenzgründung: Erfolgreich selbständig werden und bleiben, S. 130.

ist."²¹⁸ Für Gewerbebetriebe gilt Folgendes: „Derjenige, der ein Gewerbe ausübt, ist ein Gewerbetreibender."²¹⁹ Außerdem muss ein Gewerbebetrieb beim zuständigen Gewerbeamt (Gemeinde) angemeldet werden und unterliegt der Gewerbesteuer.²²⁰

Eine Definition für freie Berufe ergibt sich aus § 1 Abs. 2 S. 1 Partnergesellschaftsgesetz (PartGG). Dort heißt es: „Die Freien Berufe haben im allgemeinen auf der Grundlage besonderer beruflicher Qualifikation oder schöpferischer Begabung die persönliche, eigenverantwortliche und fachlich unabhängige Erbringung von Dienstleistungen höherer Art im Interesse der Auftraggeber und der Allgemeinheit zum Inhalt."²²¹ Satz zwei dieser Vorschrift enthält darüber hinaus eine Aufzählung verschiedener freier Berufe. Neben dem Partnergesellschaftgesetz regelt auch das Einkommensteuergesetz in § 18 Abs. 1 Nr. 1 EStG, wer als Freiberufler zählt. Hier heißt es: „Einkünfte aus selbständiger Arbeit sind Einkünfte aus freiberuflicher Tätigkeit. Zu der freiberuflichen Tätigkeit gehören die selbständig ausgeübte wissenschaftliche, künstlerische, schriftstellerische, unterrichtende oder erzieherische Tätigkeit, die selbständige Berufstätigkeit der Ärzte, Zahnärzte, Tierärzte, Rechtsanwälte, Notare, Patentanwälte, Vermessungsingenieure, Ingenieure, Architekten, Handelschemiker, Wirtschaftsprüfer, Steuerberater, beratenden Volks- und Betriebswirte, vereidigten Buchprüfer, Steuerbevollmächtigten, Heilpraktiker, Dentisten, Krankengymnasten, Journalisten, Bildberichterstatter, Dolmetscher, Übersetzer, Lotsen und ähnlicher Berufe. Ein Angehöriger eines freien Berufs im Sinne der Sätze 1 und 2 ist auch dann freiberuflich tätig, wenn er sich der Mithilfe fachlich vorgebildeter Arbeitskräfte bedient; Voraussetzung ist, dass er auf Grund eigener Fachkenntnisse leitend und eigenverantwortlich tätig wird. Eine Vertretung im Fall vorübergehender Verhinderung steht der Annahme einer leitenden und eigenverantwortlichen Tätigkeit nicht entgegen; ... ."²²²

Grundsätzlich kann man also sagen: „Für die Einordnung als freiberufliche Tätigkeit, muss eines der folgenden Kriterien erfüllt werden:

---

[218] http://www.gesetze-im-internet.de/estg/__15.html, abgerufen am 30.12.2007.
[219] Collrepp, 2007, Handbuch Existenzgründung: Für die ersten Schritte in die dauerhaft erfolgreiche Selbstständigkeit, S. 85.
[220] Vgl. http://www.ihk-schwaben.de/dokumente/merkblaetter/M87709.pdf, abgerufen am 29.09.2007.
[221] http://www.gesetze-im-internet.de/partgg/__1.html, abgerufen am 30.12.2007.
[222] http://www.gesetze-im-internet.de/estg/__18.html, abgerufen am 30.12.2007.

a) es liegt eine wissenschaftliche, künstlerische, unterrichtende oder erzieherische Tätigkeit vor, oder

b) eine selbständige Tätigkeit als Arzt, Zahnarzt, Tierarzt, Rechtsanwalt u.s.w. [!] (Katalogberufe) oder

c) es wird eine selbständige Tätigkeit ausgeführt, die einem Katalogberuf ähnlich ist."[223]

Die Berufsgruppe des Personal Trainers erfüllt eine dieser Voraussetzungen. Personal Training kann entsprechend den Aussagen von Neef grundsätzlich als unterrichtende Tätigkeit eingestuft werden und zählt folglich als freiberufliche Tätigkeit. Neef begründet dies wie folgt: „Denn, anders als im Fitness-Studio (Urteil vom 13.01.1994 BStBl II 1994 S. 362), wird hier ein individuelles Trainingsprogramm für jeden einzelnen Klienten erarbeitet und durch individuelle persönliche Betreuung und Beratung des Trainers überwacht und umgesetzt."[224]

Warum aber ist der Status als Freiberufler interessant? Für einen Freiberufler gelten gegenüber dem Gewerbetreibenden verschiedene vorteilhafte Ausnahmen. Für ihn besteht keine Pflicht zur Anmeldung beim Gewerbeamt. Er zahlt somit keine Gewerbesteuer.[225] Folglich ist er nicht Pflichtmitglied in der Industrie- und Handelskammer und spart die dort anfallenden Mitgliedsbeiträge. Darüber hinaus unterliegt er nicht der Pflicht zur doppelten Buchführung. Außerdem hat er die Option, eine Partnerschaftsgesellschaft zu gründen.[226] Für die Tätigkeit als Freiberufler ist lediglich die Beantragung einer Steuernummer beim Finanzamt notwendig.[227]

9.2 Gründungsformen

Ein Existenzgründer hat verschiedene Möglichkeiten, sein Unternehmen zu gründen. Dazu gehören:

- Neugründung
- Betriebsübernahme

---

[223] Neef, 2003, „Existenzgründung als Personal Trainer", S. 79.
[224] Neef, 2003, „Existenzgründung als Personal Trainer", S. 80.
[225] Vgl. http://www.ihk-schwaben.de/dokumente/merkblaetter/M87709.pdf, abgerufen am 29.09.2007.
[226] Vgl. Hofert, 2007, Praxisbuch Existenzgründung: Erfolgreich selbständig werden und bleiben, S. 130.
[227] Vgl. http://www.ihk-schwaben.de/dokumente/merkblaetter/M87709.pdf, abgerufen am 29.09.2007.

- Beteiligung
- Gründung mit Partner/-in
- Franchising
- Ausgliederung/Abspaltung[228]
- im Nebenberuf selbstständig machen.[229]

Welche Alternative für einen Gründer in Frage kommt, hängt ab von den persönlichen Voraussetzungen, den Markterfordernissen und dem Gründungskapital.[230] Im Bereich Personal Training ist aus meiner Sicht vor allem die Neugründung interessant. Bei dieser Gründungsform startet der Personal Trainer bei „null" und hat die Möglichkeit sein Unternehmen nach seinen Vorstellungen aufzubauen.[231] Gleichwohl bedeutet ein solcher Einstieg aber auch, dass sich der Personal Trainer gegenüber den Konkurrenten, die bereits am Markt agieren, behaupten muss, um eigene Marktanteile zu erlangen.[232] Er muss sich selbstständig um die Kundenakquise kümmern und sich sein eigenes professionelles Kooperationsnetzwerk aufbauen. Einen wesentlichen Vorteil bieten dabei bestehende Geschäftskontakte, beispielsweise aus der Tätigkeit in einem Fitnessstudio oder einer Physiotherapiepraxis. In jedem Fall muss bei dieser Einstiegsform eine angemessene Anlauf- und Aufbauphase berücksichtigt werden, die ein bestimmtes Startkapital voraussetzt.[233] Darüber hinaus sind im Personal Training Gründungen mit Partner/-in oder durch Beteiligung denkbar. Bei der Gründung mit Partner herrschen ähnliche Startbedingungen wie bei der Neugründung. Allerdings profitieren die Gründer hier vom gemeinsamen

---

[228] Vgl. Nickel, 2007, Der Gründungszuschuss: Tipps für Existenzgründer Nachfolgeregelung der Ich-AG, S. 40-42.
[229] Vgl. Falk [u. a.], 2006, Selbstständig und erfolgreich sein: Der neue Leitfaden für Existenzgründer, S. 31.
[230] Vgl. Nickel, 2007, Der Gründungszuschuss: Tipps für Existenzgründer Nachfolgeregelung der Ich-AG, S. 40.
[231] Vgl. Falk [u. a.], 2006, Selbstständig und erfolgreich sein: Der neue Leitfaden für Existenzgründer, S. 31.
[232] Vgl. Nickel, 2007, Der Gründungszuschuss: Tipps für Existenzgründer Nachfolgeregelung der Ich-AG, S. 40.
[233] Vgl. Nickel, 2007, Der Gründungszuschuss: Tipps für Existenzgründer Nachfolgeregelung der Ich-AG, S. 40.

Zusammenwirken.[234] Die Vorteile dieser Gründungsform sind beispielsweise:

- Aufgaben, Verantwortung und Risiko werden geteilt,
- Kundenkontakte der Partner addieren sich,
- fachliche Kenntnisse ergänzen sich,
- beide beteiligen sich an der Finanzierung.[235]

Allerdings sollte man bei einem solchen Start bedenken, dass der Erfolg des Unternehmens von der Partnerwahl abhängt. Neben dem Wunsch nach beruflicher Selbstständigkeit sollten auch die mittel- und langfristigen Vorstellungen beider Partner übereinstimmen.[236] „... eine faire Vertragsgestaltung sowie eine nachvollziehbare Arbeits- und Haftungsverteilung"[237] ist dabei die Grundvoraussetzung. Wie oben angesprochen ist auch die Beteiligung an einem Betrieb möglich. Sie bietet den Vorteil, sich selbstständig zu machen und auf einen vorhandenen Kundenkreis sowie bestehendes Know-how zurückzugreifen. Ein Gründer sollte bei dieser Form besonders darauf achten, dass die Höhe der Einlage dem Wertanteil am Unternehmen entspricht. Insofern ist eine detaillierte Prüfung des Unternehmens unerlässlich.[238] Ferner sind Fragen, welche die zukünftigen Rechte und Pflichten als Teilhaber und Mitunternehmer betreffen, zu klären.[239] Auch Franchisesysteme sind eine Gründungsalternative. Hier profitiert der Franchisenehmer „... von Know-how, Organisation und Image bereits etablierter Unternehmen."[240] Gegen eine Gebühr kann der Gründer eine ausgereifte Geschäftsidee erwerben, die ihm aufgrund der vorgenannten Vorteile

---

[234] Vgl. Nickel, 2007, Der Gründungszuschuss: Tipps für Existenzgründer Nachfolgeregelung der Ich-AG, S. 41.
[235] Vgl. Falk [u. a.], 2006, Selbstständig und erfolgreich sein: Der neue Leitfaden für Existenzgründer, S. 38.
[236] Vgl. Falk [u. a.], 2006, Selbstständig und erfolgreich sein: Der neue Leitfaden für Existenzgründer, S. 38.
[237] Nickel, 2007, Der Gründungszuschuss: Tipps für Existenzgründer Nachfolgeregelung der Ich-AG, S. 41.
[238] Vgl. Nickel, 2007, Der Gründungszuschuss: Tipps für Existenzgründer Nachfolgeregelung der Ich-AG, S. 41.
[239] Vgl. Falk [u. a.], 2006, Selbstständig und erfolgreich sein: Der neue Leitfaden für Existenzgründer, S. 35.
[240] Nickel, 2007, Der Gründungszuschuss: Tipps für Existenzgründer Nachfolgeregelung der Ich-AG, S. 41.

einen Wettbewerbsvorsprung ermöglicht.[241] Im Bereich des Personal Trainings sind Franchisekonzepte noch sehr selten vorzufinden. Sie beschränken sich auf die Ausübung mit eigenem PT-Studio. Aus diesem Grund soll diese Variante innerhalb dieser Arbeit nicht weiter berücksichtigt werden. Ebenso irrelevant sind die beiden Möglichkeiten Betriebsübernahme und Ausgliederung/Abspaltung. Die Betriebsübernahme erscheint mir aufgrund des kundennahen Charakters der Dienstleistung nicht sinnvoll und die Ausgliederung wird eher bei technologieorientierten Gründungen gewählt.[242] Abschließend zu den Gründungsformen möchte ich noch auf die Möglichkeit des nebenberuflichen Starts hinweisen. „Als nebenberuflich selbstständig gilt, wer weniger als 15 Stunden die Woche in eigenem Namen und auf eigene Rechnung seiner gewerblichen, handwerklichen oder freiberuflichen Tätigkeit nachgeht."[243] Auch diese Form hat für einen Personal Trainer viele Vor- und Nachteile. Die nachfolgende Abbildung gibt einen Überblick.

Abbildung 16: Vor- und Nachteile einer Vollexistenz als Personal Trainer und im Nebenerwerb

Vor- und Nachteile einer Vollexistenz als Personal Trainer und im Nebenerwerb		
	Vollexistenz	**Nebenerwerb**
Vorteile	• Hohe Motivation • Volles Zeitbudget • Höhere Flexibilität • Zielorientierte Umsetzung • Hoher Existenzdruck	• Geringes Risiko • Soziale Absicherung • Geringere Abgabenlast • Längerer Reifeprozess • Keine Vorfinanzierung
Nachteile	• Hohes Risiko • Fehlende soziale Absicherung • Keine regelmäßigen Geldeingänge • Kredite/Vorfinanzierung • Materielle Einschränkungen	• Begrenzte Motivation • Eingeschränktes Zeitbudget • Unflexible Terminierung • Halbherzigkeit • Fehlender Existenzdruck

---

[241] Vgl. Falk [u. a.], 2006, Selbstständig und erfolgreich sein: Der neue Leitfaden für Existenzgründer, S. 36.

[242] Vgl. Nickel, 2007, Der Gründungszuschuss: Tipps für Existenzgründer Nachfolgeregelung der Ich-AG, S. 42.

[243] Nickel, 2007, Der Gründungszuschuss: Tipps für Existenzgründer Nachfolgeregelung der Ich-AG, S. 47.

Quelle: Freese (2006): Start-up Personal Training: Einstieg und Aufstieg, S. 38.

Ob jemand sofort in die Vollexistenz als Personal Trainer einsteigt oder erst im Nebenerwerb startet, hängt von der persönlichen Ausgangssituation des Gründers ab. Neben der Darstellung der Vor- und Nachteile möchte ich aber gerade innerhalb dieser Branche eine Gefahr ansprechen, die unbedingt vermieden werden sollte. Ein Personal Trainer, der nebenberuflich startet, hat meist die Möglichkeit, die Personal Trainingsstunde billiger anzubieten als seine Mitbewerber. Damit baut er sich seinen Klientenstamm primär aufgrund des Preisvorteils auf. Beim Wechsel in die hauptberufliche Vollexistenz geht dieser Vorteil verloren. Der angebotene Preis ist zu gering für die Basis einer Vollexistenz. Der Trainer kann den Preis aber auch nicht erheblich erhöhen, weil bestehende Klientenkontakte dann wieder wegfallen könnten.[244] Insgesamt kann zu dieser Thematik festgehalten werden: „Nebenberufler betrachten Personal Training als lukratives Zusatzeinkommen, Profis als Existenzgrundlage."[245] In jedem Fall sollte die Zweigleisigkeit nie von Dauer sein. Außerdem ist die Nebentätigkeit gegenüber dem jetzigen Arbeitgeber anzeigepflichtig und in schriftlich fixierten Arbeitsverträgen oft sogar ausgeschlossen oder genehmigungspflichtig.[246]

9.3   Rechtsformwahl

Das deutsche Unternehmensrecht unterscheidet verschiedene Rechtsformen. Die Abbildung 17 gibt einen Überblick über die Vielzahl an Möglichkeiten.

---

[244] Vgl. Falk [u. a.], 2006, Selbstständig und erfolgreich sein: Der neue Leitfaden für Existenzgründer, S. 39.
[245] Freese, 2006, Start-up Personal Training: Einstieg und Aufstieg, S. 39.
[246] Vgl. Falk [u. a.], 2006, Selbstständig und erfolgreich sein: Der neue Leitfaden für Existenzgründer, S. 39.

Abbildung 17: Überblick über die wichtigsten Rechtsformen

Einzelunternehmen
• Kleingewerbe
• Einzelkaufmann
• Freier Berufler
Personengesellschaften
• Gesellschaft des bürgerlichen Rechts (GbR) bzw. (BGB-Gesellschaft)
• Offene Handelsgesellschaft (OHG)
• Kommanditgesellschaft (KG)
• Partnerschaftsgesellschaft (PartG)
• Stille Gesellschaft
Kapitalgesellschaften
• Gesellschaft mit beschränkter Haftung (GmbH)
• Kommanditgesellschaft auf Aktien (KGaA)
• Aktiengesellschaft (AG)
Mischformen
• GmbH&Co KG

Quelle: Collrepp (2007): Handbuch Existenzgründung: Für die ersten Schritte in die dauerhaft erfolgreiche Selbstständigkeit, S. 85.

Ausgehend von diesen dargestellten Möglichkeiten, muss sich ein Personal Trainer für eine Rechtsform entscheiden. Beachtenswert dabei ist, dass die Entscheidung langfristige Konsequenzen in Bezug auf die wirtschaftliche, rechtliche und steuerliche Behandlung des Unternehmens nach sich zieht.[247] Dennoch kann gesagt werden, dass es keine optimale Rechtsform für ein Unternehmen gibt. Es gibt lediglich „... eine individuell, wirtschaftlich zweckmäßigste Rechtsform."[248] Für eine Existenzgründung im Personal Training kommen insofern nicht alle Formen in Frage. Je nachdem, ob der Personal Trainer alleine oder mit Partner gründen möchte, bieten sich die Einzelunternehmung, die Gesellschaft bürgerlichen Rechts, die Partnerschaftsgesellschaft und vielleicht noch die Stille Gesellschaft an. „Alle anderen Gesellschaftsformen (OHG, KG, GmbH und AG) sind zur Ausübung der Personal Trainer Tätigkeit, welcher seine Existenz erst aufbauen möchte, nicht geeignet."[249] Nachfolgend werde ich die erstgenannten Rechtsformen

---

[247] Vgl. Falk [u. a.], 2006, Selbstständig und erfolgreich sein: Der neue Leitfaden für Existenzgründer, S. 75.
[248] Collrepp, 2007, Handbuch Existenzgründung: Für die ersten Schritte in die dauerhaft erfolgreiche Selbstständigkeit, S. 91.
[249] PROF. DR. BISCHOFF & PARTNER®; PERSONAL TRAINER NETWORK, 2001, Der Personal Trainer: Darstellung eines neuen Berufsbildes, S. 16.

näher erläutern. Auf eine weitere Darstellung der letztgenannten Formen wird innerhalb dieser Arbeit verzichtet. Gleichfalls wird auch die Stille Gesellschaft nicht näher erläutert.

9.3.1 Einzelunternehmung

Für einen Personal Trainer, der sein Unternehmen alleine gründen möchte, bietet sich als einfachste und zweckmäßigste Rechtsform die Einzelunternehmung an. Das Unternehmen entsteht mit Aufnahme der Geschäftstätigkeit, sofern die Wahl einer anderen Rechtsform unterbleibt. Es ist kein Mindestkapital vorgeschrieben. [250] „Der Unternehmer ist für sein Unternehmen voll verantwortlich. Er haftet unmittelbar, unbeschränkt mit seinem gesamten privaten und betrieblichen Vermögen für alle Verbindlichkeiten seiner Unternehmung."[251] Mit Blick auf die Finanzierung muss berücksichtgt werden, dass der Gründer bei dieser Rechtsfom das gesamte Kapital alleine aufbringen muss. Grundsätzlich kann dies je nach Größe des Unternehmens ein beachtliches finanzielles Risiko darstellen, wobei wiederum beachtet werden muss, dass der Einzelunternehmer im Gegenzug den alleinigen Anspruch auf den erzielten Gewinn hat.[252] Da die Investitionskosten im Personal Training jedoch als gering einzustufen sind, relativiert sich dieses Risiko wiederum.

Im Weiteren kann das Einzelunternehmen sowohl gewerblich als auch freiberuflich ausgeführt werden.[253] Für einen Personal Trainer kommt grundsätzlich die Einzelunternehmung im Rahmen einer freiberuflichen Tätigkeit in Frage. Auf die Problematik der Abgrenzung zwischen Gewerbe und freiem Beruf bin ich bereits unter Gliederungspunkt 9.1 eingegangen. Aufgrund der Tatsache, dass ein Freiberufler keine Kaufmannseigenschaft besitzt, ist er auch nicht befugt, eine Firma zu führen. „Er verwendet statt dessen seinen Namen, mit dem er sein Unternehmen (Praxis, Kanzlei, Büro) im Geschäftsverkehr repräsentiert. Es ist ihm freigestellt, ob er mit oder ohne Verwendung seines Vornamens auftritt."[254] Er kann zudem an

---

[250] Vgl. BMWi, 2007, Starthilfe: Der erfolgreiche Weg in die Selbstständigkeit, S. 63.
[251] Collrepp, 2007, Handbuch Existenzgründung: Für die ersten Schritte in die dauerhaft erfolgreiche Selbstständigkeit, S. 93.
[252] Vgl. Moenikes-Schulte [u. a.], 2003, „Rechtliche Grundlagen", S. 65.
[253] Vgl. PROF. DR. BISCHOFF & PARTNER®; PERSONAL TRAINER NETWORK, 2001, Der Personal Trainer: Darstellung eines neuen Berufsbildes, S. 16.
[254] Collrepp, 2007, Handbuch Existenzgründung: Für die ersten Schritte in die dauerhaft erfolgreiche Selbstständigkeit, S. 96.

seinen Namen einen Zusatz anhängen. Hier gilt Folgendes: „Der Zusatz des Geschäftszweckes darf nicht über die geschäftlichen Verhältnisse und persönlichen Qualifikationen irreführen oder einen im Handelsregister eingetragenen Gewerbebetrieb vortäuschen."[255] Beispiele für die Namensgebung im Rahmen der freiberuflichen Tätigkeit wären: Max Mustermann, Personal Trainer oder auch Mustermann Personal Training. Für den Fall, dass ein Personal Trainer auch im gewerblichen Bereich tätig werden will, gibt es zwei Möglichkeiten, die als Kleingewerbetreibender und die als Einzelkaufmann.[256] Was aber versteht man darunter? Als Kleingewerbetreibender gilt, wer weniger als 50.000 Euro Gewinn und weniger als 500.000 Euro Umsatz macht.[257] Das Kleingewerbe „... erfordert nach Art und Umfang noch keinen in kaufmännischer Weise eingerichteten Geschäftsbetrieb".[258] Es gelten ausschließlich die Vorschriften des Bürgerlichen Gesetzbuchs (BGB).[259] Ein Kleingewerbetreibender besitzt keine Kaufmannseigenschaft, kann diese jedoch freiwillig durch Eintragung ins Handelsregister erwerben (vgl. § 2 HGB)[260]. Er ist aufgrund der fehlenden Kaufmannseigenschaft, ebenso wie der Freiberufler, nicht berechtigt, eine Firma zu führen. Das Unternehmen präsentiert sich mit dem Namen des Kleingewerbetreibenden. Hierbei gilt: „Der Name des Unternehmens muss den Familiennamen mit mindestens einem ausgeschriebenen Vornamen beinhalten (§ 15b GewO). Darüber hinaus ist es dem Kleingewerbetreibenden unbenommen, seinem Namen einen Tätigkeitshinweis anzufügen. (Kunstschlosserei, Computerservice)."[261] Ein Beispiel dafür wäre: „Personal Training Max Mustermann." Mit

---

[255] Collrepp, 2007, Handbuch Existenzgründung: Für die ersten Schritte in die dauerhaft erfolgreiche Selbstständigkeit, S. 96.
[256] Vgl. Collrepp, 2007, Handbuch Existenzgründung: Für die ersten Schritte in die dauerhaft erfolgreiche Selbstständigkeit, S. 94.
[257] Vgl Hofert, 2007, Praxisbuch Existenzgründung: Erfolgreich selbständig werden und bleiben, S. 143; http://www.gesetze-im-internet.de/ao_1977/__141.html, abgerufen am 30.12.2007.
[258] Collrepp, 2007, Handbuch Existenzgründung: Für die ersten Schritte in die dauerhaft erfolgreiche Selbstständigkeit, S. 94.
[259] Vgl. Collrepp, 2007, Handbuch Existenzgründung: Für die ersten Schritte in die dauerhaft erfolgreiche Selbstständigkeit, S. 94.
[260] Vgl. http://www.gesetze-im-internet.de/hgb/__2.html, abgerufen am 30.12.2007.
[261] Collrepp, 2007, Handbuch Existenzgründung: Für die ersten Schritte in die dauerhaft erfolgreiche Selbstständigkeit, S. 94.

der freiwilligen Eintragung ins Handelsregister gelten für den Kleingewerbetreibenden die gleichen rechtlichen Bestimmungen wie beim Einzelkaufmann. Der Kleingewerbetreibende unterliegt dann beispielsweise ebenso der Pflicht zur kaufmännischen Buchführung. Es reicht nicht wie bisher die einfache Einahmen-Überschussrechnung.

Der Kaufmann ist die zweite Möglichkeit der gewerblichen Betätigung eines Einzelunternehmers. In der Regel wird ein Existenzgründer als Kleinunternehmer starten und zum Kaufmann heranwachsen. Einzelkaufmann definiert sich dabei wie folgt: „Einzelkaufmann ist jeder, der ohne Partner ein Gewerbe betreibt, es sei denn, das Unternehmen erfordert nach Art und Umfang keinen in kaufmännischer Weise eingerichteten Geschäftsbetrieb." [262] Im Weiteren gilt: „Der Kaufmann ist verpflichtet, seine Firma zur Eintragung in das Handelsregister beim zuständigen Amtsgericht anzumelden (§ 29 HGB). Wenn das Unternehmen nach Art und Umfang einen in kaufmännischer eingerichteten Geschäftsbetrieb erfordert, hat die Eintragung nur deklaratorische, d. h. bestätigende Wirkung." [263] Einzelkaufleute unterliegen primär den gesetzlichen Bestimmungen des HGB. „Die Firma des Einzelkaufmannes kann als Personen-, Sach-, oder Phantasiefirma gebildet werden. Auch Mischformen sind zulässig. Notwendige Bezeichnung der Firma (§ 19 Abs. 1 Nr. 1 HGB): eingetragener Kaufmann, eingetragene Kauffrau, oder eine Abkürzung, e.K., e.Kfm., e.Kfr."[264] Ein Beispiel hierfür wäre: Personal Training Max Mustermann e.K. Abschließend habe ich in Abbildung 18 einige Vor- und Nachteile der Einzelunternehmung zusammengefasst dargestellt.

---

[262] Collrepp, 2007, Handbuch Existenzgründung: Für die ersten Schritte in die dauerhaft erfolgreiche Selbstständigkeit, S. 94.
[263] Collrepp, 2007, Handbuch Existenzgründung: Für die ersten Schritte in die dauerhaft erfolgreiche Selbstständigkeit, S. 85.
[264] Collrepp, 2007, Handbuch Existenzgründung: Für die ersten Schritte in die dauerhaft erfolgreiche Selbstständigkeit, S. 95.

Abbildung 18: Vor- und Nachteile der Einzelunternehmung

Vorteile	Nachteile
• Große Entscheidungsfreiheit • Volle Selbstständigkeit des Unternehmers • Einheitliche Geschäftsführung • Kein Mindestkapital/keine Einlage nötig • Einfache Gründung und sonstige Handhabung und geringe Gründungskosten • Ungeteilter Gewinn	• Volle Verantwortung des Unternehmers • Unbeschränkte Haftung mit Betriebs- und Privatvermögen • Bindung an die Grenzen einer Person hinsichtlich physischen Leistungsvermögens, Finanzkraft und Lebensdauer

Quelle: Eigene Darstellung in Anlehnung an Rasner, Füser, Faix (1997): Das Existenzgründer Buch: Von der Geschäftsidee zum sicheren Geschäftserfolg, S. 159-160.

9.3.2 Gesellschaft bürgerlichen Rechts

„Die Gesellschaft bürgerlichen Rechts (BGB-Gesellschaft oder GbR) ist ein Zusammenschluss von Personen, die sich vertraglich zur Förderung eines gemeinsamen Zwecks verpflichten."[265] Dieser Zweck kann fast alles sein. „Jeder erlaubte dauernde oder vorübergehende Zweck kann Gegenstand einer BGB-Gesellschaft sein, wenn er auf die Förderung durch vermögenswerte Leistungen gerichtet ist."[266] Als Rechtsgrundlage gelten die §§ 705 bis 740 des BGB. Die GbR als Personengemeinschaft weist vielseitige Verwendbarkeit auf. Sie eignet sich zum Beispiel für den Zusammenschluss von Kleingewerbetreibenden, Praxisgemeinschaften, freie Berufe sowie Arbeitsgemeinschaften. Die Gründung erfordert kein Mindestkapital und ist an keine besondere Form gebunden. Der notwendige Gesellschaftsvertrag kann formlos, also auch mündlich abgeschlossen werden.[267] Ebenso ist auch ein Abschluss durch konkludentes Handeln denkbar.[268] Im Weiteren gilt für die GbR Folgendes: „Die Geschäftsführung und die Gewinn- und Verlustverteilung können die Gesellschafter beliebig regeln. Nach außen werden die Gesellschafter jedoch wie Einzelunternehmer behandelt,

---

[265] Falk [u. a.], 2006, Selbstständig und erfolgreich sein: Der neue Leitfaden für Existenzgründer, S. 77.
[266] Moenikes-Schulte [u. a.], 2003, „Rechtliche Grundlagen", S. 68.
[267] Vgl. BMWi, 2007, Starthilfe: Der erfolgreiche Weg in die Selbstständigkeit, S. 63.
[268] Vgl. Moenikes-Schulte [u. a.], 2003, „Rechtliche Grundlagen", S. 68.

das heißt, sie haften jeder unmittelbar, solidarisch und uneingeschränkt mit ihrem gesamten Geschäfts- und Privatvermögen für die Schulden der Gesellschaft. ... Jeder Gesellschafter unterliegt mit seinem Gewinnanteil der Einkommensteuer. Ist die Gesellschaft gewerbesteuerpflichtig, wird der Freibetrag nur einmal gewährt."[269]

Weitere wichtige Punkte zur GbR sind:

- „Die GbR ist rechtsfähig, kann also selbst Verträge unterzeichnen und als Geschäftspartner auftreten. Sie kann vor Gericht klagen und selbst verklagt werden. Das bedeutet, dass nicht für alle Handlungen die Unterschriften aller Gesellschafter erforderlich sind – es sei denn, Sie vereinbaren das explizit.

- Die GbR kann einen Namen tragen, aus dem der Zweck des Unternehmens hervorgeht. Sie muss aber auch die Namen der Gesellschafter mitführen.

- Die Geschäftsführung darf einem Dritten übertragen werden, der nicht Gesellschafter ist.

- Das Gesellschaftervermögen besteht aus den Gewinnen und den gemeinsamen Anschaffungen.

- Alle Gesellschafter besitzen ein gegenseitiges Kontrollrecht und das Recht auf Akteneinsicht.

- Im Geschäftsverkehr müssen alle mit Vor- und Nachnamen auftreten. In der Praxis bedeutet das, dass auch auf dem Briefpapier und der Internetseite alle Namen vollständig genannt werden müssen.

- Das Kürzel GbR ist dagegen nicht notwendiger Namensbestandteil, wohl aber die Namen der Gesellschafter."[270]

- Beispiel für die Namensgebung: Personal Training Max Mustermann & Maxi Muster (GbR).

Der vorgenannte Abschnitt enthält im Prinzip alle wesentlichen Aspekte, die für die Rechtsform der GbR von Bedeutung sind. Gleichwohl möchte ich ein paar wichtige Punkte ansprechen, die gerade für Existenzgründer bedeutend sind. Grundsätzlich können Freiberufler und Kleingewerbetreibende eine GbR gründen. Der reine Zusammen-

---

[269] Falk [u. a.], 2006, Selbstständig und erfolgreich sein: Der neue Leitfaden für Existenzgründer, S. 77.

[270] Hofert, 2007, Praxisbuch Existenzgründung: Erfolgreich selbständig werden und bleiben, S. 146.

schluss von Freiberuflern entspricht einer Freiberufler-GbR und ist unproblematisch. Schwierig ist es, sofern einer der Partner gewerbliche Einkünfte verzeichnet. In diesem Fall färbt die gewerbliche Tätigkeit auf alle anderen ab und kann zur Gewerbesteuerzahlung führen. Insofern ist eine saubere Trennung der Tätigkeiten bei der Gründung zu beachten.[271] Ein weiterer brisanter Punkt ist die Gründung selbst. Hier gilt: „Die GbR gründet sich auch von selbst – die Gründung bedarf keiner schriftlichen Form. Allein die Verfolgung eines gemeinsamen Zwecks (typischerweise die Gewinnerzielung) reicht zur Gründung einer GbR aus. Deshalb empfiehlt sich unbedingt ein Gesellschaftsvertrag."[272] Inhaltlich unterliegt der Gesellschaftsvertrag mindestens den Erfordernissen des § 705 BGB.[273] Der Vertrag „... sollte u. a. die Einlagen (Geld- oder Sacheinlagen) jedes Gesellschafters regeln, sowie die Geschäftsführungsbefugnis- und Vertretung der Gesellschaft im Außenverhältnis."[274] Abschließend zur GbR gebe ich in Abbildung 19 eine Aufstellung einiger Vor- und Nachteile dieser Rechtsform.

---

[271] Vgl. Hofert, 2007, Praxisbuch Existenzgründung: Erfolgreich selbständig werden und bleiben, S. 145.
[272] Hofert, 2007, Praxisbuch Existenzgründung: Erfolgreich selbständig werden und bleiben, S. 146.
[273] Vgl. http://www.gesetze-im-internet.de/bgb/__705.html, abgerufen am 30.12.2007.
[274] PROF. DR. BISCHOFF & PARTNER®; PERSONAL TRAINER NETWORK, 2001, Der Personal Trainer: Darstellung eines neuen Berufsbildes, S. 16. Was ein Gesellschaftsvertrag darüber hinaus enthalten sollte, ist nachzulesen in Falk [u. a.], 2006, Selbstständig und erfolgreich sein: Der neue Leitfaden für Existenzgründer, S. 82 oder in Rasner, Füser, Faix, 1997, Das Existenzgründer Buch: Von der Geschäftsidee zum sicheren Geschäftserfolg, S. 162 - 163. Ein Beispiel eines Gesellschaftsvertrages befindet sich in Hofert, 2007, Praxisbuch Existenzgründung: Erfolgreich selbständig werden und bleiben, S. 147 - 148.

Abbildung 19: Vor- und Nachteile der Gesellschaft bürgerlichen Rechts

Vorteile	Nachteile
• Teilung der Verantwortung und des Risikos • Erhöhung der Arbeitskraft und des Eigenkapitals • Viele vertragliche Gestaltungsmöglichkeiten • Keine Formvorschriften • Vielseitige Verwendbarkeit auch für freie Berufe und Kleingewerbetreibende • Geringe Kosten	• Einschränkung der Selbstständigkeit • Gefahr von Streitigkeiten • Großes gegenseitiges Vertrauen und ein gutes Einvernehmen erforderlich • Grundsätzlich keine Haftungsbeschränkung • Teilung des Gewinns

Quelle: Eigene Darstellung in Anlehnung an Rasner, Füser, Faix (1997): Das Existenzgründer Buch: Von der Geschäftsidee zum sicheren Geschäftserfolg, S. 160-162.

9.3.3 Partnerschaftsgesellschaft

Die Partnerschaftsgesellschaft ist eine Rechtsform, die seit 01.07.1995 existiert und speziell den Angehörigen freier Berufe die Möglichkeit des Zusammenschlusses bietet.[275] Eine Aufzählung der freien Berufe habe ich bereits unter Abschnitt 9.1 getätigt. Die Rechtsgrundlage der Partnerschaftsgesellschaft ist das Partnerschaftsgesellschaftsgesetz (PartGG). Im Weiteren „... gelten die Vorschriften des BGB wie in der BGB-Gesellschaft sowie die Bestimmungen des Handelsgesetzbuches (HGB)."[276] Die Partnerschaftsgesellschaft bedarf gemäß § 3 PartGG eines schriftlichen formulierten Partnerschaftsvertrages. Dieser muss Namen und Sitz der Partnerschaft, Namen, Vornamen, Beruf und Wohnort jedes Partners und den Gegenstand der Partnerschaft enthalten.[277] Notwendige Voraussetzung dieser Rechtsform ist, gemäß § 4 PartGG, die Eintragung in das Partnerschaftsregister, das beim zuständigen Handleseregister geführt wird.[278] Bezüglich der Namensregelung regelt § 2 Abs. 1 PartGG: „Der Name der Partnerschaft muß

---

[275] Vgl. Falk [u. a.], 2006, Selbstständig und erfolgreich sein: Der neue Leitfaden für Existenzgründer, S. 77.
[276] Falk [u. a.], 2006, Selbstständig und erfolgreich sein: Der neue Leitfaden für Existenzgründer, S. 77.
[277] Vgl. http://www.gesetze-im-internet.de/partgg/__3.html, abgerufen am 30.12.2007.
[278] Vgl. http://www.gesetze-im-internet.de/partgg/__4.html, abgerufen am 30.12.2007.

den Namen mindestens eines Partners, den Zusatz „und Partner" oder „Partnerschaft" sowie die Berufsbezeichnungen aller in der Partnerschaft vertretenen Berufe enthalten. Die Beifügung von Vornamen ist nicht erforderlich. Die Namen anderer Personen als der Partner dürfen nicht in den Namen der Partnerschaft aufgenommen werden."[279] Ein Beispiel hierfür wäre: Mustermann und Partner Personal Training. Die Geschäftsführung regelt sich nach § 6 PartGG. § 6 Abs. 1 PartGG legt fest, dass die Partner ihre beruflichen Leistungen unter Beachtung des für sie geltenden Berufsrechts erbringen. Nach § 6 Abs. 2 PartGG kann der einzelne Partner durch Regelung im Partnerschaftsvertrag nur für sonstige Geschäfte von der Geschäftsführung ausgeschlossen werden. Bei fehlender vertraglicher Regelung gelten die Vorschriften der OHG-Geschäftsführung (vgl. § 6 Abs. 3 PartGG).[280] Im Hinblick auf die Vertretung der Partnerschaft gelten im Übrigen immer die OHG-Regelungen entsprechend § 7 PartGG.[281] Die Haftung regelt sich gemäß § 8 PartGG. „Für die Verbindlichkeiten der Partnerschaft haften neben dem Vermögen der Partnerschaft die Partner als Gesamtschuldner mit ihrem gesamten Vermögen. Eine Haftungsbeschränkung auf einzelne Partner im Zusammenhang mit deren Berufsausübung ist möglich."[282] Steuerrechtlich ist zu beachten, dass jeder Gesellschafter mit seinem Gewinnanteil der Einkommensteuer unterliegt. Eine Gewerbesteuerpflicht besteht nicht.[283]

Wie den vorherigen Zeilen zu entnehmen, ist diese Organisationsform ausschließlich den Freiberuflern vorbehalten. Eine Vermischung von gewerblichen und freiberuflichen Tätigkeiten ist somit ausgeschlossen. Die Partnerschaftsgesellschaft bietet gegenüber der GbR den Vorteil der Haftungsbeschränkung. Das bedeutet, es besteht die Möglichkeit, „... die Haftung aus Schäden wegen fehlerhafter Berufsausübung auf

---

[279] http://www.gesetze-im-internet.de/partgg/__2.html, abgerufen am 30.12.2007.
[280] Vgl. http://www.gesetze-im-internet.de/partgg/__6.html, abgerufen am 30.12.2007.
[281] Vgl. http://www.gesetze-im-internet.de/partgg/__7.html, abgerufen am 30.12.2007.
[282] Falk [u. a.], 2006, Selbstständig und erfolgreich sein: Der neue Leitfaden für Existenzgründer, S. 77.
[283] Vgl. Falk [u. a.], 2006, Selbstständig und erfolgreich sein: Der neue Leitfaden für Existenzgründer, S. 77.

den handelnden Partner zu beschränken."[284] Demnach ist nur der verantwortlich und haftbar, der den Schaden verursacht hat. Darüber hinaus ist im Unterschied zu GbR ein schriftlicher Partnerschaftsvertrag sowie ein Eintrag ins Partnerschaftsregister zwingend vorgeschrieben. Für die Gründung ist die Inanspruchnahme eines Notars erforderlich.[285]

9.3.4 Zwischenfazit

Für die Ausübung der Tätigkeit des Personal Trainers sollte die unkomplizierteste und zweckmäßigste Rechtsform gewählt werden. Im Ergebnis bedeutet dies, dass ein angehender Personal Trainer die Rechtsform der Einzelunternehmung wählen sollte. Sie erfordert kein Mindestkapital, bietet große Entscheidungsfreiheit und ist einfach mit geringen Kosten zu gründen. Gleichwohl bietet die Rechtsform aufgrund der persönlichen Haftung hohe Kreditwürdigkeit.[286] Hier liegt im Gegensatz zu den Kapitalgesellschaften, bei denen die Haftung auf das Gesellschaftsvermögen beschränkt ist,[287] allerdings auch der Nachteil. Dennoch sind alle anderen Rechtsformen mit wesentlich höheren Gründungskosten, wie Rechts- und Steuerberatung, Notargebühren, Handelsregisterkosten usw. verbunden.[288]

9.4 Steuern

Jeder Personal Trainer wird im Rahmen seiner Existenzgründung mit dem Steuerrecht konfrontiert. Bereits die Wahl der Rechtsform schafft Fakten, die steuerlich relevant sind.[289] Allein ist es kaum möglich, sich in der Vielzahl der Steuer-Bestimmungen und Formalitäten zurechtzufinden. Um folgenschwere Fehler zu vermeiden, sollte der Personal Trainer bereits im frühen Stadium der Existenzgründung auf die Hilfe

---

[284] PROF. DR. BISCHOFF & PARTNER®; PERSONAL TRAINER NETWORK, 2001, Der Personal Trainer: Darstellung eines neuen Berufsbildes, S. 17.
[285] Vgl. Hofert, 2006, Erfolgreiche Existenzgründung für Trainer, Berater, Coachs: Das Praxisbuch für Gründung, Existenzaufbau und Expansion, S. 109.
[286] Vgl. Collrepp, 2007, Handbuch Existenzgründung: Für die ersten Schritte in die dauerhaft erfolgreiche Selbstständigkeit, S. 93-94.
[287] Vgl. Falk, 2003, „Ausgewählte rechtliche Aspekte des Personal Trainings: ein juristischer Hindernislauf, S. 87.
[288] Vgl. PROF. DR. BISCHOFF & PARTNER®; PERSONAL TRAINER NETWORK, 2001, Der Personal Trainer: Darstellung eines neuen Berufsbildes, S. 17.
[289] Vgl. Falk [u. a.], 2006, Selbstständig und erfolgreich sein: Der neue Leitfaden für Existenzgründer, S. 84.

eines Steuerberaters zurückgreifen.[290] Nachfolgend werde ich die Steuerarten, welche für die freiberufliche Tätigkeit als Personal Trainer bedeutsam sind, näher erläutern. Dazu gehören die Einkommensteuer, eventuell die Gewerbesteuer und die Umsatzsteuer.

9.4.1 Einkommensteuer

Die „Einkommensteuer besteuert das Einkommen natürlicher Personen unter Berücksichtigung ihrer wirtschaftlichen Leistungsfähigkeit. Unter Einkommen ist dabei die Summe der – positiven oder negativen – Einkünfte aus sieben Einkommensarten zu verstehen."[291]

Damit jemand zur Einkommensteuer herangezogen werden kann, muss er steuerpflichtig sein. „Das Einkommensteuergesetz unterscheidet zwischen unbeschränkter und beschränkter Steuerpflicht. Unbeschränkt steuerpflichtig sind alle natürlichen Personen, die im Inland Ihren Sitz oder gewöhnlichen Aufenthalt haben, und zwar mit sämtlichen Einkünften, gleichgültig, ob diese im Inland oder im Ausland bezogen worden sind. Beschränkt steuerpflichtig sind natürliche Personen, die im Inland weder ihren Wohnsitz noch ihren gewöhnlichen Aufenthalt haben, und zwar nur mit den Einkünften, die sie im Inland bezogen haben."[292]

Die Einkunftsarten ergeben sich aus dem Einkommensteuergesetz § 2 Abs. 1 Nr. 1-7 EStG. Von den sieben dort unterschiedenen sind für den Personal Trainer vor allem zwei relevant: die Einkünfte aus selbstständiger Arbeit, also aus der freiberuflichen Tätigkeit, und die Einkünfte aus Gewerbebetrieb. „Beide beruhen auf der selbständigen Ausführung des jeweiligen Berufsfeldes."[293] „Neben der Einkommenssteuer werden auch noch der Solidaritätszuschlag (5,5 %) und je nach Einzelfall die Kirchensteuer (8 bis 9 % je nach Bundesland) fällig".[294]

Die Einkommensteuer wird vom zuständigen Finanzamt erhoben. Das zuständige Finanzamt ist gemäß § 19 Abs. 1 S. 1 AO in der Regel das,

---

[290] Vgl. BMWi, 2007, Starthilfe: Der erfolgreiche Weg in die Selbstständigkeit, S. 101.
[291] BMWi, 2007, Starthilfe: Der erfolgreiche Weg in die Selbstständigkeit, S. 124.
[292] Krampe, Müller, Trinkhaus, 2003, „Betriebswirtschaftslehre", S. 104.
[293] PROF. DR. BISCHOFF & PARTNER®; PERSONAL TRAINER NETWORK, 2001, Der Personal Trainer: Darstellung eines neuen Berufsbildes, S. 17.
[294] Vgl. http://www.gruenderleitfaden.de/recht/steuerrecht/steuerarten/einkommensteuer.html, abgerufen am 03.10.2007.

„... in dessen Bezirk der Steuerpflichtige seinen Wohnsitz oder in Ermangelung eines Wohnsitzes seinen gewöhnlichen Aufenthalt hat (Wohnsitzfinanzamt)."[295] Grundsätzlich dient als Bemessungsgrundlage der Einkommensteuer das zu versteuernde Einkommen. Dieses entspricht nicht dem erwirtschafteten Gewinn, sondern ergibt sich aus dem Gewinn abzüglich der begrenzt abzugsfähigen Versorgeaufwendungen, Sonderausgaben und außergewöhnlichen Belastungen.[296] Im Gründungsjahr schätzt das Finanzamt die Einkommensteuer auf der Grundlage der vom Personal Trainer zu Beginn der Tätigkeit eingereichten Gewinnprognose.[297] Darüber hinaus gilt Folgendes: „Von dem zu versteuernden Einkommen bleibt ein Grundfreibetrag (7.664 Euro pro Person) steuerfrei. Einkommen, das über dem Grundfreibetrag liegt, muss versteuert werden. Die Höhe des Steuersatzes hängt von der Höhe des Einkommens ab. Ein Einkommen von 52.152 Euro (Ledige) bzw. 104.304 (Verheirate) wird im Jahr 2007 mit einem Spitzensteuersatz von 42 Prozent versteuert."[298] Im Weiteren geht es um die Zahlung der Einkommensteuer. Diese erfolgt vierteljährlich als Vorauszahlung. Das Finanzamt legt jährlich eine bestimmte Summe fest, die der Personal Trainer dann jeweils zum 10. der Monate März, Juni, September und Dezember zu überweisen hat.[299] Gemäß § 25 EStG besteht ferner für den Personal Trainer die Pflicht zur Abgabe einer Einkommensteuererklärung.[300] Er muss diese kalenderjährlich anfertigen und bis zum 31. Mai des folgenden Kalenderjahres beim zuständigen Finanzamt einreichen. Eine Fristverlängerung ist in der Regel möglich. Bei Vertretung durch einen Steuerberater sogar über den 30.09. des folgenden Kalenderjahres hinaus.[301] In der Steuererklärung gibt der Steuerpflichtige Auskunft über seine Einkünfte (Gewinn). Diese ermit-

---

[295] http://www.gesetze-im-internet.de/ao_1977/__19.html, abgerufen am 30.12.2007.
[296] Vgl. Hofert, 2007, Praxisbuch Existenzgründung: Erfolgreich selbständig werden und bleiben, S. 189, 192-193.
[297] Vgl. BMWi, 2007, Starthilfe: Der erfolgreiche Weg in die Selbstständigkeit, S. 100.
[298] BMWi, 2007, Starthilfe: Der erfolgreiche Weg in die Selbstständigkeit, S. 100.
[299] Vgl. http://www.gesetze-im-internet.de/estg/__37.html, abgerufen am 30.12.2007.
[300] Vgl. http://www.gesetze-im-internet.de/estg/__25.html, abgerufen am 30.12.2007.
[301] Vgl. http://www.gruenderleitfaden.de/recht/steuerrecht/steuerarten/einkommensteuer.html, abgerufen am 03.10.2007.

telt ein Personal Trainer als Freiberufler durch Einnahmen-Überschussrechnung. Der Jahresabschluss ist der Einkommensteuererklärung beizulegen.[302] Für den Fall, dass Gewerbesteuer anfällt, möchte ich noch auf Folgendes hinweisen: „Um die Belastung mit Gewerbesteuer abzumildern, wird die Einkommensteuer ermäßigt, soweit sie auf Einkünfte aus Gewerbebetrieb entfällt. Die Ermäßigung beträgt das 1,8-fache des Gewerbesteuermessbetrages."[303] Im Zuge der Unternehmenssteuerreform beläuft sich die Ermäßigung ab 2008 auf das 3,8-fache des Gewerbesteuermessbetrages.[304]

Abschließend zur Einkommensteuer möchte ich noch auf zwei Aspekte eingehen. Erstens ist das die Problematik Gewerbe oder freier Beruf. Wie bereits mehrfach erwähnt, stellt die Tätigkeit des Personal Trainers, einen freien Beruf dar. Für den Fall, dass der Personal Trainer ergänzend zu dieser Tätigkeit auch Sportartikel, wie beispielsweise Uhren, Sportbekleidung, Trainingsequipment etc. verkaufen möchte, sind dies gewerbliche Einkünfte, die der Gewerbesteuer unterliegen. Hierbei gilt Folgendes: „Es ist notwendig, wenn nebeneinander freiberufliche und gewerbliche Einkünfte vorliegen, diese getrennt durch separate Rechnungen und durch ein separates Bankkonto bzw. eine eigene Kasse aufzuzeichnen. Ist keine Trennung erfolgt, so ordnet das Finanzamt die gesamten freiberuflichen Einkünfte der gewerblichen Tätigkeit zu (Abfärbetheorie), welche dann insgesamt der Gewerbesteuer unterliegt. Betragen die Einnahmen aus dem gewerblichen Nebenbereich nicht mehr als 1,25 % der Gesamteinnahmen, so hat der Bundesfinanzhof entschieden, dass die oben genannte Abfärbetheorie wegen der Geringfügigkeit dieser Einnahmen nicht anzuwenden ist."[305]

Der zweite Punkt hängt mit der Liquidität des Unternehmens zusammen. Diese kann zum Beispiel durch Steuerzahlungen drastisch gefährdet werden. Grundsätzlich wird ein Personal Trainer in den ersten Jahren seiner Selbstständigkeit geringe steuerliche Belastungen haben, weil die hohen Anfangsinvestitionen, die mit dem Unternehmensaufbau zusammenhängen, vom Finanzamt berücksichtigt werden. Sofern

---

[302] Vgl. http://www.gruenderleitfaden.de/recht/steuerrecht/ steuerarten/einkommensteuer.html, abgerufen am 03.10.2007

[303] http://www.gruenderleitfaden.de/recht/steuerrecht/steuerarten /einkommensteuer.html, abgerufen am 03.10.2007.

[304] Vgl. Hofert, 2007, Praxisbuch Existenzgründung: Erfolgreich selbständig werden und bleiben, S. 198.

[305] Neef, 2003, „Existenzgründung als Personal Trainer", S. 80.

sich das Einzelunternehmen aber im dritten und vierten Jahr etabliert hat, kann es passieren, dass die Steuerforderungen deutlich höher ausfallen. Sofern dann beispielsweise im gleichen Zahlungszeitraum noch eine Steuernachzahlung anfällt, sind Zahlungsschwierigkeiten denkbar. Für den Personal Trainer ist es notwendig, sich auf solche Forderungen einzustellen und rechtzeitig für ausreichend Liquidität durch Rücklagen zu sorgen. Der Personal Trainer sollte von Anfang an seine zu erwartenden Steuerzahlungen separat ansparen.[306]

9.4.2 Gewerbesteuer

Gemäß § 1 GewStG ist die Gewerbesteuer eine Gemeindesteuer.[307] Ihr unterliegt nach § 2 Abs. 1 S. 1 GewStG „… jeder stehende Gewerbebetrieb, soweit er im Inland betrieben wird".[308] Steuerschuldner nach § 5 Abs. 1 GewStG ist der Unternehmer, also der, für dessen Rechnung, das Gewerbe betrieben wird. Im Fall gewerblich tätiger Personengesellschaften ist die Gesellschaft selbst Steuerschuldner.[309] Besteuerungsgrundlage für die Gewerbesteuer ist gemäß § 6 GewStG der Gewerbeertrag.[310] Dieser definiert sich aus § 7 GewStG heraus. In § 7 Abs. 1 S. 1 GewStG heißt es: „Gewerbesteuerertrag ist der nach den Vorschriften des Einkommensteuergesetzes oder des Körperschaftsteuergesetzes zu ermittelnde Gewinn aus dem Gewerbebetrieb, der bei der Ermittlung des Einkommens für den dem Erhebungszeitraum (§ 14) entsprechenden Veranlagungszeitraum zu berücksichtigen ist, vermehrt und vermindert um die in den §§ 8 und 9 bezeichneten Beträge."[311] Grund für die Hinzurechnungen und Kürzung ist der, dass die Ertragskraft des Unternehmens besteuert werden soll.[312] Im Weiteren ist der Gewerbeertrag gemäß § 11 Abs. 1 Nr. 1 GewStG bei natürlichen Personen und Personengesellschaften um einen Freibetrag in Höhe

---

[306] Vgl. BMWi, 2007, Starthilfe: Der erfolgreiche Weg in die Selbstständigkeit, S. 101.
[307] Vgl. http://www.gesetze-im-internet.de/gewstg/__1.html, abgerufen am 30.12.2007.
[308] http://www.gesetze-im-internet.de/gewstg/__2.html, abgerufen am 30.12.2007.
[309] Vgl. http://www.gesetze-im-internet.de/gewstg/__5.html, abgerufen am 30.12.2007.
[310] Vgl. http://www.gesetze-im-internet.de/gewstg/__6.html, abgerufen am 30.12.2007.
[311] http://www.gesetze-im-internet.de/gewstg/__7.html, abgerufen am 30.12.2007.
[312] Vgl. Krampe, Müller, Trinkhaus, 2003, „Betriebswirtschaftslehre", S. 127.

von 24.500 Euro zu kürzen.[313] Nach Abzug des Freibetrages wird die Bemessungsgrundlage mit einer Steuermesszahl multipliziert. Die Steuermesszahl ergibt sich aus § 11 Abs. 2 GewStG. Sie beträgt ab dem Jahr 2008 3,5 Prozent.[314] Das Ergebnis ist der Steuermessbetrag. Dieser wiederum wird multipliziert mit dem Hebesatz der jeweiligen Gemeinde.[315] Da dieser Hebesatz von Gemeinde zu Gemeinde variiert, fällt die Gewerbesteuer regional unterschiedlich aus. Die Steuer ist vierteljährlich im Voraus zu entrichten. Zahlungstermine sind 15. Februar, 15. Mai, 15. August und 15. November.[316]

9.4.3 Umsatzsteuer

Die Umsatzsteuer auch Mehrwert- oder Vorsteuer genannt, ist eine Steuer, die praktisch jeden betrifft, der sich am Wirtschaftsleben beteiligt.[317] Rechtsgrundlagen sind unter anderem das Umsatzsteuergesetz (UStG) und die Umsatzsteuerdurchführungsverordnung (UStDV). Sie beträgt in Deutschland seit dem 01.01.2007 19 Prozent, wobei für einige Produkte der ermäßigte Steuersatz von sieben Prozent gilt.[318] Darüber hinaus gibt es Leistungen, die steuerfrei sind. Hierzu zählen nach § 4 UStG Nr. 14 insbesondere Leistungen aus Medizin und Therapie.[319] Personal Training als Dienstleistung gehört nicht zu den medizinischen Leistungen, insofern gilt der Regelsteuersatz von 19 Prozent.[320] Was aber genau ist die Umsatzsteuer? Grundsätzlich kann sie wie folgt definiert werden: „Mehrwertsteuer ist die Umsatzsteuer, welche Endverbraucher beim Kauf von Gütern und Dienstleistungen zahlen. Vorsteuer ist die Steuer, die Unternehmen selbst beim Einkauf von Waren

---

[313] Vgl. http://www.gesetze-im-internet.de/gewstg/__11.html, abgerufen am 30.12.2007.
[314] Vgl. http://www.gesetze-im-internet.de/gewstg/__11.html, abgerufen am 30.12.2007.
[315] Vgl. http://www.gesetze-im-internet.de/gewstg/__16.html, abgerufen am 30.12.2007.
[316] Vgl. http://www.gesetze-im-internet.de/gewstg/__19.html, abgerufen am 30.12.2007.
[317] Vgl. Krampe, Müller, Trinkhaus, 2003, „Betriebswirtschaftslehre", S. 130.
[318] Vgl. http://www.gesetze-im-internet.de/ustg_1980/__12.html, abgerufen am 30.12.2007.
[319] Vgl. http://www.gesetze-im-internet.de/ustg_1980/__4.html, abgerufen am 30.12.2007.
[320] Vgl. Siebels, 2003, „Steuerangelegenheiten", S. 83.

und Dienstleistungen an andere zahlen"[321] und die vom Finanzamt zurückerstattet werden kann.[322] Das heißt, die Umsatzsteuer wird „... als Verbrauchersteuer an den verschiedenen Stufen der Erstellung und des Vertriebes von Waren und Dienstleistungen erhoben, muss also von den Unternehmen abgeführt werden. Letztlich bezahlt der Endabnehmer den größten Teil der Umsatzsteuer, da jedes steuerpflichtige Unternehmen jeweils die gegenüber seinen Lieferanten gezahlten Steuerbeträge mit der eigenen Steuerschuld verrechnen kann."[323] Jeder Personal Trainer muss demnach bei der Berechnung seines Stundensatzes berücksichtigen, dass er 19 Prozent des eingenommenen Betrages an das Finanzamt abzuführen hat.[324] Genauer gesagt, muss er zu seinem Netto-Stundensatz 19 Prozent hinzurechnen, die abzuführen sind (vgl. hierzu Kapitel 10.1). Vor der Überweisung an das Finanzamt kann er aber noch die selbst bezahlte Vorsteuer von diesem Betrag subtrahieren. Nur der Differenzbetrag ist dann als Umsatzsteuer zu überweisen.[325] Im Ergebnis soll also nur der selbst geschaffene Mehrwert nach Abzug der Ausgaben der Umsatzsteuer unterworfen werden.[326] Für den Abzug von Vorsteuer muss ein Personal Trainer aber noch bestimmte formale Voraussetzungen beachten. Hier gilt: „Durch das Steueränderungsgesetz 2003 sind die Vorschriften in §§ 14 und 14a UStG zur umsatzsteuerlichen Rechnungsstellung neugefasst worden. Zugleich wurde durch eine Neufassung des § 15 Abs. 1 Nr. 1 UStG klargestellt, dass nur noch solche Rechnungen zum Vorsteuerabzug berechtigen, die den neuen Rechnungslegungsvorschriften entsprechen."[327] Was genau Inhalt einer Rechnung sein muss und welche weiteren Formalien gelten, wird im Kapitel 11.1 näher erläutert.

Die Umsatzsteuer wird gemäß § 16 Abs. 1 S. 1 UStG grundsätzlich nach vereinbarten Entgelten berechnet.[328] Abweichend von dieser Re-

---

[321] Hofert, 2007, Praxisbuch Existenzgründung: Erfolgreich selbständig werden und bleiben, S. 194.
[322] Vgl. Siebels, 2003, „Steuerangelegenheiten", S. 83.
[323] Krampe, Müller, Trinkhaus, 2003, „Betriebswirtschaftslehre", S. 130.
[324] Vgl. Siebels, 2003, „Steuerangelegenheiten", S. 83.
[325] Vgl. Schlembach, Schlembach, 2005, Businessplan: Geldgeber überzeugen und zielgerichtet planen, S. 111.
[326] Vgl. Siebels, 2003, „Steuerangelegenheiten", S. 83.
[327] http://www.ofd.niedersachsen.de/master/C3956778_N9590_L20_D0_I636.html, abgerufen am 06.10.2007.
[328] Vgl. http://www.gesetze-im-internet.de/ustg_1980/__16.html, abgerufen am 30.12.2007.

gelung kann das Finanzamt gemäß § 20 UStG auf Antrag gestatten, „dass ein Unternehmer,

1. dessen Gesamtumsatz (§ 19 Abs. 3) im vorangegangenen Kalenderjahr nicht mehr als 250.000 Euro betragen hat, oder
2. der von der Verpflichtung, Bücher zu führen und auf Grund jährlicher Bestandsaufnahmen regelmäßig Abschlüsse zu machen, nach § 148 der Abgabenordnung befreit ist, oder
3. soweit er Umsätze aus einer Tätigkeit als Angehöriger eines freien Berufs im Sinne des § 18 Abs. 1 Nr. 1 des Einkommensteuergesetzes ausführt,

die Steuer nicht nach den vereinbarten Entgelten (§ 16 Abs. 1 Satz 1), sondern nach den vereinnahmten Entgelten berechnet."[329] Sofern die Voraussetzungen vorliegen, sollte ein Personal Trainer die letztgenannte Möglichkeit nutzen, da sie einfacher zu handhaben ist.

Die Umsatzsteuer wird jährlich abgerechnet. Der Steuerpflichtige hat gemäß § 18 Abs. 3 UStG die Pflicht, für das Kalenderjahr eine Umsatzsteuererklärung abzugeben. Unabhängig davon hat er gemäß § 18 Abs. 1 UStG Umsatzsteuer-Voranmeldungen einzureichen und Vorauszahlungen zu leisten. Sowohl die Voranmeldungen als auch die Vorauszahlungen sind jeweils zum 10. Tag nach Ablauf jedes Voranmeldungszeitraums fällig. Für Existenzgründer bedeutet dies, sie müssen in den ersten beiden Betriebsjahren die Voranmeldungen und die Vorauszahlungen gemäß § 18 Abs. 2 S. 4 UStG monatlich einreichen und zahlen, danach regelt das Gesetz in § 18 Abs. 2 UStG Folgendes:

- Monatliche Voranmeldung und Vorauszahlungen, sofern die Steuer des Vorjahres mehr als 6.136 Euro betragen hat.
- Keine Vorauszahlungen und keine Voranmeldungen, nur Abgabe der Steuererklärung, sofern die Steuer des Vorjahres weniger als 512 Euro betragen hat.
- Vierteljährliche Voranmeldungen und Vorauszahlungen, sofern die Steuer des Vorjahres nicht mehr als 6.136 Euro betragen hat.[330] Fristen sind: 10.04., 10.07., 10.10. und 10.01.[331]

---

[329] http://www.gesetze-im-internet.de/ustg_1980/__20.html, abgerufen am 30.12.2007.
[330] Vgl. http://www.gesetze-im-internet.de/ustg_1980/__18.html, abgerufen am 30.12.2007; Falk [u. a.], 2006, Selbstständig und erfolgreich sein: Der neue Leitfaden für Existenzgründer, S. 88.

Eine Fristverlängerung zur Abgabe der Voranmeldungen sowie für die Vorauszahlungen ist auf Antrag möglich. Näheres regelt das Gesetz in § 18 Abs. 6 UStG. [332]

Abschließend zur Umsatzsteuer möchte ich auch hier noch zwei wesentliche Aspekte aufgreifen: die Umsatzsteueridentifikationsnummer und die Kleinunternehmerregelung. Für die Umsatzsteueridentifikationsnummer gilt Folgendes: „Wer als Unternehmer am innergemeinschaftlichen Warenverkehr der EU teilnehmen möchte, also Waren innerhalb des EU-Gemeinschaftsgebietes liefern oder erwerben möchte, braucht zusätzlich zur Steuernummer eine so genannte Umsatzsteuer-Identifikationsnummer (USt-IdNr.) Das Bundeszentralamt für Steuern (BZSt) vergibt diese auf Antrag. Gesetzliche Grundlage ist § 27 a Umsatzsteuergesetz (UStG)."[333]

Der zweite Aspekt ist die Kleinunternehmerregelung. Gesetzliche Grundlage ist der § 19 UStG. Die Regelung beinhaltet Folgendes: „Wenn der Vorjahresumsatz nicht höher als 17 500 € ist und der Umsatz im laufenden Jahr vermutlich nicht höher als 50 000 € sein wird oder wenn bei neu gegründeten Unternehmen der Umsatz im ersten Geschäftsjahr 17 500 € nicht übersteigt, braucht keine Umsatzsteuer entrichtet zu werden. In den Rechnungen darf keine Steuer ausgewiesen werden, es besteht aber auch kein Recht zum Abzug der Vorsteuer."[334] Zudem entfallen die Pflichten zur Umsatzsteuervoranmeldung und der jährlichen Umsatzsteuererklärung. Ein Personal Trainer sollte sich genau überlegen, ob er von der Regelung Gebrauch macht. Gerade in der Anfangsphase fallen meist höhere Investitionskosten an. Ein Verzicht auf die Kleinunternehmerregelung wirkt hier begünstigend, da der Trainer somit zum Vorsteuerabzug berechtigt ist. Er kann seine Vorsteuer mit der eingenommenen Umsatzsteuer verrechnen. Zusammenfassend kann gesagt werden: die Kleinunternehmerregelung bietet grundlegend nur denjenigen Vorteile, die...

- „sehr wenig Geld verdienen,

---

[331] Vgl. Krampe, Müller, Trinkhaus, 2003, „Betriebswirtschaftslehre", S. 135.
[332] Vgl. http://www.gesetze-im-internet.de/ustg_1980/__18.html, abgerufen am 30.12.2007; Falk [u. a.], 2006, Selbstständig und erfolgreich sein: Der neue Leitfaden für Existenzgründer, S. 88.
[333] http://www.bzst.de/003_menue_links/005_ustidnr/index.html, abgerufen am 08.10.2007.
[334] Falk [u. a.], 2006, Selbstständig und erfolgreich sein: Der neue Leitfaden für Existenzgründer, S. 88.

- kein Geld ausgeben,
- ohne eigene Räume arbeiten,
- dauerhaft unter 17500 Euro Umsatz bleiben (in der Regel also eine nebenberufliche Selbstständigkeit betreiben) oder
- mit Privatpersonen oder mehrwertsteuerbefreiten Institutionen zu tun haben ...".[335]

Der Existenzgründer muss die Regelung gegenüber dem Finanzamt explizit erklären und ist dann fünf Jahre daran gebunden, es sei denn, die oben genannten Umsatzgrenzen werden vor Fristablauf überschritten.[336]

9.5 Versicherung und Vorsorge

Ein Existenzgründer im Bereich Personal Training muss sich unabdingbar mit der Thematik „Versicherung und Vorsorge" auseinander setzen. Mit dem Schritt in die Selbstständigkeit unterliegt er nicht mehr dem sozialen Sicherungsnetz aus seiner Arbeitnehmertätigkeit, sondern ist nun allein für seinen Versicherungsschutz verantwortlich.[337] Dabei kann er frei entscheiden, ob er sich an der gesetzlichen Sozialversicherung mit Ausnahme der Arbeitslosenversicherung beteiligt[338] oder aber auf private Anbieter zurückgreift. Das unternehmerische Risiko, das jede Existenzgründung mit sich bringt, kann allerdings auch er nicht umgehen oder etwa versichern. Um die richtige Vorsorge betreiben zu können, ist es notwendig, die existenziellen Risiken zu kennen. Man unterscheidet grundsätzlich Risiken in Bezug auf das Unternehmen und Risiken, die die Person betreffen.[339] Nachfolgend zeige ich auf, welche Versicherungen für einen Personal Trainer erforderlich sind. Gleichwohl sei darauf verwiesen, dass jeder Personal Trainer bei der Planung seines Versicherungsschutzes einen Versicherungsexperten mit Branchenkenntnis hinzuziehen sollte. Gerade Per-

---

[335] Hofert, 2006, Erfolgreiche Existenzgründung für Trainer, Berater, Coachs: Das Praxisbuch für Gründung, Existenzaufbau und Expansion, S. 136.
[336] Vgl. Falk [u. a.], 2006, Selbstständig und erfolgreich sein: Der neue Leitfaden für Existenzgründer, S. 88.
[337] Vgl. Rasner, Füser, Faix, 1997, Das Existenzgründer Buch: Von der Geschäftsidee zum sicheren Geschäftserfolg, S. 188.
[338] Vgl. Hofert, 2007, Praxisbuch Existenzgründung: Erfolgreich selbständig werden und bleiben, S. 205.
[339] Vgl. Rasner, Füser, Faix, 1997, Das Existenzgründer Buch: Von der Geschäftsidee zum sicheren Geschäftserfolg, S. 188.

sonal Trainer werden in der Praxis gerne mit Fitnesstrainern gleichgestellt. Ungleiche Tätigkeitsfelder lassen aber eine Gleichstellung nicht zu. Im Extremfall bedeutet dies für den Personal Trainer, dass er falsch versichert ist und die Versicherung im Bedarfsfall nicht für den Schaden aufkommt. Dass das Thema „Versicherung und Vorsorge" innerhalb der Fitnessbranche generell problematisch ist, zeigt das folgende Zitat eines Versicherungsmaklers: „Mehr als zwei Drittel aller Trainer in Deutschland sind nicht nur unterversichert, sondern auch sehr oft falsch versichert."[340]

9.5.1 Definition Versicherung

„Grundsätzlich ist eine Versicherung eine Vereinbarung über die Übertragung eines bestimmten Risikos auf einen Versicherer gegen Zahlung einer Prämie."[341] Der von einer Versicherungsgesellschaft bereitgestellte Versicherungsschutz ist die sicherste Form der Risikobewältigung. Obgleich auch eine Versicherung den Eintritt eines Schadens nicht abwenden kann, übernimmt sie aber die wirtschaftlichen Folgen, die aus einem Schaden resultieren. Für den Versicherungsnehmer stellt ein solches Risikomanagement einen enormen Vorteil dar, weil aus nicht absehbaren Schadenskosten kalkulierbare Versicherungskosten werden.[342]

„Bei Vorliegen der Voraussetzungen übernehmen die Versicherungsbetriebe es,

- Schäden zu ersetzen, z. B. Feuerversicherung,
- Schäden zu mildern, z. B. Krankenversicherung,
- Vorsorge zu treffen, z. B. Lebensversicherung,
- Vorsorge zur Vermeidung von Versicherungsfällen zu treffen."[343]

9.5.2 Berufsunfähigkeitsversicherung und Erwerbsunfähigkeitsversicherung

Jeder Personal Trainer kann durch einen Unfall oder durch Krankheit in die Situation kommen, für längere Zeit oder nie wieder arbeiten zu können. Ein solcher Ausfall der Arbeitskraft kann schnell zur finanziel-

---

[340] Mützel, 6/2005, „Richtig Vorsorgen: Versicherungsschutz für Trainer", S. 36.
[341] Krampe, Müller, Trinkhaus, 2003, „Betriebswirtschaftslehre", S. 84.
[342] Vgl. Krampe, Müller, Trinkhaus, 2003, „Betriebswirtschaftslehre", S. 84.
[343] Krampe, Müller, Trinkhaus, 2003, „Betriebswirtschaftslehre", S. 84.

len Bedrohung werden.[344] Damit der Trainer im Bedarfsfall nicht zum Sozialhilfeempfänger wird, ist eine private Berufsunfähigkeit- und Erwerbsunfähigkeitsversicherung unverzichtbar. Der Trainer bekommt beim Nachweis einer Berufsunfähigkeit- und/oder Erwerbsunfähigkeit eine monatliche Rente, die längstens bis zum Eintritt in den Ruhestand gezahlt wird.[345] Was aber genau bedeutet Berufsunfähigkeit und wann ist jemand erwerbsunfähig? „Berufsunfähig ist ein Mensch dann, wenn ein Arzt feststellt, dass er seinen zuletzt ausgeübten Beruf nur noch zu weniger als 50 Prozent ausüben kann."[346] Die Erwerbsunfähigkeit geht einen Schritt weiter. „Der wesentliche Unterschied zwischen Berufsunfähigkeit und Erwerbsunfähigkeit ist, dass Sie bei einer anerkannten Erwerbsunfähigkeit keinerlei Erwerbstätigkeit mehr nachgehen können, während Sie bei einer Berufsunfähigkeit Ihren zuletzt ausgeübten Beruf nicht mehr ausüben können, jedoch noch in der Lage sind, andere Erwerbstätigkeiten aufzunehmen."[347]

Jeder Trainer sollte beim Abschluss seines Versicherungsvertrages das Bedingungswerk auf Vorhandensein der Nichtverweisungsklausel in andere Berufe prüfen. Diese Klausel sichert ihm eine monatlich vereinbarte Rente zu, wenn er nicht mehr als Personal Trainer arbeiten kann und keiner anderen Tätigkeit seiner Ausbildung und Erfahrung entsprechend nachgehen muss.[348] Darüber hinaus ist es äußerst wichtig, den Antrag auf die richtige Angabe der Berufsbezeichnung „Personal Trainer" zu prüfen. Ist eine falsche Berufsbezeichnung eingetragen, „... ist die Gesellschaft wegen Obliegenheitsverletzung von der Leistung befreit." [349] Berufsunfähigkeitsversicherungen werden in der Praxis meist in Verbindung mit einer Lebens-, Renten- oder Risikolebensversicherung abgeschlossen.[350] Brandt gibt bezüglich der Berufsunfähigkeits- und Erwerbsunfähigkeitsversicherung folgenden kalkulatori-

---

[344] Vgl. Brandt, 2003, „Risiko- und Vermögensmanagement des Personal Trainers", S. 105.
[345] Vgl. Hofert, 2007, Praxisbuch Existenzgründung: Erfolgreich selbständig werden und bleiben, S. 214.
[346] Hofert, 2007, Praxisbuch Existenzgründung: Erfolgreich selbständig werden und bleiben, S. 214.
[347] Brandt, 2003, „Risiko- und Vermögensmanagement des Personal Trainers", S. 105.
[348] Vgl. Brandt, 2003, „Risiko- und Vermögensmanagement des Personal Trainers", S. 106.
[349] Mützel, 6/2005, „Richtig Vorsorgen: Versicherungsschutz für Trainer", S. 38.
[350] Vgl. BMWi, 2007, Starthilfe: Der erfolgreiche Weg in die Selbstständigkeit, S. 78.

schen Hinweis: „Zur Absicherung einer Monatsrente bei Berufs- und Erwerbsunfähigkeit von € 2.000 sollte ein 30-jähriger ohne Sparvorgang einen Risikobetrag von ca. 100 € monatlich kalkulieren."[351] Mit Blick auf die gesetzliche Versicherung sei erwähnt, dass Selbstständige grundsätzlich keine Ansprüche wegen Erwerbsminderung haben.[352]

9.5.3 Krankenversicherung

Ein selbständiger Personal Trainer unterliegt nicht mehr der Krankenversicherungspflicht. Er kann sich freiwillig über eine gesetzliche Krankenkasse absichern oder eine private Krankenversicherung wählen. Prinzipiell besteht auch die Möglichkeit, auf den Krankenversicherungsschutz ganz zu verzichten, wobei ein Personal Trainer dieses unter keinen Umständen tun sollte.[353] Welche Versicherungsvariante für einen Personal Trainer besser geeignet ist, hängt von der persönlichen Situation des Trainers ab und bedarf einer individuellen Beratung. Im Folgenden zeige ich kurz die wesentlichen Merkmale beider Versicherungsvarianten auf.

In der freiwilligen gesetzlichen Krankenversicherung werden die Beiträge grundsätzlich aus der Beitragsbemessungsgrenze, welche im Jahr 2007 bei 3.562,50 Euro[354] liegt, kalkuliert.[355] „Aus diesem Wert werden anhand des jeweiligen Beitragssatzes der verschiedenen Krankenversicherungen (ca. 13,0 - 16,0 %) die Beiträge berechnet. Der Betragssatz richtet sich nach der ausgewählten Krankenversicherung, dem ausgewählten Krankengeldanspruch und der dafür vereinbarten Wartezeit, den so genannten Karenztagen. Hier werden meisten 21 oder 42 Tage angeboten."[356] Für Existenzgründer und Selbstständige mit niedrigem Einkommen besteht die Möglichkeit der einnahmenorientierten Einstufung. Hierzu ist als Nachweis die Vorlage des Einkommensteuerbe-

---

[351] Brandt, 2003, „Risiko- und Vermögensmanagement des Personal Trainers", S. 106.
[352] Vgl. Brandt, 2003, „Risiko- und Vermögensmanagement des Personal Trainers", S. 106.
[353] Vgl. Hofert, 2007, Praxisbuch Existenzgründung: Erfolgreich selbständig werden und bleiben, S. 211-212.
[354] Vgl. http://www.draegerhanse.de/freiwillige/extras/selbstaendige.html, abgerufen am 30.12.2007.
[355] Vgl. Brandt, 2003, „Risiko- und Vermögensmanagement des Personal Trainers", S. 107.
[356] Brandt, 2003, „Risiko- und Vermögensmanagement des Personal Trainers", S. 107.

scheides bzw. bei Existenzgründern eine gewissenhafte Schätzung des Einkommens erforderlich.[357] Der Gesetzgeber hat darüber hinaus für die Beitragsbemessung eine absolute Einkommensuntergrenze festgelegt. Diese beträgt im Jahr 2007 1.837,50 Euro[358]. Bei Existenzgründern, die durch die Bundesagentur für Arbeit gefördert werden (Einstiegsgeld bzw. Gründungszuschuss) gilt abweichend folgende Mindestgrenze: 1.225,00 Euro.[359] Die jeweiligen Untergrenzen gelten auch, wenn das tatsächliche Einkommen eines Selbstständigen unter diesem Betrag liegt. Im Weiteren sei erwähnt, dass die gesetzliche Versicherung eine Familienversicherung enthält. Das heißt, nicht erwerbstätige Familienmitglieder sind im Beitrag mitversichert.[360]

Als Alternative zur gesetzlichen Krankenversicherung kann eine private „... Krankheitskostenvollversicherung abgeschlossen werden, die alle Kosten der ambulanten und stationären Behandlung im vertraglich festgelegten Umfang abdeckt."[361] Die Beiträge einer privaten Krankenversicherung richten sich nach dem Umfang der angebotenen Leistungen, dem Alter des Versicherungsnehmers sowie dem Geschlecht. Beiträge von Frauen sind höher.[362] Gegenüber der gesetzlichen Versicherung profitiert ein privat Versicherter zum Beispiel von der freien Arztwahl, der freien Wahl des Krankenhauses oder auch von den individuellen Terminabsprachen, die lange Wartezeiten verhindern etc.[363] In der privaten Versicherung sind die Familienangehörigen nicht mit versichert. In jedem Fall sollte der private Versicherungsschutz ebenso wie der gesetzliche eine Krankengeldtageversicherung für den Verdienstausfall in ausreichender Höhe enthalten. Diese ist notwendig, um Einkommenseinbußen im Krankheitsfall auszugleichen. Um die Beträge niedrig zuhalten, sollte ein Trainer versuchen, mindestens die ersten vier Wochen selbst zu finanzieren und erst dann das Tagegeld

---

[357] Vgl. Brandt, 2003, „Risiko- und Vermögensmanagement des Personal Trainers", S. 107-108.
[358] Vgl. http://www.draegerhanse.de/freiwillige/extras/selbststaendige.html, abgerufen am 30.12.2007.
[359] Vgl. http://www.draegerhanse.de/freiwillige/extras/selbststaendige.html, abgerufen am 30.12.2007.
[360] Vgl. Brandt, 2003, „Risiko- und Vermögensmanagement des Personal Trainers", S. 108.
[361] Krampe, Müller, Trinkhaus, 2003, „Betriebswirtschaftslehre", S. 93.
[362] Vgl. Hofert, 2007, Praxisbuch Existenzgründung: Erfolgreich selbständig werden und bleiben, S. 212.
[363] Vgl. Brandt, 2003, „Risiko- und Vermögensmanagement des Personal Trainers", S. 109-110.

in Anspruch zu nehmen.[364] „Ein 30-jähriger sollte für die private Krankenversicherung inklusive Krankentagegeld einen Beitrag von € 150 bis € 250 monatlich veranschlagen."[365]

Abschließend zur Krankenversicherung möchte ich noch auf die Pflegeversicherung verweisen. „Sie finanziert Pflegemaßnahmen im Alter, nach schwerer Krankheit oder nach einem Unfall. Selbständige, die bei einer gesetzlichen Krankenversicherung sind, sind hier auch pflegeversichert. Sie können aber auch eine private Pflegeversicherung wählen."[366] Bei der Privatversicherung kann dies als Zusatzleistung ergänzt werden.

9.5.4 Unfallversicherung

„Die Existenz eines Selbstständigen ist weitgehend von seiner persönlichen Arbeitsleistung abhängig. Sie ist gefährdet durch einen Unfall."[367] Ein freiberuflich arbeitender Personal Trainer unterliegt nicht der gesetzlichen Unfallversicherung. Er kann aber freiwillig Mitglied in der zuständigen Berufsgenossenschaft werden und somit Versicherungsschutz erlangen.[368] Abgesichert sind Berufskrankheiten, Arbeitsunfälle und Wegeunfälle.[369]

Die zweite Möglichkeit ist die private Unfallversicherung. Anders als bei der gesetzlichen Unfallversicherung ist ihr Versicherungsschutz wesentlich umfangreicher und erfasst Unfälle aller Art, also sowohl Arbeitsunfälle als auch Freizeitunfälle.[370] Der Unfallversicherungsschutz sollte schwerpunktmäßig auf eine hohe Grundinvaliditätssum-

---

[364] Vgl. BMWi, 2007, Starthilfe: Der erfolgreiche Weg in die Selbstständigkeit, S. 77.
[365] Brandt, 2003, „Risiko- und Vermögensmanagement des Personal Trainers", S. 110.
[366] BMWi, 2007, Starthilfe: Der erfolgreiche Weg in die Selbstständigkeit, S. 77.
[367] Falk [u. a.], 2006, Selbstständig und erfolgreich sein: Der neue Leitfaden für Existenzgründer, S. 72.
[368] Vgl. Brandt, 2003, „Risiko- und Vermögensmanagement des Personal Trainers", S. 110.
[369] Vgl. Falk [u. a.], 2006, Selbstständig und erfolgreich sein: Der neue Leitfaden für Existenzgründer, S. 72.
[370] Vgl. Krampe, Müller, Trinkhaus, 2003, „Betriebswirtschaftslehre", S. 93.

me gerichtet sein.[371] Kalkulationsmäßig sollte ein Dreißigjähriger ca. 20 bis 30 Euro pro Monat ansetzen.[372]

9.5.5 Haftpflichtversicherung

Gemäß § 823 Abs. 1 BGB heißt es: „Wer vorsätzlich oder fahrlässig das Leben, den Körper, die Gesundheit, die Freiheit, das Eigentum oder ein sonstiges Recht eines anderen widerrechtlich verletzt, ist dem anderen zum Ersatz des daraus entstehenden Schadens verpflichtet."[373] Der Schadensersatzpflicht aus § 823 BGB unterliegt natürlich auch ein selbstständiger Personal Trainer. Dieser trägt berufsbedingt sehr viel Verantwortung und ist somit zahlreichen Haftungsrisiken ausgesetzt. Eine Berufshaftpflichtversicherung ist daher für einen Personal Trainer absolut erforderlich, denn ein hoher Schadensersatzanspruch, beispielsweise von einem Klienten, kann schnell ein existenzielles Risiko bedeuten. Die Berufshaftpflichtversicherung kommt im Schadensfall für Kosten aus Schäden auf, die in Ausübung mit dem Beruf entstehen können.[374] Im Einzelnen hat sie folgende drei Aufgaben. „Sie prüft, ob die Ansprüche berechtigt sind. Sie reguliert berechtigte Ansprüche und sie weist unberechtigte Forderungen ab. Notfalls mit Hilfe des Gerichtes."[375] Da Schadensersatzansprüche auch im privaten Bereich auftreten können, ist es sinnvoll, auch diese abzusichern. Empfehlenswert ist hier der Abschluss einer Berufshaftpflichtversicherung inklusive Privathaftpflichtversicherung. Die Kosten für diese Versicherung belaufen sich auf ca. 100 bis 150 Euro pro Jahr.[376] Abschließend möchte ich mit Blick auf den Versicherungsschutz noch auf die Wichtigkeit der vollständigen Erfassung aller Faktoren hinweisen, die das Haftungsrisiko beeinflussen können sowie auf die Beachtung einer ausreichenden Deckungssumme. Angemerkt sei auch, dass neue Risiken nachzumel-

---

[371] Vgl. Mützel, 6/2005, „Richtig Vorsorgen: Versicherungsschutz für Trainer", S. 39.
[372] Vgl. Brandt, 2003, „Risiko- und Vermögensmanagement des Personal Trainers", S. 112.
[373] http://www.gesetze-im-internet.de/bgb/__823.html, abgerufen am 30.12.2007.
[374] Vgl. Mützel, 6/2005, „Richtig Vorsorgen: Versicherungsschutz für Trainer", S. 37.
[375] PROF. DR. BISCHOFF & PARTNER®; PERSONAL TRAINER NETWORK, 2001, Der Personal Trainer: Darstellung eines neuen Berufsbildes, S. 21.
[376] Vgl. Brandt, 2003, „Risiko- und Vermögensmanagement des Personal Trainers", S. 113.

den sind.[377] Für einen Personal Trainer bedeutet dies, dass er beim Abschluss der Versicherung eine genaue Beschreibung seiner Tätigkeit, also auch seiner angebotenen Sportarten, geben muss, um umfassend abgesichert zu sein. In der Versicherungspolice sollte in jedem Fall die Tätigkeit als Personal Trainer genannt sein. Neu angebotene Sportarten sind nachzumelden.

In Deutschland gibt es seit dem Jahr 2000 eine Berufshaftpflichtversicherung speziell für Personal Trainer. Anbieter ist die AXA Konzern AG.[378] Darüber hinaus haben aber auch weitere Versicherungsanbieter, wie zum Beispiel die Gothaer, Versicherungsangebote für Personal Trainer in ihr Angebot integriert. Das Angebot der Gothaer, zu beziehen über den PREMIUM Personal Trainer Club, umfasst beispielsweise Folgendes:

„Versichert ist die gesetzliche Haftpflicht aus der Ausübung der beruflichen Tätigkeit eines Personal Trainers. Eingeschlossen sind u. a.:

- Die Durchführung branchenüblicher Sportarten mit den Klienten inklusive der spezifischen Trainingseinweisung der Klienten wie beispielsweise Fitnesstraining (auch Gerätetraining), Walken, Laufen, Inline Skaten, Biking, Racket-Sportarten, Schwimmen
- Die Teilnahme an eigenen Fortbildungen, Kongressen o. ä.
- Sachschäden an zu beruflichen Zwecken gemieteten Gebäuden bzw. Räumen
- Schäden aus dem Abhandenkommen fremder beruflicher Schlüssel und Codekarten für Gebäude und Räume (in der Höhe begrenzt)
- Auslandsschäden aus Anlass von Geschäftsreisen oder aus der Teilnahme an Kongressen und Messen o. ä.

Angeboten werden verschiedene Deckungssummen und der Einschluss einer umfassenden Privathaftpflichtversicherung in den Vertrag für den Personal Trainer sowie seine Familie."[379]

---

[377] Vgl. Falk [u. a.], 2006, Selbstständig und erfolgreich sein: Der neue Leitfaden für Existenzgründer, S. 71.
[378] Vgl. PROF. DR. BISCHOFF & PARTNER®; PERSONAL TRAINER NETWORK, 2001, Der Personal Trainer: Darstellung eines neuen Berufsbildes, S. 21.
[379] http://www.personal-trainer-network.de/der_pt_pp_gothaer.asp, abgerufen am 18.10.2007.

9.5.6 Altersvorsorge

Personal Trainer, die ihre Tätigkeit freiberuflich ausüben, sind selbstständige Unternehmer und unterliegen grundsätzlich nicht der gesetzlichen Rentenversicherungspflicht. Nun hat aber der Gesetzgeber in § 2 SBG VI[380] abweichend einige Ausnahmen formuliert, wonach die dort aufgeführten selbstständig tätigen Berufsgruppen wiederum versicherungspflichtig sind. Unter anderem bezieht sich die Vorschrift auf selbstständige Lehrer, die regelmäßig keinen versicherungspflichtigen Arbeitnehmer beschäftigen. Jetzt könnte dem Beruf des Personal Trainer schnell eine Lehrtätigkeit unterstellt werden. Brandt äußert sich zu dieser Problematik wie folgt: „Da Sie jedoch als Personal Trainer faktisch keinen Lehrberuf ausüben, haben Sie gute Chancen, bei einer Überprüfung durch die Bundesversicherungsanstalt für Angestellte glaubhaft zu verdeutlichen, dass Ihre Hauptaufgaben aus Coaching und Motivation von Klienten sowie der eigenen Büroorganisation bestehen. Erfolgreiche Klagen von Personal Trainern gegen die Bundesversicherungsanstalt für Angestellte haben gezeigt, dass sich die Mühe der richtigen Vorbereitung und des gewissenhaften Nachweises über Ihre Tätigkeit lohnt. Dieses gelingt zum Beispiel über die Formulierung von Rechnungen, aus denen einwandfrei hervorgeht, dass Sie Ihre Klienten gecoacht haben."[381]

Wie aus den Zeilen von Brandt ersichtlich, ist der selbstständige Personal Trainer generell kein Lehrberuf und somit nicht rentenversicherungspflichtig. Das bedeutet, er muss sich selbstständig um seine Altersvorsorge kümmern. Dabei kann er einerseits freiwillig in die gesetzliche Rentenversicherung[382] einzahlen oder aber selbst Vorsorge betreiben. Der Knackpunkt bei der freiwilligen gesetzlichen Rentenversicherung liegt im sogenannten demografischen Wandel. Das gesetzliche Rentensystem basiert auf dem Umlageprinzip. Das heißt: „Immer weniger Beitragszahler müssen immer mehr Rentner mit ihren Beträgen versorgen. Es findet keine verzinsliche Ansammlung statt, so

---

[380] Vgl. http://www.gesetze-im-internet.de/sgb_6/__2.html, abgerufen am 30.12.2007.
[381] Brandt, 2003, „Risiko- und Vermögensmanagement des Personal Trainers", S. 115.
[382] Vgl. http://www.gesetze-im-internet.de/sgb_6/__7.html, abgerufen am 30.12.2007.

daß die bisher gewohnten Rentenleistungen wohl kaum aufrecht erhalten werden können."[383]

Die zweite Möglichkeit ist die eigene Altersvorsorge. Idealerweise empfehlen Experten hierfür eine Kombination aus verschiedenen Anlageformen: Lebensversicherungen, Aktien, Immobilien.[384] Lebensversicherungen können dabei verschiedene Zwecke verfolgen. Will der Personal Trainer ausschließlich seine Angehörigen absichern, bietet die Risikolebensversicherung Schutz. „Verstirbt der Versicherte während der Vertragslaufzeit, zahlt die Versicherung die vereinbarte Summe an den Bezugsberechtigten aus".[385] Mit Blick auf die private Altersvorsorge eignet sich besonders die kapitalbildende Lebensversicherung. Hier trifft der Versicherte Vorsorge in zweifacher Hinsicht:

- „**Hinterbliebenenversorgung:** Im Todesfall zahlt die Versicherung die vereinbarte Versicherungssumme an die Hinterbliebenen aus.
- **Kapitalanlage** für den Erlebensfall: Erlebt der Versicherte das vertraglich vereinbarte Ende der Versicherungsdauer, hat er ein Sparkapital angesammelt, das zur Altersvorsorge zur Verfügung steht. Es erhält die garantierte Versicherungsleistung plus die in den Jahren angelaufenen Überschußanteile."[386]

Eine letzte Lebensversicherungsform, die ich erwähnen möchte, ist die private Rentenversicherung. „Der Versicherte baut sich eine zusätzliche Altersversorgung auf, erhält aber keinen Schutz der Hinterbliebenen für den Todesfall. Da kein Risikoschutz enthalten ist, liegt die Rendite grundsätzlich höher als bei einer Kapitallebensversicherung, so daß die private Rentenversicherung eine durchaus attraktive Geldanlage sein kann."[387]

Für viele Existenzgründer stellt das Thema Altersvorsorge in der Anlaufzeit eine untergeordnete Rolle dar. Sie sparen sich die Kosten zugunsten der Liquidität und finanzieren den unmittelbaren Lebensunterhalt.[388] Auf keinen Fall sollte dieser Zustand länger andauern. Wer

---

[383] PROF. DR. BISCHOFF & PARTNER®; PERSONAL TRAINER NETWORK, 2001, Der Personal Trainer: Darstellung eines neuen Berufsbildes, S. 22.
[384] Vgl. Hofert, 2007, Praxisbuch Existenzgründung: Erfolgreich selbstständig werden und bleiben, S. 206.
[385] Krampe, Müller, Trinkhaus, 2003, „Betriebswirtschaftslehre", S. 93-94.
[386] Krampe, Müller, Trinkhaus, 2003, „Betriebswirtschaftslehre", S. 94.
[387] Krampe, Müller, Trinkhaus, 2003, „Betriebswirtschaftslehre", S. 94.
[388] Vgl. Hofert, 2007, Praxisbuch Existenzgründung: Erfolgreich selbstständig werden und bleiben, S. 205.

zu spät mit der Vorsorge anfängt, muss mit immer höheren Ansparbeträgen rechnen, um sich den gewünschten Lebensstandard im Alter leisten zu können. Sinnvollerweise sollte man daher auf einen Financial Planner mit Branchenkenntnis zurückgreifen. „Der Finanzplaner oder financial planner analysiert den finanziellen Status des Kunden und seine Lebensziele und entwirft einen persönlichen Finanzplan. Seine Tätigkeit ist auf eine lang anhaltende, wenn möglich lebensbegleitende Betreuung seines Mandanten ausgerichtet. Der Finanzplaner beschränkt sich nicht auf eine Einzelanalyse bezüglich eines einzelnen Anlageobjektes oder eine Teilanalyse, ob das Anlageobjekt für den Mandanten ein geeignetes Objekt darstellt. Beim Financial Planning geht es vielmehr um die Darstellung und Strukturierung des Gesamtvermögens, in der alle einzelnen Anlageobjekte miteinander vernetzt betrachtet werden."[389]

Im Ergebnis kann also festgehalten werden, dass ein ausgereiftes Vorsorgekonzept einer intensiven Auseinandersetzung mit der Thematik bedarf und immer auf einer individuellen Bedarfsanalyse, durchgeführt durch einen Experten mit Branchenkenntnis, basieren sollte. Die anfallenden Kosten richten sich dabei nach dem angestrebten Zielstand. Brandt empfiehlt einem Dreißigjährigen, ca. 990 Euro monatlich in die private Altersvorsorge zu investieren.[390] Da dieser Betrag für einen Existenzgründer enorm hoch ist, sollte das Konzept unbedingt die persönlichen Möglichkeiten des Trainers und die Liquidität berücksichtigen. Mit steigendem Einkommen sollte die Sparrate positiv angepasst werden.

9.5.7 Sonstiges

Die zuvor aufgezeigten Versicherungen sind der Mindeststandard an Absicherung, über den ein Personal Trainer verfügen sollte. Daneben kann er seinen Versicherungsschutz entsprechend seiner monetären Mittel beliebig erweitern. Denkbar ist zum Beispiel eine Betriebsinhaltsversicherung in Verbindung mit einer Betriebsunterbrechungsversicherung. Diese Versicherung greift im Fall, dass durch Feuer, Leitungswasser, Sturm oder Einbruchsdiebstahl die Betriebsausstattung

---

[389] http://www.in-trust.de/index.php?option=com_rd_glossary&task=showpart&part=F&Itemid=181, abgerufen am 17.10.2007.

[390] Vgl. Brandt, 2003, „Risiko- und Vermögensmanagement des Personal Trainers", S. 116.

des Trainers in seinen Betriebsräumen beschädigt wird und er dadurch an der Ausübung seiner Tätigkeit gehindert ist, was wiederum zu einem Verdienstausfall führen kann. Sie sichert also den Betriebsinhalt (Sachschaden) und den Verdienstausfall ab.[391] Darüber hinaus bietet es sich an, eine Rechtsschutzversicherung abzuschließen. Der Vollständigkeit halber möchte ich noch darauf hinweisen, dass Selbstständige seit 1. Februar 2006 die Möglichkeit haben, freiwillig auf Antrag Mitglied in der gesetzlichen Arbeitslosenversicherung zu werden. Rechtsgrundlage ist der § 28 a SGB III.[392] Dieser enthält auch die Voraussetzung, welche zu erfüllen sind. Berechtigte zahlen im Jahr 2007 einen monatlichen Beitrag von 25,72 Euro in Westdeutschland und 21,68 Euro in Ostdeutschland.[393]

9.6 Vertragliche Vereinbarungen

Wie gestaltet sich die Geschäftsbeziehung zwischen dem Personal Trainer und seinen Klienten? Wird ein Vertrag abgeschlossen? Welche Inhalte sollten darin enthalten sein? Spätestens mit Beginn der Tätigkeit sollte ein Personal Trainer diese Aspekte für sein Business geklärt haben.

Grundsätzlich kann zu dieser Thematik gesagt werden, dass die Gestaltung der Geschäftsbeziehungen in der Praxis sehr unterschiedlich gehandhabt wird. Während Freese keine Verträge im Umgang mit seinen Klienten abschließt, sondern Allgemeine Geschäftsbedingungen (AGB) in Kombination mit einer Unbedenklichkeitserklärung empfiehlt,[394] befürwortet Falk grundsätzlich die Verwendung von Musterverträgen mit einem Mindestbestand an schriftlich fixierten Themen. Folgende Punkte sollten seiner Ansicht nach vertraglich geklärt sein:

- „Was ist Ihre fachliche Verpflichtung gegenüber dem Kunden (welches Training, wann und wie viele Trainingseinheiten etc.)?
- Welche Bezahlung erhalten Sie pro Einheit zzgl. MwSt.? Stellen Sie Fahrtkosten, Platzgebühren, Mitgliedbeiträge im Fitness-Studio etc. zusätzlich in Rechnung?

---

[391] Vgl. Brandt, 2003, „Risiko- und Vermögensmanagement des Personal Trainers", S. 114.
[392] Vgl. http://www.gesetze-im-internet.de/sgb_3/__28a.html, abgerufen am 30.12.2007.
[393] Vgl. BMWi, 2007, Starthilfe: Der erfolgreiche Weg in die Selbstständigkeit, S. 78.
[394] Vgl. Freese, 2006, Start-up Personal Training: Einstieg und Aufstieg, S. 39-40.

- Soll der Kunde die Trainingseinheit monatlich oder ‚paketweise' im Voraus bezahlen?
- Was muss der Kunde selber leisten (Medizinischer Checkup, Mitteilung über Risiken etc.)?
- Welche Regeln gelten im Falle des Nichtzustandekommens eines bereits festgelegten Trainings? Wann muss der Kunde absagen, damit er die Trainingseinheit nicht bezahlen muss? Was gilt bei Krankheit?
- Gibt es eine Mindestlaufzeit des Vertrages? Wann und wie lange im Voraus darf gekündigt werden?"[395]

Diese Inhalte sind, wie gesagt, nur ein Mindestbestand. Um dem Einzelfall gerecht zu werden, ist es sinnvoll, seinen Vertrag in Zusammenarbeit mit einem versierten Rechtsanwalt aufzusetzen. Bevor ich, ausgehend von diesen Mindestinhalten, auf die Allgemeinen Geschäftsbedingungen zu sprechen komme, möchte ich jedoch noch darauf verweisen, dass bereits die mündliche Einigung über die kostenpflichtige Erbringung der PT-Leistung regelmäßig einen Vertrag entstehen lässt. Trainer, die individuelle schriftliche Verträge nutzen, sollten diese vor Beginn des ersten Trainings durch beidseitige Unterschrift bekräftigen.[396]

Wie oben bereits im Zusammenhang mit Freese erwähnt, kommen neben der vertraglichen Absicherung häufig nur Allgemeine Geschäftsbedingungen in schriftlich fixierter Form zur Anwendung. Auch Falk kennt dieses Phänomen und verweist trotz des kundenfreundlichen und unkomplizierten Charakters, der diesem Vorgehen zugrunde liegt, auf Probleme wie zum Beispiel Missverständnisse, Vertragslücken oder Beweisschwierigkeiten, die zu Ungunsten des Trainers entstehen können.[397] Was aber sind AGB genau? Wie lassen sie sich definieren und was regeln sie? Falk schreibt hierzu: „Jede Vertragsbestimmung, die Sie für eine unbestimmte Anzahl von Kunden vorformulieren und dem einzelnen Kunden gegenüber verwenden, ist eine sog. Allgemeine Geschäftsbedingung (AGB). Zum Schutz der Kunden gilt

---

[395] Falk, 2003, „Ausgewählte rechtliche Aspekte des Personal Trainings: ein juristischer Hindernislauf, S. 93.
[396] Vgl. Falk, 2003, „Ausgewählte rechtliche Aspekte des Personal Trainings: ein juristischer Hindernislauf, S. 94.
[397] Vgl. Falk, 2003, „Ausgewählte rechtliche Aspekte des Personal Trainings: ein juristischer Hindernislauf, S. 94.

hierfür das besondere Recht der Allgemeinen Geschäftsbedingungen aus (§§ 305 ff. BGB). So sind jene AGB, die sich an versteckter Stelle im Vertragswerk befinden, die unverständlich oder missverständlich sind, **unwirksam.** Auch können solche Bestimmungen nicht verwendet werden, welche den Kunden in unverhältnismäßiger Weise benachteiligen."[398] Ausgehend von dieser Definition möchte ich noch einige wesentliche Punkte bezüglich der AGB ergänzen. Inhaltlich gleichen die AGB den oben aufgezeigten vertraglichen Mindestinhalten. Das beweist beispielsweise die Empfehlung von Freese in seinem Buch „Start-up Personal Training", welches weitgehend die gleichen Positionen enthält. Der Abgleich hat jedoch auch gezeigt, dass Freese darüber hinaus zwei weitere Positionen als relevant empfindet. Das sind die Regelungen über Urlaub und Datenschutz. Er schreibt hierzu:

„**Urlaub**: Erwarten Sie von einem Kunden, dass er Ihnen frühzeitig längere Urlaubszeiten oder Geschäftsreisen mitteilt? Wann teilen Sie Ihren Kunden den eigenen Urlaub oder Absenz durch mehrtägige Fortbildungen etc. mit?

Datenschutz: Garantieren Sie dem Kunden, dass Sie persönliche Daten vertraulich behandeln."[399]

Im Weiteren gilt für die ausschließliche Verwendung von AGB, wenn also der Trainer auf eine individuelle vertragliche Regelung verzichtet, dass die AGB zum Zeitpunkt des mündlichen Vertragsabschlusses dem Klienten vorliegen müssen, damit sie Rechtsverbindlichkeit erlangen. Für den Fall, dass die AGB zu diesem Zeitpunkt nicht vorliegen und dem Klienten erst später gezeigt werden, ist die Unterzeichnung durch den Klienten Voraussetzung für die Erlangung der Rechtswirksamkeit.[400] Um sicher zu gehen und Missverständnissen vorzubeugen, sollte sich der Trainer aus meiner Sicht in jedem Fall die Kenntnisnahme durch Unterschrift bestätigen lassen.

Zusammenfassend kann folglich gesagt werden, dass es jedem Trainer überlassen ist, ob er die Geschäftsbeziehung auf einen individuellen Vertrag oder aber auf AGB stützt. Meiner Meinung nach schafft ein individueller Vertrag mehr Rechtssicherheit und ist somit ratsamer. In

---

[398] Falk, 2003, „Ausgewählte rechtliche Aspekte des Personal Trainings: ein juristischer Hindernislauf, S. 97.
[399] Freese, 2006, Start-up Personal Training: Einstieg und Aufstieg, S. 40.
[400] Vgl. Falk, 2003, „Ausgewählte rechtliche Aspekte des Personal Trainings: ein juristischer Hindernislauf, S. 94.

beiden Fällen sollte aber auf anwaltliche Hilfe zurückgegriffen werden und eine regelmäßige Überarbeitung der Inhalte stattfinden.

9.7 Haftungsausschluss

Wie bereits in Rahmen der Berufshaftpflichtversicherung angedeutet, ist ein Personal Trainer berufsbedingt einer Vielzahl von Risiken ausgesetzt. Insbesondere sind hier natürlich die Risiken im Umgang mit dem Klienten gemeint. Bevor ein Personal Trainer das Training mit dem Klienten aufnimmt, sollte er deshalb unbedingt die körperliche Verfassung des Klienten abklären. Klein empfiehlt in diesem Zusammenhang die Verwendung eines Anamnese-Bogens in Verbindung mit einer Haftungsausschlusserklärung, die vom Klienten zu unterschreiben ist.[401] Er schreibt: „Aus der Haftungsausschlußerklärung sollte immer hervorgehen, daß der Kunde sich für körperlich gesund hält, sich verpflichtet, den Anamnese-Bogen nach bestem Wissen wahrheitsgemäß auszufüllen und auch andere medizinische Probleme offen zu erklären. Darüber hinaus müssen Sie sich von ihrem Kunden bescheinigen lassen, daß er das Training und eventuelle Ernährungsveränderungen freiwillig und auf eigene Verantwortung durchführt und Sie über plötzliche Befindlichkeitsveränderungen wie Übelkeit, Schwindel, Schmerz, Herzrasen oder ähnliches sofort unterrichten wird."[402]

Obgleich dieser Literaturverweis bereits zehn Jahre zurück liegt, ist er immer noch aktuell. Kieß empfiehlt in seinem Existenzgründungsseminar für Personal Trainer die selbigen Inhalte und verweist darauf, dass sein Haftungsausschluss Bestandteil seines Check-up-Bogens ist. Die inhaltliche Empfehlung nach Kieß gestaltet sich wie folgt:

- „Haftungsausschluss des Kunden mit Datum und Unterschrift
- Freiwilligkeit
- Körperlich und geistig gesund
- Alle Angaben wahrheitsgemäß beantwortet
- Falls körperliche Voraussetzungen nicht optimal → Arztbesuch
- Befindlichkeitsstörungen während des Trainings → Bescheid geben

---

[401] Vgl. Klein, 1997, Der Privat Trainer: Geld verdienen als Bodybuilding- und Fitness-Trainer, S. 54.
[402] Klein, 1997, Der Privat Trainer: Geld verdienen als Bodybuilding- und Fitness-Trainer, S. 54.

- AGBs verstanden und akzeptiert
- Ort, Datum, Unterschrift"[403]

Auf eine beispielhafte Haftungsausschlusserklärung wird an dieser Stelle verzichtet. Die Inhalte sind zu individuell, als dass sie ohne anwaltliche Hilfe erstellt werden sollten.

Grundlegend kann festgehalten werden, dass ein Personal Trainer gegenüber dem Klienten erhöhte Sorgfaltspflichten zu erfüllen hat. Ausgehend davon sollte ein professionell arbeitender Personal Trainer seine Trainingsbetreuung immer mit der Durchführung eines Eingangs-Check-ups beginnen. Der Check-up dient einerseits als Absicherung für den Personal Trainer und zeigt andererseits auf, wo der Klient gesundheitlich steht. Im Weiteren bildet der Check-up die Basis für die spätere Trainingsplanung und Trainingssteuerung. Insofern sollten wesentliche Aspekte dokumentiert werden und dem Klienten als Anlage zum Vertrag mitgegeben werden. Neben dem normalen Eingangs-Check-up sollte der Trainer im Bedarfsfall vom Klienten zusätzlich einen ärztlichen Check-up fordern und diesen dann mit dem Klienten besprechen.[404] Auf die ausführliche Darstellung eines Check-up-Bogens wird innerhalb dieser Arbeit ebenfalls verzichtet, da dies den Umfang übersteigen würde.[405] Auch die weitere Trainingsbetreuung birgt jede Menge Risiken, die es weitgehend zu minimieren gilt. Daher hat der Trainer hier die Aufgabe, den Klienten ordentlich einzuweisen, das Training individuell auf die Person zu gestalten, es zu überwachen und zu korrigieren. Der Klient soll durch die professionelle Trainingsbegleitung zu einem effektiven Training gelangen und vor Überanstrengungen geschützt werden. Gleichwohl muss beachtet werden, egal wie professionell der Trainer arbeitet, dass ein gewisses Risiko, wie zum Beispiel das von Unfällen, bestehen bleibt.[406] Das bedeutet aber nicht, dass der Trainer in jedem Fall auch haftbar gemacht werden kann. Falk fasst dies wie folgt zusammen: „In Deutschland

---

[403] Kieß, 2007, „Traumberuf Personal Trainer - In 3 Monaten erfolgreich starten", S. 15-16.
[404] Vgl. Falk, 2003, „Ausgewählte rechtliche Aspekte des Personal Trainings: ein juristischer Hindernislauf, S. 95.
[405] Informationen zum Thema Check-up findet man zum Beispiel in folgender Quelle: Brouwers, Lars in Kieß, 2003, Erfolgskonzept Personal Training: Selbständigkeit, Marketing, Trainingsplanung, S. 203 - 214.
[406] Vgl. Falk, 2003, „Ausgewählte rechtliche Aspekte des Personal Trainings: ein juristischer Hindernislauf, S. 95.

trägt nämlich jeder Kunde auch ein gewisses Maß an **Eigenverantwortung**, da jede Form von sportlicher Betätigung bekanntermaßen stets mit Risiken verbunden ist und sich der Kunde freiwillig in diese Situation begibt. Mit anderen Worten ist Ihr Haftungsrisiko von vornherein auf das spezifische Leistungsverhältnis zwischen Personal Trainer und Kunden begrenzt. Sie haften also weder für den Autounfall, den der Kunde auf dem Weg zum Training erleidet, noch für abgenutzte Laufschuhe."[407]

Im Ergebnis heißt das, ein Personal Trainer sollte unbedingt über eine ausreichende Betriebshaftpflichtversicherung verfügen und eine schriftliche Haftungsausschlusserklärung im Umgang mit den Klienten verwenden.

---

[407] Falk, 2003, „Ausgewählte rechtliche Aspekte des Personal Trainings: ein juristischer Hindernislauf, S. 96.

10 Planung

„Viel zu oft treffe ich Trainer, die nicht an die Vollexistenz dieses Berufes glauben. Erschwerend kommt hinzu, dass mehr als ein Drittel aller Existenzgründungen in den ersten fünf Jahren in der Zahlungsunfähigkeit enden. In vielen anderen Fällen schaffen sich junge Unternehmer mit dem Schritt in die Selbstständigkeit lediglich eine „Kümmerexistenz" am Rande des Existenzminimums. Ursachen hierfür sind meist kaufmännische Defizite, Finanzierungsprobleme und der Existenzgründer selbst. Es ist deshalb unabdingbar, dass Sie sich mit betriebswirtschaftlichen und kaufmännischen Grundsätzen auseinandersetzen, um diese im Sinne Ihrer erfolgreichen Unternehmung anwenden zu können."[408] Diese Zeilen von Kieß machen ein weiteres Mal deutlich, wie wichtig der Aspekt der Planung für das Gelingen des gesamten Vorhabens ist. Die Gründungsplanung stellt somit eine der zentralen Aufgaben eines Gründungswilligen dar. „Das Ergebnis der Gründungsplanung ist ein Gründungsplanbericht (Business-Plan), der im Wesentlichen folgenden Inhalt haben sollte:

- Gründungsvorhaben (Branche, Tätigkeit, Geschäftsidee)
- beruflicher und finanzieller Hintergrund des Gründers
- Rentabilitätsplanung (Umsatz- und Ertragsvorschau der nächsten drei Jahre mit Einnahmen-/Kostenkalkulation)
- Finanzplanung (Liquiditätsplanung, Berechnung des Startkapitals – so genannte Investitionsplanung)
- Wertung der Erfolgsaussichten der Existenzgründung."[409]

Jeder Personal Trainer sollte sein Vorhaben folglich mit Hilfe eines Businessplanes strukturieren. Er sollte dies auch dann tun, wenn er nicht auf die finanzielle Hilfe von Banken oder sonstigen Dritten angewiesen ist, da der Plan ihm eine gewisse Eigenkontrolle ermöglicht. Nachfolgend gehe ich explizit auf das betriebswirtschaftliche Rechenwerk des Gründungsplanes ein. Im Mittelpunkt meiner Betrachtung stehen die Preiskalkulation, die Kapitalbedarfsplanung, die Rentabilitätsrechnung und die Liquiditätsrechnung. Meine Aussagen habe ich dabei mit einem fiktiven Berechnungsbeispiel unterlegt. Wesentliche Rechenschritte zeige ich im laufenden Text auf. Das restliche Zahlen-

---

[408] Kieß, 04/2007, „Beruf mit Zukunft: Teil 2: Strategie & Konzept", S. 24.
[409] Neef, 2003, „Existenzgründung als Personal Trainer", S. 67.

werk befindet sich in den Anlagen 6 bis 11. Darüber hinaus zeige ich auf, welche Finanzierungsmöglichkeiten zur Verfügung stehen. Im Weiteren kann für einen angehenden Personal Trainer die Beantwortung des folgenden Fragenkataloges, den Neef aufgestellt hat, bei der betriebswirtschaftlichen Planung wegweisend sein. Gleichwohl erscheinen mir die Fragen von Heaner, zitiert nach Laidlaw, aus Kapitel 8.1 an dieser Stelle erneut aufschlussreich. Der Fragenkatalog von Neef beinhaltet:

- „Wie viel Umsatz brauche ich, um kostendeckend zu arbeiten?
- Ist mein Gründungsvorhaben tatsächlich eine Basis für eine Vollexistenz?
- Wie viele liquide Mittel brauche ich?
- Ist meine Finanzierung fristenkongruent?
- Welche Umsätze muss ich monatlich erwirtschaften?
- Wie hoch dürfen meine monatlichen Kosten sein?
- Welche Investitionen kann ich wann laut Planung tätigen?"[410]

10.1 Preiskalkulation

Die Kalkulation des Preises ist eine der wichtigsten unternehmerischen Entscheidungen, welche ein Personal Trainer treffen muss. Dieses zeigt sich vor allem in folgenden Überlegungen. Zum einen muss der Absatzpreis so gestaltet sein, dass er vom Klienten akzeptiert wird. Der Trainer muss sich sicher sein, dass er seine Dienstleistung zu diesem Preis verkaufen kann. Zum anderen muss es möglich sein, dass der Trainer vom Erlös die Kosten decken und seinen Lebensunterhalt bestreiten kann.[411] Professionelle Preisfindung orientiert sich daher an mehreren Faktoren. Dazu zählen: die Kosten des Personal Trainers, der Wettbewerb und der subjektive Nutzen des Kunden.[412]

In erster Linie sollte sich ein Personal Trainer bei der Preiskalkulation an seinen Selbstkosten orientieren. Das bedeutet, er muss seinen Kostenpreis, gemäß seinen privaten und betrieblichen Ausgaben ermit-

---

[410] Neef, 2003, „Existenzgründung als Personal Trainer", S. 68.
[411] Vgl. BMWi, 2007, Starthilfe: Der erfolgreiche Weg in die Selbstständigkeit, S. 85.
[412] Vgl. Hofert, 2006, Erfolgreiche Existenzgründung für Trainer, Berater, Coachs: Das Praxisbuch für Gründung, Existenzaufbau und Expansion, S. 41.

teln.[413] Die privaten Kosten entsprechen dabei dem kalkulatorischen Unternehmerlohn. Dieser muss mindestens so hoch kalkuliert werden, dass die Einkünfte den Lebensunterhalt des Personal Trainers selbst und den der Familie decken.[414] Anlage 6 enthält ein Kalkulationsbeispiel für den kalkulatorischen Unternehmerlohn. Die betrieblichen Kosten sind die „Lebenshaltungskosten" des Unternehmens.[415] Man unterscheidet im Rahmen der betrieblichen Kostenplanung zunächst einmal zwischen fixen und variablen Kosten. „Die fixen Kosten beinhalten alle ... Kosten, die unabhängig von der Umsatzerzielung entstehen."[416] Dazu zählen beim Personal Trainer z. B. Kosten für Versicherungen, Beiträge, Auto und Telekommunikation. Die variablen Kosten „... beinhalten in der Regel den Waren- bzw. Materialeinsatz. Diese Kosten entstehen nur dann, wenn Sie Umsatz erzielen."[417] Im Weiteren gibt es die Gründungskosten. Diese finden vorwiegend in der Kapitalbedarfsplanung Beachtung und sind für die Planung der laufenden Kosten von untergeordneter Bedeutung. Sie erhöhen allerdings die Kosten im Gründungsjahr.[418] Letztlich gibt es noch die kalkulatorischen Kosten. „Dies sind so genannte Zusatzkosten, die bei der Kalkulation berücksichtigt werden."[419] Dazu gehören zum Beispiel kalkulatorische(r) Abschreibungen, Unternehmerlohn, Miete, Zinsen und Wagnisse.[420] In Anlage 7 befindet sich ein Betriebsmittelplan, der die

---

[413] Vgl. Hofert, 2006, Erfolgreiche Existenzgründung für Trainer, Berater, Coachs: Das Praxisbuch für Gründung, Existenzaufbau und Expansion, S. 42.
[414] Vgl. BMWi, 2007, Starthilfe: Der erfolgreiche Weg in die Selbstständigkeit, S. 45.
[415] Vgl. http://www.kfw-mittelstandsbank.de/DE_Home/Gruenderzentrum/Planungsphase/Kalkulation_%26_Finanzplanung/Kalkulationsschritte/index.jsp, abgerufen am 07.12.2007.
[416] Neef, 2003, „Existenzgründung als Personal Trainer", S. 78.
[417] Neef, 2003, „Existenzgründung als Personal Trainer", S. 78.
[418] Vgl. http://www.gruender-mv.de/service/schritte/popup/Unternehmensplanung/4_2_2_kostenplanung.html, abgerufen am 07.12.2007.
[419] http://www.kfw-mittelstandsbank.de/DE_Home/Gruenderzentrum/Planungsphase/Kalkulation_%26_Finanzplanung/Kalkulationsschritte/index.jsp, abgerufen am 07.12.2007.
[420] Vgl. http://www.kfw-mittelstandsbank.de/DE_Home/Gruenderzentrum/Planungsphase/Kalkulation_&_Finanzplanung/Kalkulationsschritte/Planungshilfe_Kalkulatorische_Kosten.jsp, abgerufen am 07.12.2007.

betrieblichen Ausgaben darstellt. Daneben enthält Anlage 8 einen Kostenplan, der die Gesamtkosten ausweist.

Personal Training ist eine Dienstleistung. Als Dienstleister verkauft der Personal Trainer seine Arbeitszeit. Für die weitere Kalkulation bedeutet dies: „Die gesamten Kosten des Unternehmens müssen auf die verkauften Zeiteinheiten verteilt werden, um die Selbstkosten der Dienstleistungsstunde zu erhalten."[421] Ausgehend hiervon ist folglich die Ermittlung der Leistungseinheiten, welche ein Personal Trainer im Jahr aufbringen kann, von Bedeutung. Bei der Beispielberechnung bin ich von drei Trainingseinheiten à 90 min pro Tag ausgegangen. Langfristig sollte kein Personal Trainer mehr Trainingseinheiten im Durchschnitt pro Tag anbieten, da das einerseits negative Folgen für seine Gesundheit nach sich ziehen kann, andererseits verliert er die notwendige Flexibilität, die einen wesentlichen Vorteil seiner Dienstleistung ausmacht. Darüber hinaus leidet auch die Qualität der Dienstleistungen. Kaum ein Trainer wird bei beispielsweise 35 Trainingseinheiten pro Woche noch entspannt und angemessen auf die Wünsche des einzelnen Klienten eingehen können. Natürlich arbeitet ein Personal Trainer aber nicht nur 4,5 Stunden pro Tag. Neben den hier berücksichtigten Zeiten habe ich auch die verdienstfreien Zeiten für Vor- und Nachbereitung jeder Trainingseinheit, Einkauf von Sportsachen oder organisatorische Angelegenheiten für den Klienten[422] einkalkuliert. Außerdem habe ich bei der Berechnung eine 75-prozentige Auslastung unterstellt. 100 Prozent Auslastung ist aus meiner Sicht unwahrscheinlich, da es immer Klienten geben wird, welche durch Urlaub, Krankheit oder sonstige Gründe verhindert sein werden. Die Kosten fallen aber dennoch an und müssen beglichen werden. Ausgehend von den bisherigen Teilberechnungen (vgl. Anlage 6 und 7) ergibt sich die in Abbildung 20 dargestellte Dienstleistungskalkulation. Die Zahlen sind, wie bereits erwähnt, fiktiv und müssen auf den Einzelfall entsprechend angepasst werden.

---

[421] Bleiber, 2006, Existenzgründung: Geschäftsidee – Finanzierung – Verträge auf CD, S. 105.
[422] Vgl. Neef, 2003, „Existenzgründung als Personal Trainer", S. 75.

Abbildung 20: Dienstleistungskalkulation für einen Personal Trainer

Dienstleistungskalkulation	
1. Gewinn-Ermittlung Benötigtes Netto-Einkommen Einkommensteuer + Solidaritätszuschlag **Gewinn-Ziel (Jahr)**	29.256,00 € 6.436,32 € **35.692,32 €**
2. Betriebliche Ausgaben (Jahr)	**17.776,00 €**
3. Plan-Umsatz (Jahr) (Gewinn-Ziel + Betriebliche Ausgaben)	**53.468,32 €**
4. Arbeitsstunden (Jahr) Tage im Jahr - Wochenenden (2 x 52 Tage) - Feiertage - Urlaubstage = Arbeitstage - Krankheitstage und Weiterbildung = **Anwesenheitstage** Abrechenbare Arbeitsstunden pro Tag Abrechenbare Arbeitsstunden pro Jahr Ist-Auslastung in Prozent (geschätzt) **Produktive Arbeitsstunden im Jahr**	365 104 10 14 237 14 **223** 4,5 1.004 75 **753**
5. Ergebnis **Kalkulatorischer Stundensatz netto** (Plan-Umsatz : Produktive Arbeitsstunden) + variable Kosten pro Stunde (1,00 Euro) + Gewinnaufschlag (zehn Prozent) + Rabatt (fünf Prozent)	**71,04 €** 72,04 € 79,25 € 83,21 €
Angebotspreis pro Stunde inkl. MwSt. (brutto)	**99,02 €**
Kalkulatorischer Tagessatz inkl. MwSt. (Angebotspreis x 4,5 Stunden)	**445,58 €**

Quelle: Eigene Berechnung in Anlehnung an
http://www.akademie.de/dateien/tipps/5382_Honorar-Rechner.xls,
abgerufen am 06.11.2007; Bleiber, Reinhard, 2006, S. 105.

Die Kalkulation zeigt, dass bei 75 Prozent Auslastung der Selbstkostenpreis bei 71,04 Euro netto liegt (Rundungsfehler aufgrund der Übertragung aus Excel). Die Berechnung beruht auf folgender Formel: **Ge-**

samtkosten (Plan-Umsatz) von 53.468,32 Euro : Produktive Arbeitsstunden im Jahr (753 Std. = 75 %) = Kalkulatorischer Netto-Stundensatz 71,04 Euro. Zu diesem ermittelten Betrag werden im Weiteren Gewinn, Rabatt sowie die Mehrwertsteuer aufgeschlagen.[423] Aufgrund der Tatsache, dass die variablen Kosten abhängig von den geleisteten Stunden anfallen, müssen auch diese noch berücksichtigt werden. Im Beispiel habe ich 1,00 Euro pro Trainingsstunde zusätzlich berechnet. Folglich ergibt sich ein Angebotspreis von 99,02 Euro brutto pro Stunde. Bei Trainingseinheiten von 90 Minuten sind dies 148,53 Euro brutto. Dieser Preis erscheint auf den ersten Blick für eine Stunde Personal Training sehr hoch. Unter Beachtung der verdienstfreien Zeiten relativiert er sich aber. Ein weiterer wichtiger Punkt innerhalb der Kalkulation sind die Fahrzeiten. Neef empfiehlt diesbezüglich Folgendes: „Ein möglicher Anhaltspunkt könnte sein, bei einem Fahraufwand von mehr als 15 km pro Fahrt und/oder mehr als 20 Minuten eine Fahrkostenpauschale zu vereinbaren. Branchenüblich lässt sich feststellen, dass ein möglicher Betrag zwischen 0,40 € bis 0,50 € pro Kilometer liegt."[424] Im vorliegenden Beispiel habe ich einen Teil in die Fixkosten mit eingeplant.

Ausgehend von dem errechneten Kostenpreis (71,04 Euro) muss der Trainer im nächsten Schritt den Marktpreis analysieren. Das bedeutet, er muss herausfinden, welchen Preis andere Personal Trainer im gleichen Umfeld berechnen und wie viele Kunden bereit sind, diesen oder einen höheren Preis zu zahlen. Wie bereits unter Gliederungspunkt 4.3 erwähnt, herrscht innerhalb der Branche kein einheitliches Preisniveau. Die Stundenhonorare liegen nach Aussagen von Kieß zwischen 20 Euro brutto und gehen bis 150 Euro netto pro 60 min Personal Training.[425] Diese große Preisspanne lässt erhebliche qualitative Unterschiede vermuten. Um einen objektiven Marktpreis zu bestimmen, sollte sich der Personal Trainer an den Aussagen seriöser Institutionen der Branche orientieren. Die Preisangaben des PREMIUM Personal Trainer Clubs beispielsweise liegen bei 70 bis 150 Euro pro Stunde[426] und auch der Bundesverband Deutscher Personal Trainer e. V. spricht von einer

---

[423] Vgl. Bleiber, 2006, Existenzgründung: Geschäftsidee – Finanzierung – Verträge auf CD, S. 105.
[424] Neef, 2003, „Existenzgründung als Personal Trainer", S. 76.
[425] Kieß, 3/2007, „Beruf mit Zukunft: Personal Trainer: Die richtige Positionierung im Markt", S. 29.
[426] Vgl. http://www.premium-personal-trainer.de/was-ist-personal-training.asp, abgerufen am 06.11.2007.

Preisspanne in Höhe von 50 bis 100 Euro pro Stunde.[427] An dieser Stelle möchte ich noch eine Bemerkung von Freese (Vorsitzender des Bundesverbandes) anbringen. Er meint: „Vom betriebswirtschaftlichen Standpunkt aus ist es meiner Ansicht nach nicht ratsam, Personal Training unter 70 Euro die Stunde anzubieten. Unter diesem Satz laufen Sie Gefahr, geradewegs auf eine Kümmerexistenz hinzusteuern."[428] Abschließend zur Thematik Preiskalkulation kann festgehalten werden, dass der von mir ermittelte Honorarsatz unter Berücksichtigung des analysierten Marktpreises angemessen erscheint, vorausgesetzt, das Dienstleistungsangebot des Trainers weist eine ausreichende Qualität auf. Aus meiner Sicht sollte der Trainer im vorliegenden Beispiel 85 Euro netto als Einstiegspreis ansetzen und folglich eine Hochpreisstrategie verfolgen. Dieses Vorgehen bietet ihm die Möglichkeit, sich von Billiganbietern der Branche abzugrenzen. Darüber hinaus suggeriert es den Klienten ein exklusives Dienstleistungsangebot. Grundsätzlich ist davon auszugehen, dass bei einem stimmigen und transparenten Dienstleistungsangebot das anvisierte Klientel gerne bereit ist, für einen höheren Nutzen einen höheren Stundensatz zu zahlen.[429] Aufgrund der Tatsache, dass die Preiskalkulation ein Teilbereich des Marketing-Mixes ist, möchte ich an dieser Stelle ebenfalls noch auf die Möglichkeiten der Preisdifferenzierung hinweisen. „Preisdifferenzierung ist gegeben, wenn für gleiche Güter oder Leistungen verschiedene Preise verlangt werden."[430] Eine Preisdifferenzierung funktioniert dabei aber nur unter bestimmten Voraussetzungen. „Wichtigste Voraussetzung ... ist die klare Abgrenzung von Teilmärkten, von denen die Nachfrager nicht ohne weiteres auf andere Teilmärkte ausweichen können. Ferner muß eine Marktmacht des Unternehmens gegeben sein, diese Preisdifferenzierung auch durchzusetzen."[431] Möglichkeiten für Preisdifferenzierungen im Personal Training sind zum Beispiel:

- zeitlich: höhere Preise für Trainingseinheiten zu den am stärksten frequentierten Zeiten. Bei der Zielgruppe Manager z. B. morgens und abends. Um auch Klienten in den Mittagszeiten zu bekommen, bietet der Trainer diese Stunden etwas günstiger an.
- räumlich: unterschiedliche Preise je nach Fahrtzeit.

---

[427] Vgl. Was ist PT?, http://www.bdpt.org/, abgerufen am 06.11.2007.
[428] Freese, 2006, Start-up Personal Training: Einstieg und Aufstieg, S. 54.
[429] Vgl. Schwall, Huber, 2003, „Sportanlagenmarketing", S. 49.
[430] Freyer, 1990, Handbuch des Sportmarketing, S. 267.
[431] Freyer, 1990, Handbuch des Sportmarketing, S. 267.

- mengenmäßig: Preisnachlässe bei 10er-Karten oder wenn mehrere Mitglieder einer Familie trainieren.[432]

Ausgehend von diesen Möglichkeiten ist im Personal Training die Differenzierung in Form von 10er-Karten am verbreitetsten, wobei Freese dieses für sich ablehnt. Für ihn signalisiert eine 10er-Karte einen Anfang und ein Ende. Er hingegen ist an einer lang anhaltenden Gesundheitsberatung im Sinne des Klienten interessiert.[433]

10.2 Kapitalbedarfsplanung

Im Rahmen der Kapitalbedarfsplanung geht es um die Frage: „Wie hoch ist der Kapital- bzw. Finanzierungsbedarf, um das Investitionsvorhaben umsetzen zu können?"[434] Die Ermittlung dieser Planungsgröße ist für einen Personal Trainer daher so bedeutsam, weil die Startphase einerseits länger andauern kann als geplant und andererseits unerwartete Kostensteigerungen auftreten können. Beide Fälle gefährden die Liquidität des Personal Trainers. Mit Hilfe einer ordentlich durchgeführten Kapitalbedarfsplanung kann dieses Risiko der Zahlungsunfähigkeit sowie das der Überschuldung jedoch enorm reduziert werden.[435] Wie aber gestaltet sich nun der Kapitalbedarf eines Personal Trainers? Hierzu kann Folgendes gesagt werden. Der Kapitalbedarf wird ermittelt, indem alle Anschaffungs- und Gründungskosten aufgestellt werden.[436] Dazu gehören zunächst einmal die Investitionen. Investition meint: „... größere einmalige Anschaffungen, die typischerweise bei der Gründung oder später als Erweiterungs- oder Ersatzinvestitionen getätigt werden."[437] Die durch Investitionen angeschafften Vermögensgegenstände lassen sich differenzieren in Anlagevermögen und Umlaufvermögen. Das Anlagevermögen sind „sämtliche langfristig im Unternehmen gebundenen Vermögenswerte, die nicht zur Veräußerung bestimmt sind, sondern dauerhaft zur Leistungserstellung im Unternehmen genutzt werden."[438] Zum Anlage-

---

[432] Vgl. Freyer, 1990, Handbuch des Sportmarketing, S. 267.
[433] Vgl. Freese, 2006, Start-up Personal Training: Einstieg und Aufstieg, S. 54.
[434] Neef, 2003, „Existenzgründung als Personal Trainer", S. 70.
[435] Vgl. Neef, 2003, „Existenzgründung als Personal Trainer", S. 70.
[436] Vgl. http://www.gruender-mv.de/service/schritte/popup/Unternehmensplanung/4_1_Kapitalbedarf.html, abgerufen am 14.11.2007.
[437] Lutz, 2006, Businessplan für Gründungszuschuss-, Einstiegsgeld- und andere Existenzgründer, S. 160.
[438] BMWi, 2007, Starthilfe: Der erfolgreiche Weg in die Selbstständigkeit, S. 124.

vermögen gehören: Gebäude, Maschinen, Fahrzeuge, Betriebs- und Geschäftsausstattung, Lizenzen.[439] Die zweite Position bildet das Umlaufvermögen. Hierbei handelt es sich um Vermögen, welches direkt für die Betriebsbereitschaft des Unternehmens erforderlich ist.[440] Dazu zählen: Materiallager, Warenlager, Kassenbestand und Guthaben.[441] Neben den Investitionen gehören auch folgende Positionen in den Kapitalbedarf:

- „Sämtliche Betriebskosten für die Startphase von ca. 3 Monaten (Personal, Kredite, Lieferantenrechnungen, ...)
- Gründungskosten (Beratung, Notar, Werbung, Gebühren, Maklercourtage, ...)
- Liquiditätsreserve (nicht geplante Anschaffungen, längere Anlaufphase, erhöhte Werbung, schlechte Zahlungsmoral)
- Lebenshaltungskosten (ggf. bis 6 Monate, je nach Vorlauf)."[442]

Die nachfolgende Übersicht zeigt beispielhaft, mit welchem Gesamtfinanzierungsbedarf ein Personal Trainer rechnen muss. Die Werte bezüglich des Investitionsbedarfes beruhen weitgehend auf den Annahmen von Neef, wobei ich gegebenenfalls preisliche Anpassungen vorgenommen habe. Es ist grundsätzlich davon auszugehen, dass diese aufgezeigten Investitionskosten ausreichen. Darüber hinaus sind in der Berechnung Betriebskosten und Lebenshaltungskosten für drei Monate sowie eine Sicherheitsreserve berücksichtigt (vgl. hierzu Anlage 6 und 7).

---

[439] Vgl. http://www.gruender-mv.de/service/schritte/popup/Unternehmensplanung/4_1_Kapitalbedarf.html, abgerufen am 14.11.2007.
[440] Vgl. Rasner, Füser, Faix, 1997, Das Existenzgründer Buch: Von der Geschäftsidee zum sicheren Geschäftserfolg, S. 219.
[441] Vgl. http://www.gruender-mv.de/service/schritte/popup/Unternehmensplanung/4_1_Kapitalbedarf.html, abgerufen am 14.11.2007.
[442] http://www.gruender-mv.de/service/schritte/popup/Unternehmensplanung/4_1_Kapitalbedarf.html, abgerufen am 14.11.2007.

Abbildung 21: Kapitalbedarfsplan

Investitionsplan		
1. Gründungskosten		**680,00 €**
Gewerbeanmeldung	-	
Eintragung ins Handelsregister zzgl. Notarkosten	-	
Existenzgründungsberatung	500,00 €	
Fachkundige Stellungnahme	180,00 €	
2. Büro/Laden	-	-
3. Fahrzeug (z. B. Leasing-Sonderzahlung)	-	-
4. Neuanschaffung (oder vorhanden/gebraucht)		**2.320,00 €**
Sportliche Grundausstattung		
Herzfrequenzmesser mit Interface	400,00 €	
Waage mit Fettmessung	120,00 €	
Blutdruckmessgerät	50,00 €	
Gymnastikmatten (2 Stück)	120,00 €	
Trainingsgeräte (Kurzhanteln, Theraband inkl. Griffe)	90,00 €	
Lagerungshilfen (Lordosekissen)	25,00 €	
Walking-Stöcker (2 Paar)	150,00 €	
Therapiekreisel	25,00 €	
Sportbekleidung	500,00 €	
Zusatzausstattung (optional)		
Massagebank (klappbar)	-	425,00 €
Fahrrad/Mountainbike	-	750,00 €
Inline-Skates mit Protektoren	-	250,00 €
Tennis-, Badmintonschläger	-	200,00 €
Bauchtrainer	-	125,00 €
Schwimmequipment	-	25,00 €
Aqua-Jogging-Gürtel	-	25,00 €
Pezzi-Ball	-	18,00 €
Langhantel	-	75,00 €
Bürobedarf		
Laptop (24 Monate alt, Neupreis: 1.080 €)	360,00 €	
Drucker All in One (Drucker mit Kopierer, Fax & Scanner)	180,00 €	
Software	300,00 €	
5. Einmalige Marketingausgaben		**2.250,00 €**
Erstausstattung Geschäftsunterlagen (Visitenkarten, Briefpapier, Website)	1.500,00 €	
Internetwerbekosten/Eröffnungswerbung	750,00 €	
Zwischensumme (1 + 2 + 3 + 4 + 5)		**5.250,00 €**

Davon nicht ausgabewirksam, da bereits vorhanden	360,00 €	
Davon ausgabewirksam	4.890,00 €	
6. Sicherheitsreserve (ca. zehn Prozent)		525,00 €
Investitionsbedarf (1 + 2 + 3 + 4 + 5 + 6)		**5.775,00 €**
7. Betriebsmittel zur Anlauffinanzierung/Liquiditätsreserve (1.353 € monatliche Betriebsausgaben x 3 Monate)		4.059,00 €
8. Lebenshaltungskosten (reduziert) für 3 Monate (2.023 € monatliche Lebenshaltungskosten x 3 Monate)		6.069,00 €
Gesamtkapitalbedarf (1 + 2 + 3 + 4 + 5 + 6 + 7 + 8)		**15.903,00 €**

Quelle: Eigene Berechnung in Anlehnung an Neef (2003): „Existenzgründung als Personal Trainer", S. 71-72; Lutz (2006): Businessplan für Gründungszuschuss-, Einstiegsgeld- und andere Existenzgründer, S. 170.

Entsprechend der Beispielrechnung ergibt sich ein Gesamtkapitalbedarf von rund 16.000 Euro. Der größte Teil dieser Summe entfällt auf die privaten Lebenshaltungskosten, die im ersten Jahr monatlich in Höhe von 2.023 Euro angesetzt wurden. Dieser Betrag ist gegenüber dem normal kalkulierten Unternehmerlohn reduziert. Einsparungen wurden zum Beispiel bei Positionen wie Urlaub, Spenden und der Altersvorsorge getroffen. Es besteht eventuell in den ersten Monaten noch weiteres Einsparungspotenzial. In den Folgejahren muss dieser Wert entsprechend höher kalkuliert werden. Darüber hinaus sind aus meiner Sicht drei Monate ausreichend, da ich davon ausgehe, dass der Trainer im zweiten Monat bereits Einnahmen erzielt und somit, die Rechnungsstellung jeweils zum Monatsende vorausgesetzt, im dritten Monat das erste Geld von Klienten erhält. Bedingungen sind hier natürlich immer die richtigen Marketingmaßnahmen, um entsprechende Klienten zu bekommen sowie eine gute Zahlungsmoral, welche aber bei der angesprochenen Zielgruppe vorausgesetzt werden kann. Da es sich dennoch um überschaubare Gründungskosten handelt, gehe ich mit der Meinung von Neef konform, dass die finanziellen Schwierigkeiten für das gesamte Gründungsprojekt als zweitrangig eingestuft werden können.[443]

---

[443] Vgl. Neef, 2003, „Existenzgründung als Personal Trainer", S. 73.

10.3 Rentabilitätsvorschau

Im Weiteren gilt es, eine Rentabilitätsvorschau aufzustellen. Diese zeigt dem Personal Trainer und anderen Interessierten, ob das Gründungsvorhaben auf Dauer tragfähig ist, d. h. ob er also nach einer gewissen Anlaufphase seinen Lebensunterhalt aus dem erwirtschafteten Gewinn decken kann. Der Planungszeitraum hierfür sollte mindestens die ersten drei Geschäftsjahre umfassen.[444] Dazu ist es notwendig, die möglichen Umsätze und Kosten zu planen. Einen ersten Ansatzpunkt dafür habe ich bereits in der vorherigen Preiskalkulation gegeben. Die dort aufgeführte Umsatzberechnung basiert auf der Grundlage der ermittelten Kosten, die der Personal Trainer decken muss. Aus der Summe der Gesamtkosten dividiert durch die Anzahl an möglichen Trainingseinheiten und unter Berücksichtigung einer 75-prozentigen Auslastung, habe ich letztlich einen Nettoangebotspreis von 85 Euro pro Stunde angesetzt. Jetzt gilt es, die Umsatz- und Rentabilitätsplanung aus einer anderen Perspektive zu ermitteln. Diese Planung basiert auf dem tatsächlich erwarteten Umsatz, von dem dann sämtliche anfallenden Kosten abgezogen werden. Das daraus resultierende Ergebnis stellt den Gewinn vor Steuern dar und ist das Gegenstück zum kalkulatorischen Unternehmerlohn.[445]

Wie aber kommt man nun zu dem notwendigen Zahlenmaterial. Während die Kosten bereits im Rahmen der Preiskalkulation ermittelt wurden und die Erhebung relativ unkompliziert ist, da man sich für die jeweiligen Positionen Kostenvoranschläge etc. beschaffen kann, ist die Kalkulation der zu erwartenden Umsätze regelmäßig komplizierter. Der Trainer kann die Umsätze, anders als die Kosten, nicht direkt beeinflussen. An dieser Stelle werden einige grundlegende Fragen aus dem Marketingbereich interessant: Stimmen Dienstleistungsangebot, Produkt, Preis, Vertrieb, Werbung tatsächlich überein? Wurden alle Wettbewerber analysiert? Wie werden diese reagieren? Ist die Zielgruppe wirklich richtig segmentiert und entsprechend bereit, so viel Geld für eine Trainingseinheit auszugeben?[446] Eine realistische Umsatzplanung setzt folglich eine ausführliche Marktanalyse, wie ich sie in Abschnitt 7.3 dargestellt habe, voraus. Entsprechend den dort ge-

---

[444] Vgl. BMWi, 2007, Starthilfe: Der erfolgreiche Weg in die Selbstständigkeit, S. 45.
[445] Vgl. Lutz, 2006, Businessplan für Gründungszuschuss-, Einstiegsgeld- und andere Existenzgründer, S. 185.
[446] Vgl. http://www.gruender-mv.de/service/schritte/12/index.html, abgerufen am 09.12.2007.

wonnenen Daten muss der Trainer versuchen, möglichst genau einzuschätzen, wie viele Trainingseinheiten er im Monat absetzen kann und wie viele Klienten er dafür benötigt. Um dieses zu berechnen, müssen verschiedene Annahmen getroffen werden. In meinem Beispiel (vgl. Anlage 9) gehe ich davon aus, dass ein Klient zweimal pro Woche trainiert. Eine Trainingseinheit dauert 90 Minuten. Der Stundensatz liegt bei 85 Euro netto. Ferner gehe ich von einer maximal Auslastungskapazität von 1004 Stunden im Jahr aus. Das entspricht ca. 670 Trainingseinheiten im Jahr, ca. 56 Trainingseinheiten im Monat und 14 Trainingseinheiten in der Woche. Grundsätzlich würde dies bedeuten, dass der Trainer sieben Klienten à zwei Trainingseinheiten pro Woche benötigt. Folglich ergibt sich ein Maximalumsatz von 7.140 Euro/Monat und 85.680 Euro/Jahr. Hier zeigt sich, dass man mit Personal Training bei maximaler Auslastung zwar einen guten, aber nur begrenzten Umsatz erwirtschaften kann, da nur ein begrenztes Kontingent an Trainingseinheiten pro Tag möglich ist. Im Weiteren bin ich dann wie bei der Preiskalkulation von einer 75-prozentigen Auslastung ausgegangen. Das entspricht 502 Trainingseinheiten im Jahr, ca. 42 Trainingseinheiten im Monat und ca. elf Trainingseinheiten in der Woche. Ausgehend davon benötigt der Trainer dann 5,5 Klienten, also sechs Klienten. Damit wäre bei sechs Klienten mit zwei Trainingseinheiten à 90 Minuten pro Woche ein Umsatz von 6.120 Euro/Monat und 73.440 Euro/Jahr realisierbar. Aber auch hier kann kein Trainer davon ausgehen, dass alle seine Klienten regelmäßig trainieren. Deshalb wird zwar grundsätzlich davon ausgegangen, dass alle Klienten acht Trainingseinheiten im Monat à 90 Minuten buchen, aber ich unterstelle gleichzeitig, dass nur 75 Prozent der Trainingseinheiten tatsächlich stattfinden. Im Dezember habe ich aufgrund der Feiertage sogar noch weniger Stunden angesetzt. Ferner muss im Rahmen der Existenzgründung eine gewisse Anlaufzeit für die Klientenakquise einkalkuliert werden. Im Beispiel gehe ich davon aus, dass der Trainer im zweiten Monat den ersten Klienten hat und dann in kontinuierlichen Abständen weitere Klienten akquiriert. Ab dem zehnten Monat trainiert der Trainer mit sechs Klienten und erreicht einen Jahresumsatz von 32.513 Euro im ersten Jahr. Dieser prognostizierte Umsatz fließt im Folgenden in die Rentabilitätsrechnung ein und wird dort den Ausgaben gegenübergestellt (vgl. Anlage 10). An diesem Planschritt zeigt sich, ob die vermuteten Einnahmen die Ausgaben decken. Der Gewinn muss mindestens so hoch sein, dass der Trainer daraus seine Lebenshaltungskosten bestreiten kann. Ist dies nicht möglich, muss versucht werden, in realistischer Weise Einsparungen vorzunehmen.[447] Im vorliegenden Beispiel erreicht der Trainer im dritten Monat die betriebliche Fixkostendeckung und kann ab dem achten Monat auch die verringerten Lebenshaltungskosten aus seinen Umsätzen finanzieren. Im zweiten Jahr sieht die Umsatzentwicklung positiver aus, da der Trainer hier bereits mit seinem Klientenstamm beginnt. Auf die Darstellung weiterer Jahre wurde verzichtet.

10.4 Liquiditätsplanung

Im Anschluss an die Rentabilitätsplanung folgt die Liquiditätsplanung. Sie stellt neben der Umsatzprognose einen der wichtigsten Planungspunkte im Rahmen des Zahlenwerkes eines Businessplanes dar.[448] Was aber genau bedeutet Liquidität und welche Auswirkungen hat das Ergebnis dieser Planung für den Personal Trainer? Hierzu kann Folgendes gesagt werden: „Liquidität bedeutet: ‚die Fähigkeit eines Unternehmens, seinen Zahlungsverpflichtungen fristgerecht nachzukommen.' Dabei spielt der Faktor Zeit eine besondere Rolle. Zahlungsfähigkeit bezieht sich nämlich immer auf einen konkreten Zahlungs**zeitpunkt**. Deshalb müssen Sie die zu erwartenden Geldströme - jeweils geordnet nach den Zahlungsterminen - planen und überwachen."[449] Hofert ergänzt diese Äußerungen und sagt: „Ein Liquiditätsplan sagt aus, welche Geldmittel Ihnen kurz- und mittelfristig zur Verfügung stehen und zu welchen Zeitpunkten Sie auf (weitere) Kredite zurückgreifen müssen."[450]

Ausgehend von diesen beiden Definitionen erklärt sich die Bedeutsamkeit der Liquiditätsplanung für den Trainer. Eine positive Rentabilitätsentwicklung allein ist noch kein Garant für den Erfolg des Gründungsvorhabens. Der Trainer muss außerdem in der Lage sein, seine anstehenden Zahlungen pünktlich zu leisten. Kann er dies nicht, droht

---

[447] Vgl. http://www.kfw-mittelstands-bank.de/DE_Home/Gruenderzentrum/Planungsphase/Kalkulation_%26_Fin anzplanung/Finanzplan-Bausteine/Rentabilitaetsplanung.jsp, abgerufen am 09.12.2007.
[448] Vgl. Lutz, 2006, Businessplan für Gründungszuschuss-, Einstiegsgeld- und andere Existenzgründer, S. 189-190.
[449] Falk [u. a.], 2006, Selbstständig und erfolgreich sein: Der neue Leitfaden für Existenzgründer, S. 51.
[450] Hofert, 2007, Praxisbuch Existenzgründung: Erfolgreich selbständig werden und bleiben, S. 256.

gegebenenfalls Insolvenz. Um dem vorzubeugen, muss der Trainer vorausschauend denken und planen. Die Erstellung eines Liquiditätsplanes ist daher unabdingbar. Unter Berücksichtigung der tatsächlich anfallenden Ein- und Auszahlungen ermöglicht sie dem Trainer einen Überblick darüber, wie viel Geld am Monatsende auf dem Konto sein wird. Außerdem zeigt diese Planung, ob gegebenenfalls weitere Finanzierungsmittel für anstehende Zahlung benötigt werden. Um meine Aussagen zu verdeutlichen, habe ich in Anlage 11 ein Beispiel für eine Liquiditätsplanung angehängt. Die Darstellung basiert auf den bisher ermittelten Daten und berücksichtigt nun die konkreten Zahlungsein- und -ausgänge. Im Gegensatz zur Rentabilitätsplanung werden in der Liquiditätsplanung auch die Investitionskosten, Darlehensauszahlungen, Privateinlagen, Zahlungsvorgänge von Umsatzsteuer und Vorsteuer sowie der kalkulatorische Unternehmerlohn (Privatentnahme) berücksichtigt. Die Aufzählung ist nicht abschießend. Um ein realistisches Bild über den Finanzierungsengpass zu erhalten, ist es sinnvoll, zunächst keine Privateinlage einzukalkulieren. Ausgehend davon zeigt sich dann eine Entwicklung, die nach Lutz gewöhnlich in drei Phasen verläuft.[451] In der Anfangsphase ist das Ergebnis stark negativ. Im Beispiel beträgt es -10.032 Euro ohne Privateinlage. Dieser hohe Minusbetrag beruht auf der Tatsache, dass der Trainer noch keinen Klienten und somit auch noch keine Zahlungseingänge hat. Diese sind erst mit einer zeitlichen Verzögerung im dritten Monat zu erwarten. Unabhängig davon muss der Trainer aber bereits im ersten Gründungsmonat die Anfangsinvestitionen, die laufenden Fixkosten sowie die Privatentnahmen für den Lebensunterhalt entnehmen. Die Entwicklung der nächsten Monate stellt die zweite Phase dar. Hier entfallen zwar die einmaligen Ausgaben, allerdings steigen die Umsätze nur langsam, so dass die fixen Auszahlungen noch höher sind als die monatlichen Einzahlungen. Das Ergebnis ist folglich immer noch negativ, wobei sich der Differenzbetrag fortwährend verkleinert. Betrachtet man jetzt zusätzlich die Liquidität, dann zeigt sich innerhalb dieser Phase eine auffallende Verschlechterung der Zahlungsfähigkeit, die ihren Höhepunkt mit einer Unterdeckung von -18.795 Euro im sechsten Monat hat. Hieran anschließend folgt die dritte Phase. Sie beginnt im siebten Monat. Der Trainer erwirtschaftet ab diesem Zeitpunkt einen Gewinn, der ihm die Verringerung des negativen Liquiditätssaldos ermöglicht. Auf der

---

[451] Vgl. Lutz, 2006, Businessplan für Gründungszuschuss-, Einstiegsgeld- und andere Existenzgründer, S. 194-195.

Grundlage dieser Darstellung ist es nun möglich, den Finanzierungsbedarf für das Vorhaben abzuleiten. Der Finanzierungsbedarf ergibt sich aus dem höchsten Fehlbetrag, der wie schon gesagt am Ende der zweiten Phase im Feld „Finanzmittel am Monatsende" aufgezeigt wird. Diesen Betrag gilt es nun zu decken, um die Liquidität im gesamten Zahlungszeitraum zu garantieren.[452] In meinem Beispiel habe ich zunächst auf den einfachsten Fall zurückgegriffen und unterstellt, dass der Gründer dort eine Einlage von 20.000 Euro tätigt. Weitere Möglichkeiten werden im nächsten Abschnitt dargelegt.

10.5 Finanzierung und Finanzierungsquellen

Nachdem die Frage nach den benötigten finanziellen Mittel beantwortet ist, gilt es im Weiteren zu klären, wie dieser Kapitalbedarf gedeckt werden soll. Im Allgemeinen hat der Existenzgründer dabei zwei Finanzierungsmöglichkeiten: das Eigenkapital und das Fremdkapital.[453] Mit Blick auf das Eigenkapital sollte sich der Personal Trainer über Folgendes bewusst sein: „Je mehr Eigenkapital Sie haben, desto besser:

- als Sicherheits- und Risikopolster, um finanzielle Engpässe zu vermeiden, die zur Insolvenz führen können;

- als Zeichen für Ihre Kreditwürdigkeit gegenüber Geldgebern. Denn wer bereit ist, auch eigenes Geld zu riskieren, erweckt mehr Vertrauen bei Kreditgebern."[454]

Grundsätzlich gilt darüber hinaus, dass das Eigenkapital mindestens 15 Prozent[455], besser 20 Prozent[456] vom Gesamtkapital betragen sollte. Zum Eigenkapital zählen zum Beispiel Privat- oder auch Sacheinlagen.[457] Da nicht grundsätzlich davon auszugehen ist, dass der Personal Trainer den gesamten Kapitalbedarf aus eigenen Mitteln finanzieren kann, wird die zweite Möglichkeit, die Fremdfinanzierung, interessant. Hierbei sind laut Neef folgende Alternativen gegeben:

- „Darlehen von nahen Angehörigen

---

[452] Vgl. Lutz, 2006, Businessplan für Gründungszuschuss-, Einstiegsgeld- und andere Existenzgründer, S. 194-196.
[453] Vgl. BMWi, 2007, Starthilfe: Der erfolgreiche Weg in die Selbstständigkeit, S. 49.
[454] BMWi, 2007, Starthilfe: Der erfolgreiche Weg in die Selbstständigkeit, S. 49.
[455] Vgl. Falk [u. a.], 2006, Selbstständig und erfolgreich sein: Der neue Leitfaden für Existenzgründer, S. 43.
[456] Vgl. BMWi, 2007, Starthilfe: Der erfolgreiche Weg in die Selbstständigkeit, S. 49.
[457] Vgl. Lutz, 2006, Businessplan für Gründungszuschuss-, Einstiegsgeld- und andere Existenzgründer, S. 197.

- Darlehen aus öffentl. Förderprogrammen für Gründer
- Lang-/und mittelfristige Investitionskredite Ihrer Bank
- Leasing von einzelnen Wirtschaftsgütern
- Kontokorrentkredite."[458]

Ausgehend von den aufgezeigten Möglichkeiten möchte ich noch auf einen wichtigen Anhaltspunkt von Lutz hinweisen. Er sagt: „Die Finanzierungsmittel müssen in ihrer Höhe, aber auch in ihrer Fristigkeit zum Bedarf ‚passen'."[459]

Angesichts der Tatsache, dass die Finanzierung eines Gründungsvorhabens ein wirklich brisantes Thema darstellt und individuell auf den Einzelfall abgestimmt werden muss, kann innerhalb dieser Arbeit nicht umfassend auf alle Möglichkeiten eingegangen werden. In jedem Fall sollte sich ein Personal Trainer diesbezüglich einer guten Beratung unterziehen. Außerdem sollte unbedingt geprüft werden, ob gegebenenfalls öffentliche Fördermittel in Anspruch genommen werden können. Hier steht zum Beispiel das Mikro-Darlehen der KfW Bank in Höhe von 25.000 Euro zur Disposition.[460] Dabei gilt es unbedingt zu beachten, dass Fördermittel nur vor der Existenzgründung beantragt werden können[461] und dass zum Beispiel auf die Förderprogramme der KfW Mittelstandsbank kein Rechtsanspruch besteht.[462] Sowohl für die Beantragung eines Kredites[463] als auch für die Beantragung von Fördermitteln (des Bundes oder der Länder)[464] ist die Hausbank des Trainers oder die Bank, bei der er zukünftig seine Konten führen möchte, Ansprechpartner.

Vervollständigend zum Thema „Finanzierung und Finanzierungsquellen" möchte ich noch auf die Möglichkeiten des Gründungszuschusses und des Einstiegsgeldes verweisen. Gerade mit Blick auf die Tatsache, dass fast 50 Prozent aller Gründungen aus der Arbeitslosigkeit ge-

---

[458] Neef, 2003, „Existenzgründung als Personal Trainer", S. 73.
[459] Lutz, 2006, Businessplan für Gründungszuschuss-, Einstiegsgeld- und andere Existenzgründer, S. 197.
[460] Vgl. Falk [u. a.], 2006, Selbstständig und erfolgreich sein: Der neue Leitfaden für Existenzgründer, S. 47.
[461] Vgl. BMWi, 2007, Starthilfe: Der erfolgreiche Weg in die Selbstständigkeit, S. 54.
[462] Vgl. Hofert, 2007, Praxisbuch Existenzgründung: Erfolgreich selbständig werden und bleiben, S. 268.
[463] Vgl. BMWi, 2007, Starthilfe: Der erfolgreiche Weg in die Selbstständigkeit, S. 50.
[464] Vgl. BMWi, 2007, Starthilfe: Der erfolgreiche Weg in die Selbstständigkeit, S. 54.

schehen[465], werden diese beiden staatlichen Fördermaßnahmen interessant. Worum es sich im Einzelnen bei diesen Leistungen handelt, in welcher Höhe sie gewährt werden und wer Anspruchsberechtigt ist, kann an dieser Stelle den einschlägigen Gesetzestexten entnommen werden. Im Weiteren werde ich nur die wichtigsten Erklärungen anführen.

Rechtsgrundlage für den Gründungszuschuss bilden die § 57 und § 58 SGB III. Diese Leistung richtet sich an Existenzgründer mit Arbeitslosengeld-I-Anspruch.[466] Hinweisend hierzu sei erwähnt, dass die Bezuschussung in zwei Phasen verläuft. Während der ersten neun Monate erhält der Anspruchsberechtigte gemäß § 58 Abs. 1 SGB III 300 Euro zuzüglich seines zuletzt bezogenen Arbeitslosengeldes.[467] Diese Leistung ist eine Mussleistung, der Antragsteller hat einen Rechtsanspruch darauf, sofern alle Voraussetzungen erfüllt sind. Darüber hinaus besteht die Möglichkeit, für weitere sechs Monate eine Verlängerung zu beantragen, die dann ausschließlich in Höhe von 300 Euro gezahlt wird. Dies ist eine Kannleistung. Die Gewährung dieser zweiten Phase liegt im Ermessen der Agentur für Arbeit.[468]

Die zweite Förderungsmöglichkeit, das Einstiegsgeld, regelt sich nach § 16 Abs. 2 S. 2 Nr. 5 SGB II i.V.m. § 29 SGB II. Hierbei handelt es sich in jedem Fall um eine Kannleistung. Es besteht kein Rechtsanspruch. Diese Fördermaßnahme richtet sich an Arbeitslosengeld-II-Empfänger, genauer gesagt an: „Erwerbsfähige Hilfebedürftige, die arbeitslos sind und eine sozialversicherungspflichtige oder selbständige Erwerbstätigkeit aufnehmen".[469] Es wird für maximal 24 Monate gewährt, wobei in der Praxis kürzere Gewährungszeiten, vornehmlich sechs bis zwölf Monate, gezahlt werden.[470] Im Weiteren gilt: „Das Einstiegsgeld beträgt für den erwerbsfähigen Hilfebedürftigen selbst im Regelfall 50

---

[465] Vgl. BMWi, Juni 2007, „Existenzgründung in Deutschland", Nr. 1, S. 2.
[466] Vgl. Lutz, 2006, Businessplan für Gründungszuschuss-, Einstiegsgeld- und andere Existenzgründer, S. 9.
[467] Vgl. http://www.gesetze-im-internet.de/sgb_3/__58.html, abgerufen am 30.12.2007.
[468] Vgl. http://www.gesetze-im-internet.de/sgb_3/__58.html, abgerufen am 30.12.2007; Vgl. Hofert, 2007, Praxisbuch Existenzgründung: Erfolgreich selbständig werden und bleiben, S. 279.
[469] http://www.arbeitsagentur.de/zentraler-Content/Veroeffentlichungen/SGB-II/was-wieviel-wer-2006-Leistungen-AN.pdf, abgerufen am 29.12.2007.
[470] Vgl. Lutz, 2006, Businessplan für Gründungszuschuss-, Einstiegsgeld- und andere Existenzgründer, S. 13.

Prozent der Regelleistung von 347 EUR (ab 01.07.2007). In besonderen Fällen können bis zu 100 Prozent bewilligt werden. Das Einstiegsgeld soll sich für jedes zusätzliche Mitglied der Bedarfsgemeinschaft um jeweils 10 Prozent der Regelleistung erhöhen".[471] Im Übrigen wird das Einstiegsgeld zusätzlich zur bisherigen Regelleistung und den Kosten für Unterkunft gezahlt.[472]

Abschließend zu beiden Fördermaßnahmen sei noch angemerkt, dass der Gründer unbedingt vor Aufnahme der Tätigkeit die Anträge bei der zuständigen Stelle abholen muss, da andernfalls keine Förderung mehr möglich ist.[473] Für den Gründungszuschuss ist dabei die örtliche Bundesagentur für Arbeit Ansprechpartner und für den Antrag auf Einstiegsgeld ist die örtliche ARGE (Arbeitsgemeinschaften) zuständig.[474] Der Gründer erfährt bei diesen Stellen ebenfalls, welche Unterlagen notwendigerweise eingereicht werden müssen.

---

[471] http://www.arbeitsagentur.de/zentraler-Content/Veroeffentlichungen/SGB-II/was-wieviel-wer-2006-Leistungen-AN.pdf, abgerufen am 29.12.007.
[472] Vgl. Nickel, 2007, Der Gründungszuschuss: Tipps für Existenzgründer Nachfolgeregelung der Ich-AG, S. 20.
[473] Vgl. Lutz, 2006, Businessplan für Gründungszuschuss-, Einstiegsgeld- und andere Existenzgründer, S. 20-21.
[474] Vgl. Hofert, 2007, Praxisbuch Existenzgründung: Erfolgreich selbständig werden und bleiben, S. 276.

11 Buchführung und Gründungsformalitäten

Bevor es im letzten Kapitel um den eigentlichen Markteintritt geht, gilt es noch einige organisatorische Gesichtspunkte zu betrachten. Ausgehend von der Tatsache, dass der Personal Trainer in der Regel sein Unternehmen als Freiberufler alleine führt, ist er auch für sämtliche Formalitäten, die mit der Gründung einhergehen, verantwortlich. Daneben muss er sich zwangsläufig mit der Thematik Buchhaltung auseinander setzen. Welche Regelungen dabei für den Trainer interessant sind und was zu beachten ist, soll nachfolgend thematisiert werden.

11.1 Buchführung

„Eine ordentliche Buchführung ist der wichtigste Bereich des betrieblichen Rechnungswesens und liefert die Grundlagen für die Kostenrechnung und Kalkulation, die Planung und Statistik und zeigt den wirtschaftlichen Erfolg des Unternehmens."[475] Anders gesagt: „Wer seine Buchführung im Griff hat, hat auch sein Unternehmen im Griff."[476] Trotz ihrer Wichtigkeit wird die Buchhaltung in der Praxis häufig noch als notwendiges Übel angesehen. Ein gravierender Fehler, wenn man bedenkt, dass sie ein wertvolles Beweis- und Argumentationsmittel, z. B. bei Bankverhandlungen und Rechts- oder Steuerstreitigkeiten ist.[477] Was muss ein Personal Trainer nun aber bei der Buchführung beachten? Hier gilt zunächst einmal Folgendes: Eine ordentliche Buchführung ist gekennzeichnet durch verschiedene Merkmale, beispielsweise:

- „Sie ist übersichtlich: Ein kundiger Dritter kann sich problemlos einen Überblick über Ihre Vermögenswerte verschaffen.
- Sie ist vollständig: Alle buchungspflichtigen Vorfälle sind eingetragen.
- Sie ist ordentlich: Alle Buchungen sind richtig zugeordnet.
- Sie ist zeitgerecht: Alle Buchungen sind zeitlich richtig zugeordnet.

---

[475] Falk [u. a.], 2006, Selbstständig und erfolgreich sein: Der neue Leitfaden für Existenzgründer, S. 100.
[476] Falk [u. a.], 2006, Selbstständig und erfolgreich sein: Der neue Leitfaden für Existenzgründer, S. 100.
[477] Vgl. Rasner, Füser, Faix, 1997, Das Existenzgründer Buch: Von der Geschäftsidee zum sicheren Geschäftserfolg, S. 391.

- Sie ist nachprüfbar: Es existieren durchnummerierte Rechnungen und Quittungen.
- Sie ist richtig: Es gibt keine nachträglichen Änderung."[478]

Grundsätzlich lassen sich zwei Arten der Buchführung unterscheiden: die einfache Buchführung, auch Einnahmen-Überschussrechnung genannt, und die doppelte Buchführung.[479] Aufgrund der Tatsache, dass die Tätigkeit als Personal Trainer regelmäßig zu den freien Berufen zählt und für freie Berufe die Einnahmen-Überschussrechnung ausreichend ist, soll im Folgenden auch nur auf diese Buchführungsart eingegangen werden. Rechtsgrundlage hierfür ist der § 4 Abs. 3 EStG.[480] Ergänzend zu § 4 Abs. 3 EStG greift § 60 Abs. 4 der EStDV, der vorgibt, dass die Einnahme-Überschussrechnung nach amtlich vorgeschriebenem Vordruck der Steuererklärung beizufügen ist.[481] Was aber bedeutet Einnahmen-Überschussrechnung? Einnahmen-Überschussrechnung ist eine Gewinnermittlungsmethode, bei der die in einem Kalenderjahr zugeflossenen Einnahmen und die in einem Kalenderjahr abgeflossenen Ausgaben gegenübergestellt werden. Der verbleibende Betrag ist der Gewinn oder Verlust. Maßgeblich sind dabei nur die tatsächlichen Zahlungseingänge und Zahlungsausgänge.[482] Diese Methode bietet dem Unternehmer einen gewissen Gestaltungsspielraum. Kauft er beispielsweise im Dezember des Kalenderjahres noch Sportgeräte, die aber erst im Januar des folgenden Kalenderjahres bezahlt werden, zählen diese auch erst als Ausgaben im neuen Kalenderjahr.[483] Im Weiteren gilt für die Buchhaltung, dass sämtliche Vorgänge anhand von Belegen nachzuweisen sind. Deshalb ist es notwendig, die Belege aufzubewahren und zu verwalten. Die Aufbewahrungsfrist beträgt zehn Jahre. Dabei ist der Personal Trainer in der Pflicht, die Belege leserlich zu halten. Es empfiehlt sich, bei Bedarf (gilt für Belege auf Thermopa-

---

[478] Hofert, 2007, Praxisbuch Existenzgründung: Erfolgreich selbständig werden und bleiben, S. 173.
[479] Vgl. BMWi, 2007, Starthilfe: Der erfolgreiche Weg in die Selbstständigkeit, S. 81.
[480] Vgl. http://www.gesetze-im-internet.de/estg/__4.html, abgerufen am 30.12.2007.
[481] Vgl. http://www.gesetze-im-internet.de/estdv_1955/__60.html, abgerufen am 30.12.2007.
[482] Vgl. Hofert, 2007, Praxisbuch Existenzgründung: Erfolgreich selbständig werden und bleiben, S. 173.
[483] Vgl. Siebels, 2003, „Steuerangelegenheiten", S. 92.

pier) Kopien anzufertigen.[484] Ferner möchte ich darauf hinweisen, dass die Buchführung sowohl eigengeführt als auch durch einen Steuerberater erfolgen kann. Eine eigengeführte Buchführung ist in jedem Fall kostengünstiger. Der Personal Trainer kann dabei auf ein normales Tabellenkalkulationsprogramm wie Excel zurückgreifen oder auf ein spezielles Buchhaltungsprogramm. Bei Zuhilfenahme eines Buchhaltungsprogrammes sollte auf eine Datev-Schnittstelle geachtet werden, da fast alle Steuerberater mit Datev-Programmen arbeiten und somit ein unkomplizierter Datenaustausch gesichert ist.[485] Im Rahmen der Buchhaltung gibt es noch einen weiteren sehr wichtigen Aspekt zu beachten, den der richtigen Rechnungsstellung. Der Personal Trainer muss bei der Rechnungsstellung die Anforderungen des § 14 Abs. 4 UStG einhalten (vgl. Anlage 12). Darüber hinaus gelten für Rechnungen unter 150 Euro wiederum andere Regeln. Rechtsgrundlage hierfür ist der § 33 UStDV (vgl. Anlage 13). Abschließend zum Thema Buchführung möchte ich lediglich noch darauf verweisen, dass es wichtig ist, ein separates Geschäftskonto anzulegen, da dieses eine bessere Kontrolle der geschäftlichen und privaten Ausgaben gestattet.

11.2 Anmeldung und Formalitäten

Bevor ein Existenzgründer seine Tätigkeit tatsächlich selbstständig ausüben kann, muss er noch einige Anmeldeformalitäten erledigen. Im Falle des Personal Trainers sind diese formalen Anforderungen sehr gering und somit problemlos zu bewältigen. Da die Tätigkeit als Personal Trainer grundsätzlich eine freiberufliche Tätigkeit darstellt, entfällt die Anmeldung beim zuständigen Gewerbeamt. Es genügt, wenn er seinen Gründungstermin dem Finanzamt mitteilt, damit dieses ihm eine Steuernummer zuteilt. Die Steuernummer ist notwendig für die Rechnungslegung, die Umsatzsteuervoranmeldungen und die Jahresabschlüsse.[486] Gleichwohl erhält der Personal Trainer vom zuständigen Finanzamt einen „Fragebogen zur steuerlichen Erfassung", der von ihm auszufüllen und innerhalb einer bestimmten Frist zurückzusenden ist. Weitere behördliche Formalitäten sind in der Regel nicht nötig.[487] Auch die Anmeldung bei den zuständigen Versor-

---

[484] Vgl. http://www.gesetze-im-internet.de/ustg_1980/__14b.html, abgerufen am 30.12.2007.
[485] Vgl. Siebels, 2003, „Steuerangelegenheiten", S. 93.
[486] Vgl. Freese, 2006, Start-up Personal Training: Einstieg und Aufstieg, S. 57.
[487] Vgl. Falk [u. a.], 2006, Selbstständig und erfolgreich sein: Der neue Leitfaden für Existenzgründer, S. 104-105.

gungsunternehmen (z. B. Stadtwerke, Elektrizitätswerke etc.) ist nicht erforderlich, weil keine separaten Büroräume benötigt werden. Mit der Aufnahme der selbstständigen Tätigkeit ist der Personal Trainer aber, wie in Kapitel 9.5 dargestellt, selbst verantwortlich für seine soziale Absicherung und Vorsorge. Es ist daher unerlässlich, dass sich der Trainer rechtzeitig vor Beginn der Tätigkeit um ausreichenden Versicherungsschutz kümmert. Auch kann es für ihn sinnvoll sein, eine Mitgliedschaft im entsprechenden Berufsverband, hier dem Bundesverband Deutscher Personal Trainer e. V., zu erwerben. Im Weiteren sollte der Trainer aus meiner Sicht Mitglied in einem der etablierten Trainernetzwerke (vgl. Abschnitt 4.3) werden, wobei hier die jeweiligen Aufnahmekriterien gelten. Letztlich müsste der Trainer auch noch prüfen, ob die Zertifizierung durch AQZEPT[488] für ihn von Vorteil sein kann. Auch hier muss er die jeweiligen Voraussetzungen erfüllen. Die letztgenannten Mitgliedschaften sind jedoch keine Pflicht für die Ausübung der Tätigkeit. Sie sind aber, wie sich im letzten Kapitel herausstellen wird, ein wichtiges Marketinginstrument.

---

[488] Vgl. http://www.aqzept.eu/content/view/23/40/, abgerufen am 07.12.2007.

12 Marketing im Personal Training

Eine gute Unternehmensplanung alleine ist für den Personal Trainer nicht alles. Um sein Gründungsvorhaben erfolgreich umsetzen zu können, benötigt er Klienten, die seine Dienstleistung kaufen. Und genau hier liegt das Problem. Personal Training ist eine Dienstleistung. Der Erwerb ist für den Käufer häufig mit Unsicherheiten verbunden. Im Gegensatz zu materiellen Produkten ist hier kein direkter Vergleich möglich. Der Klient muss auf das vertrauen, was er wahrnimmt. Werden seine Erwartungen durch den Kauf erfüllt, vielleicht sogar übertroffen, bestätigt das seine Entscheidung. Die Wahrscheinlichkeit, dass er zum Stammkunden heranwächst, steigt.[489] Für einen angehenden Personal Trainer bedeutet dies jedoch harte Arbeit. Es stellt sich die Frage, wie komme ich an den ersten Klienten? Dazu ist zunächst einmal die Aufmerksamkeit der potenziellen Zielgruppe zu gewinnen und diese zielgruppengerecht anzusprechen, um dann den Kauf zu erwirken. An diesem Punkt setzt das Marketing ein, genauer gesagt, das operative Marketing. Der Personal Trainer muss entsprechend seiner zuvor geplanten Unternehmens- und Marketingziele sowie der festgelegten Strategie einen optimalen Marketing-Mix entwickeln, welcher die direkte Verbindung zum Klienten herstellt. Was dies nun explizit für einen angehenden Personal Trainer bedeutet, darauf gehe ich im Folgenden ein.

12.1 Marketing und Marketingkonzeption

In der Praxis wird Marketing häufig allein auf Werbung reduziert. Marketing ist aber weitaus mehr. „Marketing als Führungsphilosophie kann insofern umschrieben werden als die bewußte Führung des gesamten Unternehmens vom Absatzmarkt her, d. h., die Kunden und ihre Nutzen- bzw. Problemlösungsansprüche sowie ihre konsequente Erfüllung stehen im Mittelpunkt des unternehmerischen Handelns, um so unter Käufer-Markt-Bedingungen Erfolg und Existenz des Unternehmens dauerhaft zu sichern."[490] Oder anders ausgedrückt: „Marketing ist alles, was sie tun, um Ihr Geschäft zu fördern. Es beginnt in dem Moment, in dem Sie es planen, bis zu dem Punkt, an dem Kunden Ihr Produkt oder Ihre Dienstleistung kaufen und beginnen, Stammkunde bei Ihnen zu werden. Die Schlüsselwörter sind *alles* und *Stamm-*

---

[489] Vgl. Schwall, Huber, 2003, „Sportanlagenmarketing", S. 29.
[490] Becker, 1999, Das Marketingkonzept: Zielstrebig zum Markterfolg!, S. 2.

kunde."[491] Damit nun ein Trainer sein Marketing konsequent im Unternehmen umsetzen kann, bedarf es der Erarbeitung einer Marketingkonzeption. „Eine Marketingkonzeption kann in dieser Hinsicht aufgefasst werden als ein schlüssiger, ganzheitlicher Handlungsplan („Fahrplan"), der sich an angestrebten Zielen („Wunschorten") orientiert, für ihre Realisierung geeignete Strategien („Route") festlegt und auf ihrer Grundlage die adäquaten Marketinginstrumente („Beförderungsmittel") bestimmt."[492] Einfacher gesagt: „Diesem Konzept liegen Fragen zugrunde wie: Wen möchte ich erreichen (Zielgruppe)? Wie sieht das Produkt aus? Wer sind meine direkten Konkurrenten? Daraus leitet sich das operative Marketing ab, das sich in vier Bereiche unterteilen lässt: die Produktpolitik, die Preispolitik, die Distributionspolitik und die Kommunikationspolitik."[493] Wie ersichtlich, ist Marketing äußerst komplex. Damit es erfolgreich wird, müssen die einzelnen Bereiche exakt aufeinander abgestimmt werden. In der Praxis muss der Personal Trainer damit rechnen, dass nicht alle ergriffenen Maßnahmen sofort Wirkung zeigen. Entsprechende Verzögerungen sind zu berücksichtigen.

Verschiedene der hier angesprochenen Konzeptbestandteile wurden in den vorherigen Kapiteln bereits bearbeitet. Die Antwort auf die Fragen nach Zielgruppe und Konkurrenz beispielsweise ergibt sich aus dem Kapitel „Analysephase." Mit der Produktpolitik beschäftigt sich das Kapitel „Geschäftsidee." Neben der Darstellung der Kerndienstleistungen habe ich mögliche Serviceleistungen vorgestellt. Auch die Preispolitik wurde schon in Rahmen des Kapitels „Preiskalkulation" erarbeitet. Somit verbleiben noch die Bereiche „Kommunikationspolitik und Distributionspolitik", auf die ich im Weiteren eingehe.

12.2 Distributionspolitik

Die Distributionspolitik, auch Absatz- oder Vertriebspolitik genannt, soll im Bereich Personal Training eine bestmögliche Verbindung zwischen dem Dienstleistungsanbieter und der Zielgruppe schaffen. Ziel ist es, Klienten zu akquirieren und Trainingseinheiten zu verkaufen.[494] Der Personal Trainer kann dabei auf verschiedene Vertriebswege zu-

---

[491] Levinson, 1990, Guerilla Marketing: Offensives Werben und Verkaufen für kleinere Unternehmen, S. 9.
[492] Becker, 1999, Das Marketingkonzept: Zielstrebig zum Markterfolg!, S. 4.
[493] Weigmann, 2003, „Start-up", S. 22.
[494] Vgl. Schwall, Huber, 2003, „Sportanlagenmarketing", S. 53.

rückgreifen. Wir unterscheiden den Direktvertrieb und den indirekten Vertrieb. Von Direktvertrieb spricht man, wenn der Verkauf durch den Personal Trainer unmittelbar an den Kunden erfolgt.[495] Mögliche Instrumente sind hier: der Internetvertrieb über eigene Homepage, Zusammenarbeit und Darstellung auf Trainerplattformen im Internet, der Telefonverkauf, Direktmailing per Brief oder E-Mail, Messebesuche, Mitgliedschaften in Verbänden oder auch Vorortpräsentationen bei Vertriebspartnern. Hier zum Beispiel: Bewegungspausen in Hotels, Vorträge bei Krankenkassen oder in Golfklubs, Laufstilanalyse vor Ort in kooperierenden Sportfachgeschäften. Die Aufzählung ist nicht abschließend. Die zweite Vertriebsform ist der indirekte Vertrieb. Hier erfolgt der Verkauf über sogenannte Zwischenhändler.[496] Im Personal Training zeigt sich diese Form in Bezug auf Networking und Empfehlungsmarketing. Jeder Personal Trainer sollte im Rahmen der Unternehmensplanung und mit Blick auf seine Servicepolitik ein qualitativ hochwertiges Kooperationsnetzwerk aufbauen. Beispielhaft sei hier das Kooperationsnetzwerk von Kieß vorgestellt. Es beinhaltet: Ärzte (Orthopäden, Kardiologen, Internisten, Neurologen), ein Gesundheits-Check-up Institut, einen Physiotherapeuten, ein Netzwerk „Mobile Büromassage", eine Ernährungsberatung, ein Sportgeschäft, ein Orthopädiefachgeschäft incl. Laufbandanalyse sowie Kooperationen mit der Sportartikelindustrie (u. a. Herzfrequenzmessgeräte, Trainingsgeräte).[497] Weitere Kooperationsmöglichkeiten sind Fitnessstudios, Krankenkassen, Hotels, exklusive Geschäfte, Autohäuser, Ausstatter für Hochzeiten etc. Der Aufbau eines Kooperationsnetzwerkes setzt Zielgruppengespür und Kreativität des Trainers voraus. Anders zu sein als die Konkurrenz ist wichtig. Ein Kooperationsnetzwerk ist aber nicht nur für die Servicepolitik von Bedeutung, es kann ebenso den indirekten Vertrieb unterstützen. Das heißt, der Personal Trainer kann durch die persönliche Empfehlung seiner Kooperationspartner Klienten gewinnen. Zudem können auch eigene Kunden als indirekte Vertriebsform dienen. Ist der Kunde zufrieden, wird er es anderen erzählen und empfiehlt den Trainer auf dieser Weise indirekt weiter. In jedem Fall sollte die indirekte Vermittlung für beide Seiten eine Win-Win-

---

[495] Vgl. Investitionsbank Berlin, Existenzgründer-Leitfaden, S. 21., http://www.kontinuum-berlin.de/marktbuero/existenz/leitfaden_existenzgruendung.pdf, abgerufen am 22.12.2007.
[496] Vgl. Schwall, Huber, 2003, „Sportanlagenmarketing", S. 53.
[497] Vgl. Kieß, 2003, „Zielgruppen, Marketing, Akquise", S. 134.

Situation darstellen. Das gilt besonders im Hinblick auf die Kooperationspartner. Hier bietet es sich an, gegenseitig Empfehlungen auszusprechen oder Provisionszahlungen zu vereinbaren. Eine exakte Zahl, wie viel Prozent Provision im Personal Training üblich ist, konnte ich nicht ermitteln. Man kann sich diesbezüglich aber am sehr ähnlich strukturierten Markt für Trainer, Berater und Coachs orientieren. Dort sind laut Hofert zehn bis zwanzig Prozent der Auftragssumme üblich.[498] Kundengewinnung aufgrund von Klientenempfehlungen sollte ebenfalls honoriert werden. Möglichkeiten hier sind zum Beispiel: ein kostenloses Training, eine Massage, eine Dankeschönkarte mit einer kleinen Aufmerksamkeit. Instrumente, die im Rahmen des indirekten Vertriebes genutzt werden können, sind: Flyer, Imagebroschüren, Visitenkarten etc.

12.3 Kommunikationspolitik

Die Kommunikationspolitik stellt das vierte Element im Marketing-Mix dar. „Der Begriff der Kommunikationspolitik ist der Kommunikationswissenschaft entlehnt. Die Grundvorstellung der Kommunikation ist recht einfach und bekannt: Kommunikation ist ein zweipoliges Geschehen, wobei ein „Sender" eine „Nachricht" an einen „Empfänger" sendet und eine „Rückkopplung" bzw. Überprüfung der angekommenen Nachricht erfolgt."[499] Im Marketing geht es hauptsächlich um die sogenannte Marktkommunikation, wobei in Käufermärkten wie Personal Training die Aktivität von der Anbieterseite erfolgt. Das bedeutet, der Personal Trainer als „Sender" versucht, eine Kommunikationsnachricht „Message" an seine Zielgruppe „Empfänger" zu übermitteln, um diese als Kunden zu gewinnen. Ziel ist der Verkauf der Dienstleistung.[500] Ausgehend von dieser Grundstruktur der Kommunikation unterscheidet man in der Kommunikationspolitik nach Freyer vier Kommunikationsinstrumente. Diese lassen sich wie folgt beschreiben:

- „**Corporate Identity** ist eher eine grundsätzliche Voraussetzung für eine erfolgversprechende Kommunikationspolitik einer Organisation nach innen und nach außen. Sie beschäftigt sich mit (Teilen) der zu übermittelnden Botschaft. Im speziellen ermittelt sie das einheit-

---

[498] Vgl. Hofert, 2006, Erfolgreiche Existenzgründung für Trainer, Berater, Coachs: Das Praxisbuch für Gründung, Existenzaufbau und Expansion, S. 67.
[499] Freyer, 1990, Handbuch des Sportmarketing, S. 279.
[500] Vgl. Freyer, 1990, Handbuch des Sportmarketing, S. 279.

liche Erscheinungsbild, die „Philosophie" oder „Persönlichkeit" einer Unternehmung.

- **Verkaufsförderung** legt Wert auf die Aktivierung der Vertriebswege und der vertriebsfördernden Maßnahmen. Sie versucht, Kaufanreize zu schaffen. **Persönlicher Verkauf** zielt darauf ab, speziell durch direkten Kontakt mit den Nachfragern zu kommunizieren, oft sind es nur einzelne Konsumenten.

- **Öffentlichkeitsarbeit** stellt die Kommunikation mit der gesamten Öffentlichkeit in den Mittelpunkt der Aktivität; sie hat eine relativ unspezifische Zielrichtung und wirkt ebenfalls allgemein imagebildend.

- **Werbung** wendet sich an spezielle Zielgruppen und versucht, diese zum Kauf zu bewegen."[501]

Andere Quellen wie Rasner, Füser, Faix zählen die Corporate Identity nicht zu den eigentlichen Kommunikationsinstrumenten, halten sie aber auch für absolut erforderlich. Dafür unterteilen sie den Punkt Verkaufsförderung und Persönlichen Verkauf in zwei separate Bereiche.[502] Aufgrund der Vielschichtigkeit dieser Thematik und unter Berücksichtigung der Tatsache, dass es innerhalb dieser Arbeit um Existenzgründung und somit zunächst um die Kundenakquise geht, werde ich im Folgenden nur die wichtigsten Marketinginstrumente im Personal Training darstellen.

12.3.1 Corporate Identity

Ein Personal Trainer, der sein Business gerade erst beginnt, ist in seinem Markt in der Regel unbekannt. Er besitzt noch kein unverwechselbares Image, welches die Voraussetzung für eine Wiedererkennung darstellt.[503] Um aber diesen Effekt der Wiedererkennung bei seiner Zielgruppe zu erreichen, ist es notwendig, sich eine Corporate Identity zu erarbeiten. „Unter Corporate Identity versteht man das Erscheinen oder Auftreten (die „Persönlichkeit") einer Institution. Es soll möglichst einheitlich und in sich selbst stimmig und glaubhaft nach außen und innen (!) gestaltet werden. Durch die abgestimmten Verhaltens-

---

[501] Freyer, 1990, Handbuch des Sportmarketing, S. 282.
[502] Vgl. Rasner, Füser, Faix, 1997, Das Existenzgründer Buch: Von der Geschäftsidee zum sicheren Geschäftserfolg, S. 284-286.
[503] Vgl. Nickel, 2007, Der Gründungszuschuss: Tipps für Existenzgründer Nachfolgeregelung der Ich-AG, S. 78.

weisen, die in der Corporate Identity zum Ausdruck kommen, werden Glaubwürdigkeit und Vertrauen in eine Organisation geschaffen und erhalten."[504] Die Corporate Identity setzt sich dabei aus verschiedenen Komponenten zusammen. Dazu gehören:

- **„Corporate Behaviour** (CB) betrifft alle Komponenten des Unternehmensverhaltens und seiner Mitglieder."[505] Es meint das Auftreten, die Wortwahl und die Freundlichkeit des Personal Trainer gegenüber seinen Klienten, Geschäftspartnern etc. Nach Kieß sind beispielsweise das Lächeln, die Begeisterung und die Glaubwürdigkeit eines Trainers wichtig.[506]

- **„das Corporate Design** (CD) umfasst alle Maßnahmen der Farb- und Formgebung, sowohl innerhalb der Geschäftsräume als auch in der Außendarstellung."[507] Für den Personal Trainer bedeutet dies, er braucht einen einheitlich gestalteten Geschäftsauftritt, der ihn und sein Unternehmen wiedererkennbar macht und von der Konkurrenz abhebt. Ein eigenes Logo, ausgewählte Firmenfarben, eine einheitliche Schriftart sowie ein abgestimmtes Layout sind dabei Voraussetzung. Sämtliche Geschäftsunterlagen, die Homepage sowie die Bekleidung sollten in diesem ausgewählten Design gestaltet sein.[508]

- „unter **Corporate Communication** (CC) werden alle Kommunikationsmaßnahmen wie Unternehmenswerbung sowie Presse- und Medienarbeit zusammengefasst."[509] Hierunter fällt auch die Nutzung eines Slogans sowie die Art der Kommunikation in persönlichen Gesprächen, beispielsweise dem ersten Beratungsgespräch.[510] An dieser Stelle sei auch auf die Notwendigkeit eines seriös besprochenen Anrufbeantworters sowie einer Mailbox hingewiesen. Personal Trainer arbeiten grundsätzlich allein und sind während der

---

[504] Freyer, 1990, Handbuch des Sportmarketing, S. 286.
[505] Nickel, 2007, Der Gründungszuschuss: Tipps für Existenzgründer Nachfolgeregelung der Ich-AG, S. 79.
[506] Vgl. Kieß, 2003, „Zielgruppen, Marketing, Akquise", S. 131-132.
[507] Nickel, 2007, Der Gründungszuschuss: Tipps für Existenzgründer Nachfolgeregelung der Ich-AG, S. 79.
[508] Vgl. Nickel, 2007, Der Gründungszuschuss: Tipps für Existenzgründer Nachfolgeregelung der Ich-AG, S. 79.
[509] Nickel, 2007, Der Gründungszuschuss: Tipps für Existenzgründer Nachfolgeregelung der Ich-AG, S. 79.
[510] Vgl. Nickel, 2007, Der Gründungszuschuss: Tipps für Existenzgründer Nachfolgeregelung der Ich-AG, S. 79.

Trainingseinheiten nicht erreichbar. Der Klient sollte dennoch die Möglichkeit haben, sein Anliegen mitteilen zu können. Umgehende Rückmeldungen sind wichtig und prägen ihrerseits das positive Erscheinungsbild des Unternehmens.

Zusammenfassend zur Corporate Identity im Personal Training möchte ich noch folgende Zeilen von Kieß wiedergeben: „Briefpapier, Visitenkarte, Schreibblöcke, Flyer, Präsentationsmappe und Bekleidung. Alles trägt den gleichen Farbton, ist mit dem gleichen Layout versehen und trägt das gleiche Logo. Es macht meine Firma unverwechselbar."[511] Eine einheitliche Corporate Identity ist folglich für einen Personal Trainer eine absolute Grundvoraussetzung. Sie „schafft Vertrauen, überzeugt und erhöht die Akzeptanz beim Kunden."[512] Sinnvoll ist es, den Auftritt nicht selbst zu erarbeiten und umzusetzen, sondern Experten damit zu beauftragen. Personal Training ist ein exklusives Produkt, dieses muss sich auch in der Gestaltung der Geschäftsunterlagen sowie im Auftritt des Personal Trainers selbst widerspiegeln. Abschließend sei noch auf zwei Punkte hingewiesen. Das betrifft die Übertragung von Nutzungsrechten der Geschäftsunterlagen. Der Trainer muss bei der Erstellung seiner Marketingunterlagen durch einen externen Dienstleister beachten, dass entweder die Nutzungsrechte auf seine Person übertragen werden[513] oder dass mindestens „das Recht zur Veröffentlichung in allen bekannten Medien, zur Vervielfältigung sowie zur Veränderung"[514] auf ihn übergeht. Darüber hinaus besteht die Möglichkeit, sich sein eigenes Logo, das kann eine Wortmarke, Bildmarke oder Wort-/Bildmarke sein, beim Deutschen Patent- und Markenamt in München schützen zu lassen.[515]

12.3.2 Grundausstattung

Wie aus dem vorherigen Unterabschnitt ersichtlich, sollten alle Geschäftsunterlagen im gleichen Design gestaltet sein. Welches sind nun aber die Kommunikationsmittel, die ein Personal Trainer benötigt? Laut Weigmann sollte die Grundausstattung eines Personal Trainers

---

[511] Kieß, 2003, „Zielgruppen, Marketing, Akquise", S. 129.
[512] Weigmann, 2003, „Start-up", S. 26.
[513] Vgl. Falk, 2003, „Ausgewählte rechtliche Aspekte des Personal Trainings: ein juristischer Hindernislauf, S. 88.
[514] Falk, 2003, „Ausgewählte rechtliche Aspekte des Personal Trainings: ein juristischer Hindernislauf, S. 88.
[515] Vgl. Falk, 2003, „Ausgewählte rechtliche Aspekte des Personal Trainings: ein juristischer Hindernislauf, S. 88-89.

abhängig von den finanziellen Ressourcen folgende Instrumente aufweisen: „Visitenkarten, Briefpapier, Homepage, Flyer oder Handzettel und Präsentationsmappe."[516] Auch Kieß, wie in Abschnitt 12.3.1 dargestellt, stimmt dieser Auswahl an Kommunikationsmitteln zu. Trotzdem möchte ich bemerken, dass letztlich jeder Trainer die Nützlichkeit nochmals für sein eigenes Business und mit Blick auf die Zielgruppe prüfen sollte. Insbesondere der Einsatz von Flyern ist nicht für jeden sinnvoll. Kieß beispielsweise schreibt diesem Instrument einen geringen Nutzen zu. Er meint: „Dem Flyer wird zu viel Nutzen beigemessen, als das sich seine kostspielige Erstellung durch eine Marketingagentur und der professionelle Druck lohnen. Anders ausgedrückt, ein „Eyecatcher", der in seiner Herstellung nicht viel kostet, mit einem Bild versehen, den wichtigsten Informationen, Kontaktadresse versehen, reicht. Einem Mailing beigelegt, soll er die Würze eines Akquiseschreibens sein." [517] Das gilt aber ebenfalls nicht für alle Trainer. Wer seine Zielgruppe mit einem Flyer erreicht, sollte ihn natürlich auch nutzen.

12.3.3 Die wichtigsten Marketingmaßnahmen

Für einen angehenden Personal Trainer hat die Klientengewinnung absolute Priorität. Dazu stehen ihm unterschiedliche Marketinginstrumente zur Verfügung. Die nachfolgende Abbildung gibt einen Überblick über die wichtigsten Marketinginstrumente im Personal Training. Zusätzlich zeigt sie eine Kategorisierung hinsichtlich der Effektivität der Maßnahmen auf. (Plus (+++) steht für sehr gut geeignet und minus (---) für weniger gut geeignet.)

---

[516] Weigmann, 2003, „Start-up", S. 26.
[517] Kieß, 2003, „Zielgruppen, Marketing, Akquise", S. 139.

Abbildung 22: Marketinginstrumente und Akquisewege im Personal Training

Persönlich, erfolgreiche Marketinginstrumente im Personal Training	Akquisewege im Personal Training
• Corporate Identity (CI) + • Öffnungs- und Arbeitszeiten ++ • Betreuung und Beratung +++ • Begeisterung und Glaubwürdigkeit ++ • Lächeln + • Internet +++ • Nachfassen + • Kooperationspartner ++ • Netzwerke +++	• Mailing + • Unternehmertreffen, Kick-off-Veranstaltungen + • Anzeigen in Printmedien --- • Flyer -- • Kooperation mit Sportgeschäften + • Veröffentlichung in Zeitschriften, Beiträge im Rundfunk oder TV + • Internet +++ • Mund-zu-Mund-Propaganda +++

Quelle: Eigene Darstellung in Anlehnung an Kieß (2003): „Zielgruppen, Marketing, Akquise", S. 137 und S. 141.

Ausgehend von dieser Übersicht möchte ich zu einigen der dargestellten Instrumente noch Anmerkungen und Empfehlungen geben.

Internet

Ein Personal Trainer sollte eine eigene, stets aktualisierte Homepage besitzen. Außerdem ist ein Eintrag in mindestens einer der bedeutsamsten Trainerplattformen (Personalfitness und PPT Club) sowie im BDPT e. V. wichtig. Diese Einträge erhöhen die Wahrscheinlichkeit, dass der Trainer bei bestimmten Suchanfragen gefunden wird. Eine entsprechende Positionierung (Zielgruppe, Trainingsmethode etc.) und eine optische Abgrenzung zur Konkurrenz ist dabei zweckmäßig. Mit Blick auf den PPT Club sei angemerkt, dass die Mitgliedschaft erst nach einem Jahr Berufserfahrung und nach bestandener Aufnahmeprüfung möglich ist. Da die Zielgruppe des Personal Trainers hauptsächlich im privaten Bereich zu finden ist, sind auch Suchmaschinenanzeigen angebracht, hier speziell bei Google. Daneben kann der Personal Trainer durch Verlinkungen zu anderen Websites, wie beispielsweise zu denen der Kooperationspartner, sein Suchmaschinenranking verbessern.[518]

---

[518] Vgl. Hofert, 2006, Erfolgreiche Existenzgründung für Trainer, Berater, Coachs: Das Praxisbuch für Gründung, Existenzaufbau und Expansion, S. 63.

Empfehlungsmarketing und Mund-zu-Mund-Propaganda

Mund-zu-Mund-Propaganda und Empfehlungen gehören zu den effektivsten Marketingtools der Kundengewinnung im Personal Training. Das beweisen sowohl die Ergebnisse einer Umfrage des BDPT e. V. aus dem Jahr 2005 [519] als auch die im PPT Club durchgeführte Qualitätsanalyse im Jahr 2006.[520] Ferner bestätigen dies aber auch Kieß und Weigmann. Für Kieß stellt der zufriedene Kunde einen der wichtigsten Multiplikatoren dar. Er offenbart, dass erfahrene Trainer oftmals vom Empfehlungsmarketing leben und ihre Akquise auf wenige Bestrebungen beschränken können.[521] Auch Weigmann spricht der Beziehungspflege großen Einfluss zu. Sie empfiehlt Trainern, ihre Dienstleistung überall im Freundes- und Bekanntenkreis zu kommunizieren, um somit an Bekanntheit zu gewinnen.[522] Gleichwohl möchte ich anmerken, dass Berufsanfänger noch nicht unbedingt auf Anfragen aufgrund von Empfehlungsmarketing zurückgreifen können. Deshalb verstärkt sich aus meiner Sicht die Notwendigkeit eines professionellen Kooperationsnetzwerkes.

Direktmarketing

Personal Training ist individuell. Ebenso individuell wie die Dienstleistung sollte auch die Ansprache der Zielgruppe erfolgen. Eine gute Möglichkeit bietet das Direktmarketing. Es lässt sich wie folgt definieren: „Unter Direktmarketing werden grundsätzlich alle Formen der direkten, individuellen Ansprache und Kommunikation von bzw. mit Zielgruppen verstanden." [523] „Ziel des Direktmarketing (Direktwerbung) ist nicht zwingend der unmittelbare Verkauf eines Produktes, sondern eher – und zwar im Konsumgüter- wie auch im Business-to-Business-Bereich – das Ingangsetzen eines Dialoges (Dialogmarketing) mit den anvisierten Zielgruppen."[524] Die Kontaktaufnahme kann auf verschiedene Weise erfolgen: Mailings (Werbebriefe), Telefonmarketing, Email, Fax etc.[525] Mit Blick auf das Personal Training erscheint vor

---

[519] Vgl. Freese, 2006, Start-up Personal Training: Einstieg und Aufstieg, S. 26.
[520] Vgl. Teichert, 2007, „Qualitätsmanagement im PREMIUM Personal Trainer Club", S. 72-76.
[521] Vgl. Kieß, 2003, „Zielgruppen, Marketing, Akquise", S. 141.
[522] Vgl. Weigmann, 2003, „Start-up", S. 30.
[523] Becker, 1999, Das Marketingkonzept: Zielstrebig zum Markterfolg!, S. 167.
[524] Becker, 1999, Das Marketingkonzept: Zielstrebig zum Markterfolg!, S. 168.
[525] Vgl. Uhe, 2002, Operatives Marketing: Gezielter Einsatz des Marketing-Instrumentariums, S. 162.

allem das Mailing interessant. Nach Kieß sollte es immer persönlich geschrieben und stets an eine ausgewählte Person gerichtet sein. Tiefgründiges Hintergrundwissen, das sich anhand des Internets, der Tagespresse oder aus Magazinen etc. recherchieren lässt, ist Grundvoraussetzung. Ferner muss das Anschreiben etwas Besonderes in Form, Aussehen und Inhalt präsentieren, das erhöht die Wahrscheinlichkeit, dass der Adressat es wahrnimmt und liest.[526] Auch Weigmann sieht im Mailing eine gute Akquisemöglichkeit. Neben dem persönlichen Anschreiben zeigt sie die Möglichkeiten von Telefonmarketing und E-Mailing auf, wobei sie dem E-Mailing, obgleich es kostengünstiger ist, wenig Erfolgsaussichten zuspricht. Sie sagt: „Im Hinblick auf die Zielgruppe wirkt ein Anschreiben per Post seriöser und erhöht die Wahrscheinlichkeit, nicht im täglichen Mail-Ansturm unterzugehen." [527] Dem Telefonmarketing räumt Weigmann entsprechend bessere Chancen ein. Sie rät dazu, ein solches Gespräch sehr gut vorzubereiten, es persönlich zu gestalten und unbedingt auf den richtigen Zeitpunkt zu achten.[528] Ergänzend zum Direkt Marketing sind vor allem noch zwei Aspekte relevant. Zum einen ist dies das Nachfassen. Kieß bemerkt, dass man bei einem Mailing nicht davon ausgehen kann, dass der Angeschriebene von sich aus reagiert. Er rät daher, selbst noch einmal aktiv zu werden.[529] Zum anderen geht es um die Akquise von Privatkunden. Diese genießen einen besonderen Verbraucherschutz und dürfen nicht ohne Zustimmung kontaktiert werden. Das gilt nach Hofert insbesondere für E-Mails und Telefonanrufe.[530] An dieser Stelle zeigt sich die Wichtigkeit einer Kundenkartei. Ein Personal Trainer sollte sich von Beginn an eine umfangreiche Kundendatenbank mit allen relevanten Informationen zur Person anlegen. Dazu gehören beispielsweise: Name, Anschrift, Geburtstag, Hobbys, erbrachte Leistungen etc.[531] Die Datenbank bietet dem Trainer einerseits eine Basis für weitere Direktmarketing-Aktionen. Andererseits liefert sie aber auch wichtige Informationen für die Kundenbindung.

---

[526] Vgl. Kieß, 2003, „Zielgruppen, Marketing, Akquise", S. 138.
[527] Weigmann, 2003, „Start-up", S. 31.
[528] Vgl. Weigmann, 2003, „Start-up", S. 31-32.
[529] Vgl. Kieß, 2003, „Zielgruppen, Marketing, Akquise", S. 138.
[530] Vgl. Hofert, 2007, Praxisbuch Existenzgründung: Erfolgreich selbständig werden und bleiben, S. 320.
[531] Vgl. Falk [u. a.], 2006, Selbstständig und erfolgreich sein: Der neue Leitfaden für Existenzgründer, S. 107.

Neben den hier erläuterten Möglichkeiten gibt es natürlich viele weitere Instrumente zur Ansprache der Zielgruppen. Zweckdienlich erscheinen mir zum Beispiel noch Autowerbung, das eigene Buch, Auftritte in der Öffentlichkeit (Kongresse, Golfclubs, Segelclubs etc.) oder aber die Publikation in entsprechenden Fachzeitschriften, wobei Letzteres nach Aussage von Weigmann für einen unbekannten Berufsanfänger schwierig ist.[532] Definitiv sollte ein Personal Trainer bei der Auswahl der Möglichkeiten Folgendes beachten: „Bei allen Maßnahmen, die dazu dienen den Verbraucher zu erreichen und auf das Unternehmen aufmerksam zu machen, gilt: Sie müssen zum Unternehmen und zu dessen finanziellen Ressourcen sowie zur Zielgruppe passen. Für ein Ein-Mann-Unternehmen kommt eine aufwendige Anzeigenschaltung aus Kostengründen nicht in Frage. Hier helfen kleinere Maßnahmen wie zum Beispiel Autowerbung. Generell ist es empfehlenswert, zwei bis drei Prozent des Umsatzes in Werbung zu investieren. Dies gilt auch für kleine Unternehmen, zum Gründungsbeginn sollte es sogar etwas mehr sein."[533]

12.3.4 Das Erstgespräch

Das persönliche Kennenlerngespräch ist der letzte und entscheidende Schritt im Akquiseprozess. Nur wenige Minuten bleiben dem Personal Trainer, um die Sympathie des Klienten zu gewinnen. Freese meint: „Was Sie im ersten Moment durch unprofessionelle Vorbereitung verlieren, können Sie später im Gespräch durch Kompetenzgefasel nicht wieder ausgleichen. Der erste Eindruck zählt."[534] Was gehört nun aber zu einem professionellen Kennenlerngespräch? Wie muss es ablaufen und wo sollte es stattfinden?

Das Kennenlerngespräch ist ein persönliches Treffen mit dem Klienten. Es ist in der Regel kostenlos und findet je nach Wunsch des Klienten im Büro, in einem Restaurant oder beim Klienten zu Hause statt.[535] Absolute Pünktlichkeit von Seiten des Trainers ist Pflicht. Der Ort des Zusammentreffens sollte aus meiner Sicht, sofern durch den Trainer bestimmt, möglichst keine Störfaktoren wie Telefone oder sonstigen Lärm aufweisen. Des Weiteren sollte das Gespräch vordergründig ei-

---

[532] Vgl. Weigmann, 2003, „Start-up", S. 24.
[533] Weigmann, 2003, „Start-up", S. 23-24.
[534] Freese, 2006, Start-up Personal Training: Einstieg und Aufstieg, S. 95.
[535] Vgl. Kieß, 2007, „Traumberuf Personal Trainer - In 3 Monaten erfolgreich starten", S. 24.

nen beratenden und keinen primär verkaufenden Charakter haben. Der Kunde soll selbst entscheiden können, ob er die Dienstleistung möchte oder nicht.[536] Dieses Vorgehen setzt eine lockere und freundliche Atmosphäre voraus. Beim Beratungsgespräch gilt wie in anderen Gesprächssituationen auch, wer fragt der führt. Der Personal Trainer kann das Gespräch also bewusst durch den Einsatz von offenen (die sogenannten W-Fragen) und geschlossenen Fragen lenken.[537] Damit das Gespräch möglichst individuell und professionell wirkt, sollte der Trainer zuvor alle wichtigen Informationen über den Klienten recherchieren. Freese meint: „Sie sollten wissen, in welcher Branche der potenzielle Klient tätig ist, womit er sein Geld verdient und wo sein Tätigkeitsschwerpunkt liegt."[538] Außerdem rät Kieß, gleich zu Beginn abzuklären, aus welcher Motivation heraus der Kontakt erfolgt. Es nützt nichts, wenn der Klient das Training nicht tatsächlich aus sich selbst heraus möchte. Somit gilt: „Kläre das Warum und alles wird klar."[539] Darüber hinaus sollte der Personal Trainer mental auf das Gespräch vorbereitet sein, sicher in der Argumentation zum eigenen Preis auftreten und sich durch Folgendes auszeichnen: Charisma, eine positive Ausstrahlung, sichere Rhetorik und Körpersprache sowie Analysefähigkeit.[540] Letztlich sei noch auf das Outfit des Trainers hingewiesen, das dem Anlass entsprechend gewählt sein sollte. Freese rät grundsätzlich vom „Businesslook" ab und befürwortet, sofern das Gespräch beim Klienten zu Hause stattfindet, einen sportlichen Ausgehdress.[541] Meiner Meinung nach hängt die Wahl der Kleidung von der Zielgruppe sowie vom Ort des Zusammentreffens ab. Es sollte nicht zu sportlich wirken, denn auch mit dem Outfit kann der Trainer Professionalität ausstrahlen, lieber etwas seriöser als zu leger. Der Abschluss des Gespräches kann in einer Terminvereinbarung, in einer generellen Absage (zu teuer oder zwischenmenschliche Ebene zwischen beiden stimmt nicht) oder in der Situation enden, dass der Klient die Unterla-

---

[536] Vgl. Schwall, Huber, 2003, „Sportanlagenmarketing", S. 58.
[537] Vgl. Rasner, Füser, Faix, 1997, Das Existenzgründer Buch: Von der Geschäftsidee zum sicheren Geschäftserfolg, S. 331.
[538] Freese, 2006, Start-up Personal Training: Einstieg und Aufstieg, S. 95-96.
[539] Vgl. Kieß, 2007, „Traumberuf Personal Trainer - In 3 Monaten erfolgreich starten", S. 24.
[540] Vgl. Schwall, Huber, 2003, „Sportanlagenmarketing", S. 58.
[541] Vgl. Freese, 2006, Start-up Personal Training: Einstieg und Aufstieg, S. 95.

gen des Personal Trainers mitnimmt. Im letztgenannten Fall sollte der Trainer nach ein bis zwei Wochen noch einmal nachfassen.[542]

12.4 Kundenbindung

Wie aus diesem Kapitel ersichtlich, ist Marketing ein sehr essenzieller Punkt, dem viel Aufmerksamkeit, Zeit und Geduld entgegengebracht werden sollte. Marketing ist eine Investition, welche gerade in der Anfangsphase verstärkt, aber auch im weiteren Verlauf der Unternehmung aktiv gehandhabt werden muss. Ziel muss es sein, sich zufriedene Stammkunden zu erarbeiten und diese Zufriedenheit durch ein vielseitiges, serviceorientiertes, qualitativ hochwertiges Dienstleistungsangebot zu erhalten und auszubauen. Es ist definitiv kostengünstiger, einen bestehenden Klienten zu begeistern und zu halten, als einen Neukunden zu interessieren und zu gewinnen. Der Personal Trainer kann die Zufriedenheit seiner vorhandenen Klienten jedoch nicht voraussetzen, sondern muss sie regelmäßig hinterfragen. Eine Möglichkeit bietet zum Beispiel der Einsatz eines Fragebogens. Der Trainer erhält dadurch ein Feedback und kann seine Arbeit kritisch reflektieren. Darüber hinaus sollte der Klient jederzeit die Exklusivität und die Individualität dieser ganzheitlichen Betreuung spüren. Ein Anruf zum Geburtstag, ein kleines Präsent bei der nächsten Trainingseinheit oder einfach nur die Frage nach dem Befinden geben dem Klienten das Gefühl, wichtig zu sein und gut betreut zu werden.[543]

---

[542] Vgl. Kieß, 2007, „Traumberuf Personal Trainer - In 3 Monaten erfolgreich starten", S. 25.
[543] Vgl. Weigmann, 2003, „Start-up", S. 33.

13   Zusammenfassung und Fazit

Der Nischenmarkt Personal Training hat in den vergangenen Jahren einen enormen Wandel erfahren. In den neunziger Jahren noch gänzlich unbekannt, entwickelt sich die Dienstleitung heute fortwährend zu einem ernst zu nehmenden Berufsbild mit sehr guten Zukunftschancen und weist ein breites Spektrum an Zielgruppen auf. Die Folge dieser positiven Entwicklung ist eine steigende Zahl an Personal Trainern und kommerziellen Trainerplattformen. Die Qualität der Anbieter ist aufgrund des fehlenden Berufsbildes und der fehlenden einheitlichen Anforderungen sehr unterschiedlich. Wer sich heute als Personal Trainer selbstständig machen möchte, steht einer Vielzahl an Mitbewerbern gegenüber, die nicht in jedem Fall einen seriösen Konkurrenzkampf betreiben. Preisdumping stellt dabei nur ein tiefgreifendes Problem der Branche dar. Um erfolgreich in den Markt einzutreten und sich langfristig zu etablieren, ist aus meiner Sicht eine klare Positionierung im Hochpreissegment sowie eine systematische und zielorientierte Unternehmensplanung, die Qualität und Kundenorientierung in den Mittelpunkt der Betrachtung stellt, unerlässlich. Ich denke, dass die Idee, sich als Personal Trainer selbstständig zu machen, allein nicht ausreicht. Meiner Meinung nach muss sich ein Existenzgründer in diesem Nischenmarkt auch mit zahlreichen Themen und Fragestellungen beschäftigen, die mit dem eigentlichen Betätigungsfeld nicht viel zu tun haben. Das meint neben der Überlegung, ob die Existenzgründung tatsächlich angestrebt werden soll, insbesondere die Auseinandersetzung mit rechtlichen und betriebswirtschaftlichen Themen, wie der Businessplanung inklusive Personal Training-Konzept, Preiskalkulation, Liquiditätsplanung, die Wahl der Rechtsform, Steuern, Buchhaltung und Versicherung. Besondere Aufmerksamkeit muss aus meiner Sicht der Markteintrittsstrategie zukommen, denn eine Unternehmung kann nur erfolgreich verlaufen, wenn auch die Klienten die Dienstleistung kaufen. Das setzt voraus, dass die Zielgruppe den Personal Trainer findet. Im Ergebnis bedeutet dies, ein Personal Trainer benötigt von Beginn an ein ausgereiftes Marketingkonzept, dass ausgehend von einer klaren Marktpositionierung, eindeutig die Frage beantwortet: Wie gewinne ich meine ersten Klienten? Dafür ist wiederum eine Marktanalyse notwendig. Darüber hinaus sollte der Personal Trainer von Beginn an mit einem professionellen Corporate Identity den Markt betreten. Das wirkt seriös und grenzt ihn von unprofessionellen Anbietern ab. Ein weiterer elementarer Punkt, der in dieser

Arbeit mehrfach angesprochen wurde, ist der Preis. Wie dargestellt, braucht ein Personal Trainer, der sein Business richtig aufbauen möchte und das Ziel verfolgt, diesen Beruf bis zum Rentenalter ausführen zu wollen, von Beginn an einen Kalkulationspreis, der dieses Vorhaben auch finanziert. 70 Euro netto sind dabei die Mindestvoraussetzung. An dieser Stelle wird auch gleich ein nächster Aspekt sichtbar, der ebenfalls eine notwendige Voraussetzung darstellt. Der Personal Trainer muss den hohen Stundensatz gegenüber seinen Klienten auch verkaufen können. Verkaufsschulungen, ein Einblick in die eigene Kostenkalkulation, aber auch Gespräche mit anderen erfolgreichen Personal Trainern können hier helfen, das notwenige Selbstvertrauen hinsichtlich des eigenen Wertes, zu gewinnen. Abgesehen von diesen Themen, die alle für den Personal Trainer sehr relevant sind, muss er natürlich ein fundiertes Fachwissen mitbringen, welches er durch regelmäßige Fort- und Weiterbildungen stets vertiefen sollte. Darüber hinaus sind ein hohes Maß an Sozialkompetenz und Kommunikationsfähigkeit in diesem Beruf unentbehrlich.

Im Ergebnis lässt sich feststellen, dass die Selbstständigkeit als Personal Trainer, wenngleich sie in der Regel freiberuflich im Rahmen der Einzelunternehmung geführt wird, viele Fragen aufwirft, die unbedingt vor der Gründung beantwortet werden sollten. Gerade der Aspekt der Finanzierung ist hierbei nochmals zu betonen. Ein Existenzgründer, der öffentliche Fördermittel in Anspruch nehmen möchte, muss sich unbedingt vor der Aufnahme der Geschäftstätigkeit diesbezüglich beraten lassen, da andernfalls eine Förderung nicht mehr möglich ist.

Abschließend und mit Blick in die Zukunft denke ich, dass die Existenzgründung als Personal Trainer auch weiterhin gute Chancen offeriert. Gerade der demografische Wandel, die Auswirkungen unseres hektischen und bewegungsarmen Lebensstils, das steigende Gesundheitsbewusstsein in der Bevölkerung sowie der Trend zu Exklusivität und Individualität sind Beispiele, die diese Vermutung bestätigen. Mit Blick auf die Etablierung im Markt möchte ich anmerken, dass es zukünftig für einen Personal Trainer notwendig sein wird, sein Dienstleistungsangebot an die sich ändernden Umweltbedingungen anzupassen. Interessant erscheint mir dabei die Erweiterung des eigenen Trainingsangebotes um den Bereich des Coachings. Mit einer professionellen Ausbildung auch in diesem Bereich kann man sein eigenes Personal Trainingsangebot um die psychische Komponente erweitern.

Literaturverzeichnis

Becker, Jochen **(1999)**: *Das Marketingkonzept: Zielstrebig zum Markterfolg!*, 1. Auflage, München (Beck-Wirtschaftsberater im dtv).

Bleiber, Reinhard **(2006)**: *Existenzgründung: Geschäftsidee – Finanzierung – Verträge auf CD*, 4., aktualisierte Auflage, Freiburg i. Br. (Haufe).

Brandt, Thomas M. **(2003)**: „Risiko- und Vermögensmanagement des Personal Trainers", in: Kieß, Eginhard (Hrsg.): *Erfolgskonzept Personal Training: Selbständigkeit, Marketing, Trainingsplanung*, 2., überarbeitete und erweiterte Auflage, Düsseldorf (VDM Verlag Dr. Müller), S. 105-117.

Brouwers, Lars **(2003)**: „Gesundheits-/Eingangscheck im Personal Training", in: Kieß, Eginhard (Hrsg.): *Erfolgskonzept Personal Training: Selbständigkeit, Marketing, Trainingsplanung*, 2., überarbeitete und erweiterte Auflage, Düsseldorf (VDM Verlag Dr. Müller), S. 203-214.

Bundesministerium für Wirtschaft und Technologie (Hrsg.) (2007): *Starthilfe: Der erfolgreiche Weg in die Selbstständigkeit*, 29. überarbeitete Auflage, Berlin (Bundesministerium für Wirtschaft und Technologie).

Bundesministerium für Wirtschaft und Technologie (Hrsg.) (2007): „Ziele setzen, Strategien entwickeln", in: *Gründerzeiten: Informationen zur Existenzgründung und -sicherung*, Nr. 54 (Januar 2007), S. 1-4.

Bundesministerium für Wirtschaft und Technologie (Hrsg.) (2007): „Existenzgründung in Deutschland", in: *Gründerzeiten: Informationen zur Existenzgründung und -sicherung*, Nr. 1 (Juni 2007), aktualisierte Auflage, S. 1-8.

Collrepp, Friedrich von **(2007)**: *Handbuch Existenzgründung: Für die ersten Schritte in die dauerhaft erfolgreiche Selbstständigkeit*, 5., erweiterte und aktualisierte Auflage, Stuttgart (Schäffer-Poeschel Verlag).

Dudenredaktion (Hrsg.) (2004): *Die deutsche Rechtschreibung*, 23., völlig neu bearbeitete und erweiterte Auflage, Mannheim (Dudenverlag).

Falk, Franz [u. a.] **(2006)**: *Selbstständig und erfolgreich sein: Der neue Leitfaden für Existenzgründer*, 17., aktualisierte Auflage, Stuttgart (Deutscher Sparkassen Verlag).

Falk, Hermann **(2003)**: „Ausgewählte rechtliche Aspekte des Personal Trainings: ein juristischer Hindernislauf", in: Kieß, Eginhard (Hrsg.): *Erfolgskonzept Personal Training: Selbständigkeit, Marketing, Trainingsplanung*, 2., überarbeitete und erweiterte Auflage, Düsseldorf (VDM Verlag Dr. Müller), S. 85-103.

Freese, Jens **(2003)**: „Ansichten", in: Freese, Jens (Hrsg.); Weigmann, Sabine (Hrsg.): *Personal Training: „The Business Book": Existenzgründung, Zielgruppenmarketing & Finanz- und Vorsorgeplanung für Trainer, Therapeuten und Bewegungsexperten*, Köln (Deutscher Trainer Verlag), S. 43-70.

Freese, Jens **(2006)**: *Start-up Personal Training: Einstieg und Aufstieg*, 1. Auflage, Karlsruhe (Health and Beauty Business Media).

Freese, Jens **(2007)**: „Personal Training wird erwachsen", in: *body LIFE*, 8/2007, S. 12-16.

Freese, Jens; **Stergiou**, Ilias (Hrsg.) **(2003)**: *Personal Training: „The Practice Book": Übungsprogramme für die one-to-one-Betreuung im Fitness-Club oder Home-Training*, Köln (Deutscher Trainer-Verlag).

Freyer, Walter **(1990)**: *Handbuch des Sportmarketing*, Wiesbaden (Forkel-Verlag).

Früh, Stefan **(2001)**: „Entwicklung einer Marketingkonzeption für Personal Training unter Berücksichtigung der branchenspezifischen Besonderheiten", Arbeit Köln (DSHS).

Geyer, Helmut; **Ephrosi**, Luis **(2005)**: *Chrashkurs Marketing: Strategien für den Erfolg am Markt*, 2. Auflage, Freiburg i. Br. (Haufe).

Gietl, Gerhard; **Lobinger**, Werner **(2006)**: *Risikomanagement für Geschäftsprozesse: Leitfaden zur Einführung eines Risikomanagementsystems*, München (Carl Hanser Verlag).

Hofert, Svenja **(2006)**: *Erfolgreiche Existenzgründung für Trainer, Berater, Coachs: Das Praxisbuch für Gründung, Existenzaufbau und Expansion*, Offenbach (Gabal Verlag GmbH).

Hofert, Svenja **(2007)**: *Praxisbuch Existenzgründung: Erfolgreich selbständig werden und bleiben*, Frankfurt am Main (Eichborn Verlag).

Hovemann, Gregor; **Trinkhaus**, Cornelia **(2002)**: „Management", Studienheft (IST-Studieninstitut).

Kalba, Regine; **Mäßen**, Andrea **(2004)**: *Marketing: Einfach! Praktisch!*, 3., durchgesehene Auflage, Plannegg b. München (Haufe).

Karsch, Christiane **(2007)**: „An jedem Ort zu jeder Zeit: Personal Training", in: *Running*, 10/2007, S. 48-49.

Kieß, Eginhard **(2003)**: „Zielgruppen, Marketing, Akquise", in: Kieß, Eginhard (Hrsg.): *Erfolgskonzept Personal Training: Selbständigkeit, Marketing, Trainingsplanung*, 2., überarbeitete und erweiterte Auflage, Düsseldorf (VDM Verlag

Dr. Müller), S. 119-142.

Kieß, Eginhard **(2007)**: „Beruf mit Zukunft: Personal Trainer: Die richtige Positionierung im Markt", in: *Trainer: Magazin für Fitness-Professional*, 3/2007, S. 28-30.

Kieß, Eginhard **(2007)**: „Beruf mit Zukunft: Teil 2: Strategie & Konzept" in: *Trainer: Magazin für Fitness-Professional*, 4/2007, S. 24-27.

Kieß, Eginhard **(2007)**: „PPT_Germany.pdf", Köln (PREMIUM Personal Trainer Club).

Kieß, Eginhard **(2007)**: „Traumberuf Personal Trainer - In 3 Monaten erfolgreich starten", Unterlagen Existenzgründerseminar (PREMIUM Personal Trainer Club).

Klein, Volker **(1997)**: *Der Privat Trainer: Geld verdienen als Bodybuilding- und Fitness-Trainer*, 1. Auflage, Arnsberg (Novagenics Verlag).

Kolter, Philip; **Bliemel**, Friedhelm **(1995)**: *Marketing-Management: Analyse, Planung, Umsetzung und Steuerung*, 8., vollständig neu bearbeitete und erweiterte Auflage, Stuttgart (Schäffer-Poeschel Verlag).

Kramer, Georg **(2007)**: *Personal Training als Trend: Exklusiv, zielorientiert, effektiv*, Saarbrücken, (VDM Verlag Dr. Müller).

Krampe, Klaus; **Müller**, Günter; **Trinkhaus**, Cornelia **(2003)**: „Betriebswirtschaftslehre", Studienheft (IST-Studieninstitut).

Laidlaw, Sophia Jayne **(1998)**: „Personal Trainer als Beruf – konzeptionelle und perspektivische Aspekte", Arbeit Köln (DSHS).

Levinson, Jay C. **(1990)**: *Guerilla Marketing: Offensives Werben und Verkaufen für kleinere Unternehmen*, München (Wilhelm Heyne Verlag).

Lutz, Andreas **(2006)**: *Businessplan für Gründungszuschuss-, Einstiegsgeld- und andere Existenzgründer*, 2., aktualisierte und überarbeitete Auflage, Wien (Linde Verlag).

Moenikes-Schulte, Catrin [u. a.] **(2003)**: „Rechtliche Grundlagen", Studienheft (IST-Studieninstitut).

Mützel, Gerald **(2005)**: „Richtig Vorsorgen: Versicherungsschutz für Trainer" in: *Trainer: Magazin für Fitness-Professional*, 6/2005, S. 36-39.

Neef, Katja **(2003)**: „Existenzgründung als Personal Trainer", in: Kieß, Eginhard

(Hrsg.): Erfolgskonzept Personal Training: Selbständigkeit, Marketing, Trainingsplanung, 2., überarbeitete und erweiterte Auflage, Düsseldorf (VDM Verlag Dr. Müller), S. 67-82.

Nickel, Sylvia **(2007)**: *Der Gründungszuschuss: Tipps für Existenzgründer Nachfolgeregelung der Ich-AG*, 3. Auflage, Berlin (Cornelsen).

Nussbaum, Cordula; **Grubbe**, Gerhard **(2006)**: *Die 100 häufigsten Fallen nach der Existenzgründung*, 2., aktualisierte Auflage, Freiburg i. Br. (Haufe).

Oeljeschläger, Frank [u. a.]; **Allgemeiner Unternehmensverband Neubrandenburg e. V.** (Hrsg.) (o. J.): *Businessplan-Wettbewerb: Mecklenburg-Vorpommern: Einfach Anfangen: Wettbewerbshandbuch*, Neubrandenburg.

PROF. DR. BISCHOFF & PARTNER®; PERSONAL TRAINER NETWORK (2001): Der Personal Trainer: Darstellung eines neuen Berufsbildes, Köln.

Rasner, Carsten; **Füser**, Karsten; **Faix**, Werner G. **(1997)**: *Das Existenzgründer Buch: Von der Geschäftsidee zum sicheren Geschäftserfolg*, 2. Auflage, Landsberg/Lech (Verlag Moderne Industrie).

Riedl, Sabine **(2003)**: „Ausbildung und Anforderungsprofil eines Personal Trainers", in: Kieß, Eginhard (Hrsg.): *Erfolgskonzept Personal Training: Selbständigkeit, Marketing, Trainingsplanung*, 2., überarbeitete und erweiterte Auflage, Düsseldorf (VDM Verlag Dr. Müller), S. 13-30.

Schlembach, Claudia; **Schlembach**, Hans-Günther **(2005)**: *Businessplan: Geldgeber überzeigen und zielgerichtet planen*, 2. Auflage, Berlin (Cornelsen).

Schwall, Jörg; **Huber**, Peter **(2003)**: „Sportanlagenmarketing", Studienheft (IST-Studieninstitut).

Siebels, Renate **(2003)**: „Steuerangelegenheiten", in: Freese, Jens (Hrsg.); Weigmann, Sabine (Hrsg.): Personal Training: *„The Business Book": Existenzgründung, Zielgruppenmarketing & Finanz- und Vorsorgeplanung für Trainer, Therapeuten und Bewegungsexperten*, Köln (Deutscher Trainer Verlag), S. 83-102.

Spajic, Zvonimir **(1999)**: „Personal Training als neues Arbeitsfeld auf dem Markt sportbezogener Dienstleistungen", Arbeit Köln (DSHS).

Sprenger, Reinhard K. **(2006)**: *30 Minuten für mehr Motivation*, 10. Auflage, Offenbach (Gabal Verlag GmbH).

Teichert, Claudia **(2007)**: „Qualitätsmanagement im PREMIUM Personal Trainer Club", Belegarbeit Wismar (Hochschule Wismar, Fachbereich Wirtschaft).

Teichert, Claudia **(2007)**: „Strategisches Marketing für eine Existenzgründung im

Bereich Personal Training", Hausarbeit Wismar (Hochschule Wismar, Fachbereich Wirtschaft).

Uhe, Gerd (2002): *Operatives Marketing: Gezielter Einsatz des Marketing-Instrumentariums*, 1. Auflage, Berlin (Cornelsen).

Uhe, Gerd (2002): *Strategisches Marketing: Vom Ziel zur Strategie*, 1. Auflage, Berlin (Cornelsen).

Wade, Jennifer (1996): *Personal Training – Fitneß für ein neues Lebensgefühl*, München (Südwest Verlag).

Weber, Rebecca (2005): „Personal Training in Deutschland", in: *Trainer-Magazin für Fitness-Professionals*, 5/2005, S. 33-37.

Weigmann, Sabine (2003): „Start-up", in: Freese, Jens (Hrsg.); Weigmann, Sabine (Hrsg.): *Personal Training: „The Business Book"*: *Existenzgründung, Zielgruppenmarketing & Finanz- und Vorsorgeplanung für Trainer, Therapeuten und Bewegungsexperten*, Köln (Deutscher Trainer Verlag), S. 9-33.

Weyand, Giso (2006): *Allein erfolgreich - Die Einzelkämpfermarke: Erfolgreiches Marketing für beratende Berufe*, 1. Auflage, Göttingen, (Businessvillage).

Abgerufene Internetseiten:

Abgabenordnung (AO) in der Fassung der Bekanntmachung vom 1. Oktober 2002 (BGBl. I S. 3866; 2003 I S. 61), zuletzt geändert durch Artikel 5 des Gesetzes vom 10. Oktober 2007 (BGBl. I S. 2332), in: Gesetze im Internet; unter: *http://www.gesetze-im-internet.de/ao_1977/BJNR006130976.html*, abgerufen am 30.12.2007.

Allgemeiner Unternehmensverband Neubrandenburg e. V.:
„12. Erfolgsrechnung", unter: *http://www.gruender-mv.de/service/schritte/12/index.html*, abgerufen am 09.12.2007.

Allgemeiner Unternehmensverband Neubrandenburg e. V.:
12. Erfolgsrechnung: „Kostenplanung"; unter: *http://www.gruender-mv.de/service/schritte/popup/Unternehmensplanung/4_2_2_kostenplanung.html*, abgerufen am 07.12.2007.

Allgemeiner Unternehmensverband Neubrandenburg e. V.:
9. Kapitalbedarfsplanung: „Kapitalbedarf"; unter: *http://www.gruender-mv.de/service/schritte/popup/Unternehmensplanung/4_1_Kapitalbedarf.html*, abgerufen am 14.11.2007.

Bundesagentur für Arbeit (2007): Finanzielle Hilfen: „Sozialgesetzbuch Zweites Buch - Was? Wie viel? Wer? Finanzielle Hilfe auf einen Blick – 2008"; unter: *http://www.arbeitsagentur.de/zentraler-Content/Veroeffentlichungen/SGB-II/waswieviel-wer-2006-Leistungen-AN.pdf*, abgerufen am 29.12.2007.

Bundesministerium für Wirtschaft und Technologie: „Beratungsförderung"; unter: *http://www.existenzgruender.de/selbstaendigkeit/gruendung_finanzieren/foerderprogramme/00560/index.php*, abgerufen am 06.12.2007.

Bundesministerium für Wirtschaft und Technologie: „KfW-Gründungsmonitor 2007"; unter: *http://www.existenzgruender.de/publikationen/studien/03474/index.php*, abgerufen am 29.08.2007.

Bundesverband Deutscher Personal Trainer e. V.: Downloads: „Deutsche Rentenversicherung.pdf"; unter: *http://selfedit.w-plus.de/enterprise/bdpt/user/b1146652982.pdf*, abgerufen am 11.10.2007.

Bundesverband Deutscher Personal Trainer e. V.: „Mitgliedschaft: Voraussetzungen"; unter: *http://www.bdpt.org/*, abgerufen am 07.12.2007.

Bundesverband Deutscher Personal Trainer e. V.: „Was ist PT?"; unter: http://www.bdpt.org/, abgerufen am 06.11.2007.

Bundeszentralamt für Steuern: "Umsatzsteuer-Identifikationsnummer"; unter: *http://www.bzst.de/003_menue_links/005_ustidnr/index.html*, abgerufen am 08.10.2007.

Bürgerliches Gesetzbuch (BGB) in der Fassung der Bekanntmachung vom 2. Januar 2002 (BGBl. I S. 42, 2909; 2003 I S. 738), zuletzt geändert durch Artikel 3 des Gesetzes vom 23. November 2007 (BGBl. I S. 2631), in: Gesetze im Internet; unter: *http://www.gesetze-im-internet.de/bgb/BJNR001950896.html*, abgerufen am 30.12.2007.

Chromow, Robert: „Dienstleistungs-Kalkulation: realistische Stundensätze berechnen": Excel-Honorarrechner; unter: http://www.akademie.de/dateien/tipps/5382_Honorar-Rechner.xls, abgerufen am 06.11.2007.

Deutsche Golf Sport GmbH: Leistungen: „Zielgruppe"; unter: *http://www.golf.de/dgs/leist_zg.cfm*, abgerufen am 23.12.2007.

Deutscher Golf Verband e. V.: Marktforschung: DGV-Statistiken 2006: „Entwicklung der Golfspieler, DGV-Mitglieder und Golfplätze von 1997 bis 2006";

unter:
http://www.golf.de/dgv/binarydata/DGV_Statistik_2006_Spieler_Clubs_Anlagen_ 1997-2006_Tabelle.pdf, abgerufen am 23.12.2007.

Deutscher Golf Verband e. V.: Marktforschung: DGV-Statistiken 2006: „Golfclubs und Golfspieler nach Landesgolf-Verbänden 2006"; unter: *http://www.golf.de/dgv/binarydata/DGV_Statistik_2006_GolferLGV.pdf*, abgerufen am 23.12.2007.

Deutscher Golf Verband e. V.: Marktforschung: DGV-Statistiken 2006: „Golfplätze nach Landesgolf-Verbänden 2006"; unter: *http://www.golf.de/dgv/binarydata/Golfplaetze_LGV_2006.pdf*, abgerufen am 23.12.2007.

DRÄGER & HANSE BKK: „Selbstständige"; unter: *http://www.draegerhanse.de/freiwillige/extras/selbststaendige.html*, abgerufen am 30.12.2007.

Drittes Buch Sozialgesetzbuch (SGB 3) - Arbeitsförderung - (Artikel 1 des Gesetzes vom 24. März 1997, BGBl. I S. 594), zuletzt geändert durch Artikel 1 des Gesetzes vom 10. Oktober 2007 (BGBl. I S. 2329), in: Gesetze im Internet; unter: *http://www.gesetze-im-internet.de/sgb_3/BJNR059500997.html*, abgerufen am 30.12.2007.

Einkommensteuer-Durchführungsverordnung (EStDV 1955) in der Fassung der Bekanntmachung vom 10. Mai 2000 (BGBl. I S. 717), zuletzt geändert durch Artikel 2 des Gesetzes vom 10. Oktober 2007 (BGBl. I S. 2332), in: Gesetze im Internet; unter: *http://www.gesetze-im-internet.de/estdv_1955/BJNR007560955.html*, abgerufen am 30.12.2007.

Einkommensteuergesetz (EStG) in der Fassung der Bekanntmachung vom 19. Oktober 2002 (BGBl. I S. 4210; 2003 I S. 179), zuletzt geändert durch Artikel 1 des Gesetzes vom 10. Oktober 2007 (BGBl. I S. 2332), in: Gesetze im Internet; unter: *http://www.gesetze-im-internet.de/estg/BJNR010050934.html*, abgerufen am 30.12.2007.

FOCUS (2005): „Der Markt für Fitness und Wellness: Daten, Fakten, Trends"; unter: *http://www.dienstleister-info.ihk.de/branchen/Fitnesswirtschaft/Merkblaetter/05fitness.pdf*, abgerufen am 23.12.2007.

Freitag, Robin: Zertifizierungsprozess: „Prüfkriterien Personal Trainer"; unter: *http://www.aqzept.eu/content/view/23/40/*, abgerufen am 07.12.2007.

Gewerbesteuergesetz (GewStG) in der Fassung der Bekanntmachung vom 15. Oktober 2002 (BGBl. I S. 4167), zuletzt geändert durch Artikel 4 des Gesetzes vom 10. Oktober 2007 (BGBl. I S. 2332), in: Gesetze im Internet; unter: *http://www.gesetze-im-internet.de/gewstg/BJNR009790936.html*, abgerufen am 30.12.2007.

Handelsgesetzbuch (HGB) in der im Bundesgesetzblatt Teil III, Gliederungsnummer 4100-1, veröffentlichten bereinigten Fassung, zuletzt geändert durch Artikel 4 des Gesetzes vom 23. November 2007 (BGBl. I S. 3631), in: Gesetze im Internet; unter: *http://www.gesetze-im-internet.de/hgb/BJNR002190897.html*, abgerufen am 30.12.2007.

IHK Schwaben (2004): Publikationen: "Abgrenzung Gewerbe - Freie Berufe"; unter: *http://www.ihk-schwaben.de/dokumente/merkblaetter/M87709.pdf*, abgerufen am 29.09.2007.

in-TRUST AG für Kapitalmanagement: Glossar: „financial planner"; unter: *http://www.in-trust.de/index.php?option=com_rd_glossary&task=showpart&part=F&Itemid=181*, abgerufen am 17.10.2007.

Investitionsbank Berlin: „Mit den richtigen Schritten in die Selbstständigkeit Existenzgründer-Leitfaden der Investitionsbank Berlin"; unter: http://www.kontinuum-berlin.de/marktbuero/existenz/leitfaden_existenzgruendung.pdf, abgerufen am 22.12.2007.

Jennifer Wade Group: „QPT– Termine und Preise"; unter: *http://www.jenniferwade.de/index.php?id=13*, abgerufen am 12.12.2007.

KfW Mittelstandsbank: „Kalkulationsschritte: Detaillierte Kalkulation aller Kennzahlen"; unter: *http://www.kfw-mittelstands-bank.de/DE_Home/Gruenderzentrum/Planungsphase/Kalkulation_%26_Finanzplanung/Kalkulationsschritte/index.jsp*, abgerufen am 07.12.2007.

KfW Mittelstandsbank: „Planungshilfe Kalkulatorische Kosten"; unter: *http://www.kfw-mittelstands-bank.de/DE_Home/Gruenderzentrum/Planungsphase/Kalkulation_&_Finanzplanung/Kalkulationsschritte/Planungshilfe_Kalkulatorische_Kosten.jsp*, abgerufen am 07.12.2007.

KfW Mittelstandsbank: „Rentabilitätsplanung"; unter: *http://www.kfw-mittelstands-bank.de/DE_Home/Gruenderzentrum/Planungsphase/Kalkulation_%26_Finanzplanung/Finanzplan-Bausteine/Rentabilitaetsplanung.jsp*, abgerufen am 09.12.2007.

Kieß, Eginhard: „Was ist Personal Training?"; unter: *http://www.personal-training.de*, abgerufen am 23.10.2007.

Mattes, Ruth: „Golf-Fitness-Training: Ein Muss für jeden Golfer"; unter: *http://www.personalfitness.de/lifestyle/198*, abgerufen am 23.12.2007.

Mewes, Wolfgang: „Die Engpasskonzentrierte Verhaltens- und Führungsstrategie (EKS®): Das 7-Phasen-Programm"; unter: *http://www.wolfgangmewes.de/wolfgang-mewes.htm*, abgerufen am 01.11.2007.

Meyers Lexikonverlag; Bibliographisches Institut & F. A. Brockhaus AG (Hrsg.) (2007): "Existenzgründung"; unter: http://lexikon.meyers.de/meyers/Existenzgr%C3%BCndung, abgerufen am 12.09.2007.

Müller, Stephan: „E-Mail: Gründung VAPT e. V.", Online in Internet von Müller, Stephan *(mueller@first-guide.com)*, erhalten am 13.12.2007.

Oberfinanzdirektion Hannover: „Ausstellen von Rechnungen i.S. der §§ 14, 14a UStG und Vorsteuerabzug"; unter: *http://www.ofd.niedersachsen.de/master/C3956778_N9590_L20_D0_I636.html*, abgerufen am 06.10.2007.

Partnerschaftsgesellschaftsgesetz (PartGG) vom 25. Juli 1994 (BGBl. I S. 1744), zuletzt geändert durch Artikel 12 Abs. 12 des Gesetzes vom 10. November 2006 (BGBl. I S. 2553), in: Gesetze im Internet; unter: *http://www.gesetze-im-internet.de/partgg/BJNR174410994.html*, abgerufen am 30.12.2007.

PersonalFitness: „Gold und Classic Membership bei Personalfitness.de"; unter: *http://www.personalfitness.de/faq/index.php#a0*, abgerufen am 21.12.2007.

PersonalFitness: „Welche Vorraussetzungen [!]benötige ich für die Aufnahme bei Personalfitness.de?"; unter: *http://personalfitness.de/faq/index.php#a7*, abgerufen am 07.12.2007.

Posener, Alan **(2006):** „Fitness-Trainer müßte man sein"; unter: *http://www.welt.de/print-wams/article137944/Fitness-Trainer_muesste_man_sein.html* , abgerufen am 28.12.2007.

PREMIUM Personal Trainer Club: "Was ist Personal Training?"; unter:

http://www.premium-personal-trainer.de/was-ist-personal-training.asp, abgerufen am 06.11.2007.

PREMIUM Personal Trainer Club: „ Unsere Eingangskriterien sind folgende:"; unter: *http://www.personal-trainer-network.de/das_ptn_premiumclub_anforderungen.asp*, abgerufen am 30.12.2007.

PREMIUM Personal Trainer Club: „Gothaer Versicherung"; unter: *http://www.personal-trainer-network.de/der_pt_pp_gothaer.asp*, abgerufen am 18.10.2007.

PREMIUM Personal Trainer Club: „Traumberuf Personal Trainer - In 3 Monaten erfolgreich starten"; unter: *http://www.personal-trainer-network.de/das_ptn_sem_bwl.asp*, abgerufen am 28.10.2007.

PREMIUM Personal Trainer Club: „Was zeichnet einen PREMIUM Personal Trainer® aus?"; unter: *http://www.personal-trainer-network.de/das_ptn_premiumclub.asp*, abgerufen am 23.12.2007.

Schönegge, Heike: „Personal Trainer: Ein Coach für alle Fälle"; unter: *http://www.fitforfun.de/fitness/studiotraining/personaltraining/personal-trainer_aid_3153.html*, abgerufen am 23.12.2007.

Sechstes Buch Sozialgesetzbuch (SGB 6) - Gesetzliche Rentenversicherung - (Artikel 1 des Gesetzes vom 18. Dezember 1989, BGBl. I S. 2261, 1990 I S. 1337) in der Fassung der Bekanntmachung vom 19. Februar 2002 (BGBl. I S. 754, 1404, 3384), zuletzt geändert durch § 22 Abs. 8 des Gesetzes vom 12. Dezember 2007 (BGBl. I S. 2861), in: Gesetze im Internet; unter: *http://www.gesetze-im-internet.de/sgb_6/BJNR122610989.html*, abgerufen am 30.12.2007.

Sinus Sociovision GmbH: „Das Original: Die Sinus-Milieus®"; unter: *http://www.sinus-sociovision.de/*, abgerufen am 23.12.2007.

Umsatzsteuer-Durchführungsverordnung (UStDV) in der Fassung der Bekanntmachung vom 21. Februar 2005 (BGBl. I S. 434), zuletzt geändert durch Artikel 8 des Gesetzes vom 13. Dezember 2006 (BGBl. I S. 2878), in: Gesetze im Internet; unter: *http://www.gesetze-im-internet.de/ustdv_1980/BJNR023590979.html*, abgerufen am 30.12.2007.

Umsatzsteuergesetz (UStG) in der Fassung der Bekanntmachung vom 21. Februar 2005 (BGBl. I S. 386), zuletzt geändert durch Artikel 7 des Gesetzes vom 10. Oktober 2007 (BGBl. I S. 2332), in: Gesetze im Internet; unter: *http://www.gesetze-im-internet.de/ustg_1980/BJNR119530979.html*, abgerufen am 30.12.2007.

VDI/VDE Innovation + Technik GmbH: „Einkommensteuer"; unter: *http://www.gruenderleitfaden.de/recht/steuerrecht/steuerarten/einkommensteuer.html*, abgerufen am 03.10.2007.

Viertes Buch Sozialgesetzbuch (SGB 4) - Gemeinsame Vorschriften für die Sozialversicherung - (Artikel 1 des Gesetzes vom 23. Dezember 1976, BGBl. I S. 3845) in der Fassung der Bekanntmachung vom 23. Januar 2006 (BGBl. I S. 86 (466)), in: Gesetze im Internet; unter: *http://www.gesetze-im-internet.de/sgb_4/BJNR138450976.html*, abgerufen am 30.12.2007.

Wellnessfinder: Wellness auf einen Click: „Personal Training"; unter: *http://www.wellnessfinder.de/index.php?id=1920*, abgerufen am 11.12.2007.

Wikipedia, Die freie Enzyklopädie: „Soft Skills"; unter: *http://de.wikipedia.org/wiki/Soft_skills*, abgerufen am 23.12.2007.

Wikipedia, Die freie Enzyklopädie: „Soziale Kompetenz"; unter: *http://de.wikipedia.org/wiki/Soziale_Kompetenz*, abgerufen am 23.12.2007.

Zweites Buch Sozialgesetzbuch (SGB 2) - Grundsicherung für Arbeitsuchende - (Artikel 1 des Gesetzes vom 24. Dezember 2003, BGBl. I S. 2954), zuletzt geändert durch Artikel 2 des Gesetzes vom 10. Oktober 2007 (BGBl. I S. 2329), in: Gesetze im Internet; unter: *http://www.gesetze-im-internet.de/sgb_2/index.html*, abgerufen am 31.12.2007.

Anlagenverzeichnis

Anlage 1:	Prüfkriterien BDPT e. V.	174
Anlage 2:	Prüfkriterien PPT Club	175
Anlage 3:	Prüfkriterien AQZEPT	177
Anlage 4:	Prüfkriterien PersonalFitness.de	180
Anlage 5:	Zielhierarchie für Personal Training in Anlehnung an Meffert/Bruhn, 2000, 210	182
Anlage 6:	Kalkulatorischer Unternehmerlohn	183
Anlage 7:	Betriebliche Ausgaben	185
Anlage 8:	Kostenplan	188
Anlage 10:	Rentabilitätsvorschau	191
Anlage 11:	Liquiditätsplanung	194
Anlage 12:	Anforderungen an eine Rechnung	197
Anlage 13:	§ 33 Rechnungen über Kleinbeträge	199

Anlage 1: Prüfkriterien BDPT e. V.

Bundesverband Deutscher Personal Trainer e. V. (BDPT e. V.)

„**Welche Voraussetzungen müssen Sie mitbringen, um beim BDPT Mitglied zu werden?**

1. Staatliche Berufsausbildung im Bereich Sportwissenschaften oder/und Gesundheitswesen.
2. Ohne staatlichen Abschluss (auch Studierende), sollten Sie mindestens Trainer-Lizenzen im Bereich Fitness vorweisen können.

Als sinnvoll erachten wir außerdem:

1. Vorlage eines Marktauftritts (Geschäftspapiere, Printmedien oder Homepage)
2. Anmeldung beim Finanzamt (Vorlage der Steuernummer)
3. Abschluss einer Berufshaftpflichtversicherung (günstige Bedingungen für Mitglieder bei der Versicherungsgesellschaft Mützel und Horbach - Angebote siehe "Downloads")

... hierbei handelt es sich jedoch nicht um Beitrittsvorraussetzungen [!]!"

Quelle: Bundesverband Deutscher Personal Trainer e. V.: „Mitgliedschaft: Voraussetzungen"; unter: http://www.bdpt.org/, abgerufen am 07.12.2007.

Anlage 2: Prüfkriterien PPT Club

PREMIUM Personal Trainer Club (PPT Club)

„Unsere Eingangskriterien sind folgende:
- Mündliche Prüfung vor einer 3 bis 5-köpfigen Prüfungskommission - Nachweis der fachlichen und sozialen Kompetenz. (...)
- Berufserfahrung als Personal Trainer
- Folgende Qualifikationsnachweise: mindestens einer dieser Ausbildungswege muss abgeschlossen sein
  - Berufsausbildung im Bereich Sport, Sportwissenschaft oder medizinischer Berufe
    (Sportlehrer, Physiotherapeut/Krankengymnast)
  - Fitnessfachwirt
  - Fitnesstrainer A-Lizenz
  - Abgeschlossene Personal Trainer Ausbildung
  - Vergleichbare Ausbildungswege inländischer und ausländischer Ausbildungsinstitute
- Nachweis eines ganzheitlichen Bewegungskonzeptes
- Ihre persönliche PT-Präsentationsmappe - Wie treten Sie auf? Welche Unterlagen bekommen Ihre Klienten zugeschickt?
- Falls diese per Mail verschickt werden, Erstellung einer professionellen pdf-Datei
- Professionelle Geschäftsunterlagen in Form von Visitenkarte, Briefpapier und ggf. Homepage
- Vertragliche Vereinbarungen mit Klienten oder Allgemeine Geschäftsbedingungen inkl. Honorarkonzept
- Informationen zum Gesundheits-Check-up inkl. Haftungsausschluss
- Nachweis eines aktuellen Erste Hilfe Kurses (nicht älter als 3 Jahre)
- Nachweis einer Berufshaftpflichtversicherung
- Nachweis eines eigenen Kooperations-Netzwerkes vor Ort (Arzt, Physiotherapeut, Sportartikelindustrie etc.)

- Digitales Portraitfoto
- Professionelles Trainingsequipment entsprechend dem angebotenen Personal Training Konzept
- Jährliche Teilnahme an den PPT Club Treffen"

Quelle: PREMIUM Personal Trainer Club: „Unsere Eingangskriterien sind folgende", unter: http://www.personal-trainer-network.de/das_ptn_premiumclub_anforderungen.asp, abgerufen am 30.12.2007.

Anlage 3:   Prüfkriterien AQZEPT

Die Agentur für Qualitätszertifizierungen im Personal Training (AQZEPT)

„Prüfkriterien Personal Trainer

1. **Personenbezogene Voraussetzungen**
- Ein PT ist nicht vorbestraft.
- Ein PT muss mindestens 23 Jahre alt sein.
- Ein PT hat einen Wohnsitz in Deutschland und ist der deutschen Sprache mächtig.
- Die Tätigkeit als PT wird professionell als Gewerbe oder Freiberuf ausgeübt.

2. **Fachliche Qualifikationen**
- Nicht staatlich ausgebildete Trainer verfügen über eine adäquate Basisausbildung im Bereich Sport, Fitness und Gesundheit (mindestens Fitnesstrainer B-Lizenz) + Personal Trainer-Ausbildung (anerkannt durch den BDPT) + 2 Jahre adäquate Berufspraxis. Staatlich ausgebildete Sport- und Bewegungsfachberufe (siehe EQSF) verfügen über ein adäquates Existenzgründungsseminar (z. B. IHK oder Start-up- Seminar) und ebenfalls eine zweijährige Berufserfahrung.
- Darüber hinaus hat der PT nachweislich eine mindestens 2-tägige Aus- bzw. Weiterbildung im Bereich Ernährung absolviert.
- Jährlich muss der PT eine 2-tägige Fortbildung in einem PT-relevanten Bereich nachweisen.
- Ein PT besitzt eine von einer anerkannten Stelle ausgestellte Ersthelferbescheinigung (Erstausbildung 8 Doppelstunden, Auffrischung 4 Doppelstunden), die nicht älter als 2 Jahre ist.
- Der Ausbildungs- und Werdegang ist mit einem Lebenslauf und Kopien der Qualifikationsnachweise darzulegen.

3. Geschäftsbezogene Voraussetzung:

Folgende Angaben zum Gewerbe/ Freiberuf müssen bekannt sein:

- Firmenname (falls vorhanden)
- Rechtsform
- die genaue postalische Anschrift
- die Nummer des geschäftlichen Telefonanschlusses mit Anrufbeantworter bzw. Mobiltelefons mit einer eingerichteten, seriös besprochenen Mailbox!
- die Nummer des Telefaxanschlusses
- Anmeldung beim Finanzamt (Vorlage der Steuernummer/USt. ID Nr.[!])

4. Versicherungen

- Ein PT ist krankenversichert
- Ein PT hat eine Berufshaftpflichtversicherung

5. Gesundheitliche Risikoabklärung/Anamnese

- Ein PT dokumentiert die gesundheitliche Risikoabklärung und lässt diese vom Kunden/Klienten unterschreiben (Interviewbogen).
- Ein PT führt vor Trainingsaufnahme mit jedem Kunden/Klienten eine gesundheitliche Risikoabklärung durch. Diese erfolgt mittels Gesundheitsbefragung
- Ein PT empfiehlt seinen Kunden abhängig vom Ergebnis der Gesundheitsbefragung gegebenenfalls einen Arztbesuch und das Einholen einer ärztlichen Unbedenklichkeitserklärung.
- Ein PT verlangt von Kunden, die keinen Arzt besuchen wollen, obwohl ein Arztbesuch und das Einholen einer ärztlichen Unbedenklichkeitsbestätigung auf Grund der Gesundheitsbefragung empfohlen wurde, die Unterzeichnung einer Haftungsausschusserklärung.
- Ein PT empfiehlt Trainingsersteinsteigern ab einem gewissen Alter (45 bei Männern bzw. 50 bei Frauen) in jedem Fall ein Arztbesuch und das Einholen einer ärztlichen Unbedenklichkeitserklärung.

- Ein PT verlangt von Kunden, die keinen Arzt besuchen wollen, obwohl ein Arztbesuch und das Einholen einer ärztlichen Unbedenklichkeitsbestätigung auf Grund des Alters empfohlen wurde, die Unterzeichnung einer Haftungsausschlusserklärung."

Quelle: Freitag, Robin: Zertifizierungsprozess: „Prüfkriterien Personal Trainer"; unter: http://www.aqzept.eu/content/view/23/40/, abgerufen am 07.12.2007.

Anlage 4: Prüfkriterien PersonalFitness.de

Fragen zu Personalfitness.de

„Welche Vorraussetzungen [!]benötige ich für die Aufnahme bei Personalfitness.de?

Für die Freischaltung benötigen wir zu Ihren angegebenen Qualifikationen alle folgenden Unterlagen komplett!:

1. Zeugnisskopien [!] zum Beispiel Hochschul- oder Universitätszeugnisse, Sonderlizenzen und/oder Fortbildungsbescheinigungen, Fitnesstrainer-Zertifikate wie B- oder A-Lizenz, Mindestvorrausetzung [!] ist eine Geräte- oder Aerobictrainer- B-Lizenz sowie Punkt 4.
2. persönlicher Lebenslauf
3. Die Angabe des Bundeslandes, in dem Sie sich eingetragen haben.
4. Ein Zeugnis [!]über eine mindestens zweijährige Trainertätigkeit **ODER** den Nachweis über eine abgeschlossene staatlich anerkannte Ausbildung zum Sportwissenschaftler, Sportlehrer, Physiotherapeut, etc..
5. Kopie der Vorder- und Rückseite des Personalausweises
6. Formulare der Geschäftspapiere jeweils ein Original
   - Rechnungsvorlage mit gültiger Steuernummer
   - Visitenkarte, Broschüre oder Präsentationsmappe
7. AGB's oder ähnliche schriftliche, vertragliche Regelungen, die mindestens Inhalte wie Honorar, evtl. Zusatzkosten, Urlaubsregelung, Haftungsausschlusserklärungen und Datenschutzerklärungen beinhalten.
8. Nachweis zur Durchführung gesundheitlicher Risikobefragung (Interviewbogen) mit mindesten folgenden Inhalten/Fragen zu:
   - aktuellen ärztlichen Behandlungen
   - aktueller Medikamenteneinnahme
   - vorhandener Herz-Kreislauferkrankungen oder Risiken
   - akuten Problemen am Bewegungsapparat

- Atemwegserkrankungen (Asthma, Bronchitis, etc.)
- Gegenzeichung [!] des Klienten

9. Vorlage einer Haftungsausschlusserklärung bei verweigertem Arztbesuch seitens des Klienten, obwohl im Interview Erkrankungen oder Risiken festgestellt wurden.
10. Jeweils eine Kopie der Protokolle der Beweglichkeits-, Kraft-, Koordinations- und Ausdauerdokumentation oder alternativ eine Bescheinigung der Kooperation mit einer Testorganisation, z.B. [!] niedergelassene Sportmediziner, Leistungs- und Diagnostikzentren.
11. Mobiltelefon mit stets aktivierter und seriös besprochener Mailbox!
12. Nachweis einer gültigen Berufshaftpflichtversicherung als Kopie
13. Kopie der Erste-Hilfe Bescheinigung [!], nicht älter als zwei Jahre.
14. Ihre Emailadresse [!]sowie **stets** aktivierter Emailbriefkopf [!]/Unterzeile mit Adresse, Telefonnummern und Steuernummer.
15. Fertiggestellter Online-Eintrag bei PersonalFitness.de inklusive Kundenansprache, Vita und hochgeladenes hochwertiges Portraitfoto. (...)
16. Unterschriebene Einverständniserklärung mit den verbindlichen Teilnahmeregeln von PersonalFitness.de."

Quelle: PersonalFitness: „Welche Vorraussetzungen [!] benötige ich für die Aufnahme bei Personalfitness.de?"; unter: http://personalfitness.de/faq/index.php#a7, abgerufen am 07.12.2007.

Anlage 5: Zielhierarchie für Personal Training in Anlehnung an Meffert/Bruhn, 2000, 210

Gewinn, Rentabilität, Wachstum

- Kundenbindung
- Kundenzufriedenheit
- Qualitätsmanagement
- Qualitätsstandards personelle Ziele (interne Instrumente) Servicepolitik

Mundpropaganda

- Kundenneugewinnung
- Kaufreiz schaffen Kaufrisiko vermindern
- operatives DL-Marketing
- kompletter, seriöser Marktauftritt (CI) ganzheitliches Marketing

Dienstleistungsinnovation u. -variationen Beobachtung d. Kundenanforderung Kundenwünsche entdecken Wettbewerbsqualität und -niveau beobachten Controlling

Quelle: Früh (2001): „Entwicklung einer M... unter Berücksichtigung der branchenspezifischen Besonderheiten", S. 51.

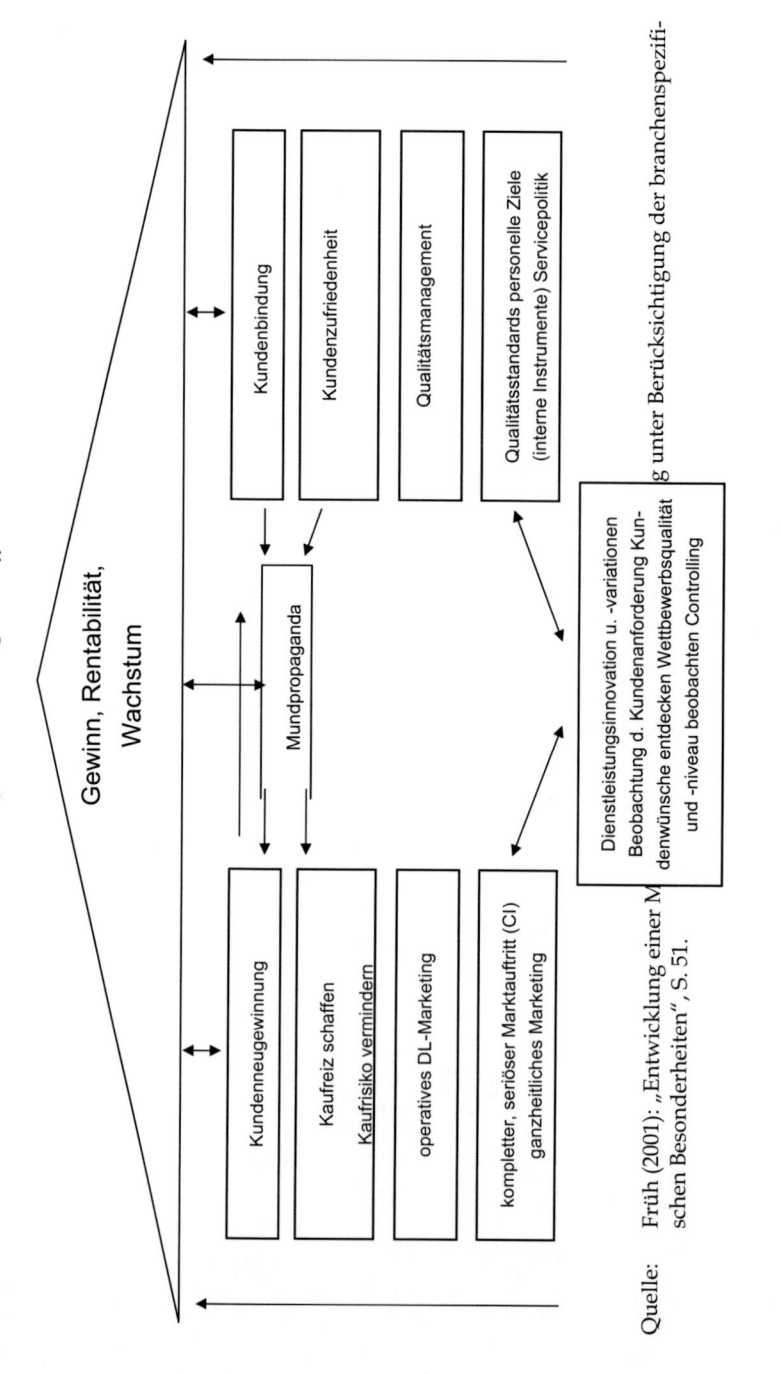

Anlage 6: Kalkulatorischer Unternehmerlohn

Private Ausgaben	monatlich	jährlich
Wohnung		
Miete inkl. Nebenkosten	580,00 €	6.960,00 €
Strom	35,00 €	420,00 €
Reparaturen	10,00 €	120,00 €
Telekommunikation	20,00 €	240,00 €
GEZ und Kabelanschluss	23,00 €	276,00 €
Anschaffungen (z. B. Möbel)	50,00 €	600,00 €
Auto (sofern nicht betrieblich)		
Benzin	30,00 €	360,00 €
Lebensunterhalt		
Lebensmittel	200,00 €	2.400,00 €
Ausgaben für Freizeit und Kultur	30,00 €	360,00 €
Haushalt	70,00 €	840,00 €
Kleidung	60,00 €	720,00 €
Luxusartikel	40,00 €	480,00 €
Sonstiges	20,00 €	240,00 €
Kinder		
Kindergarten	-	-
Tagesmutter, Babysitter	-	-
Schulbücher	-	-
Sonstiges		
Spenden	25,00 €	300,00 €
Geschenke	25,00 €	300,00 €
Sport	50,00 €	600,00 €
Urlaub	60,00 €	720,00 €
Versicherungen		

Haftpflicht	-	-
Unfallversicherung	20,00 €	240,00 €
Krankenversicherung	300,00 €	3.600,00 €
Krankentagegeld	30,00 €	360,00 €
Rücklage für Krankheit	80,00 €	960,00 €
Berufsunfähigkeitsversicherung	180,00 €	2.160,00 €
Hausratversicherung	20,00 €	240,00 €
Rechtsschutzversicherung	30,00 €	360,00 €
Altersvorsorge		
Gesetzliche Rentenversicherung	-	-
Rentenfonds	300,00 €	3.600,00 €
Sparverträge	-	-
Kapitallebensversicherung	150,00 €	1.800,00 €
Gesamt Privat 1 (Kalkulatorischer Unternehmerlohn vor Steuern)	2.438,00 €	29.256,00 €
Privateinnahmen		
Kindergeld	-	-
Einnahmen aus sonstigen Jobs (z. B. Minijobs)	-	-
Nettoeinnahmen des Partners	-	-
Gegenrechnung der Einnahmen	-	-
Gesamt Privat 2	2.438,00 €	29.256,00 €
Einkommensteuer	536,36 €	6.436,32 €
Gesamt Privat inkl. Steuern (Kalkulatorischer Unternehmerlohn nach Steuern)	2.974,36 €	35.692,32 €

Quelle: Eigene Berechnung in Anlehnung an Hofert (2006): Erfolgreiche Existenzgründung für Trainer, Berater, Coachs: Das Praxisbuch für Gründung, Existenzaufbau und Expansion, S. 42-43; Lutz (2006): Businessplan für Gründungszuschuss-, Einstiegsgeld- und andere Existenzgründer, S. 153.

Anlage 7: Betriebliche Ausgaben

Betriebliche Ausgaben/Betriebsmittelplan	monatlich	jährlich
Büro		
Miete + Nebenkosten	-	-
Strom	-	-
GEZ und Kabelanschluss	-	-
Betriebliche Steuern		
Gewerbesteuer	-	-
Mitarbeiter/Personalkosten		
Lohn/Gehalt	-	-
Honorare für freie Mitarbeiter	-	-
Sozialversicherungsabgaben	-	-
Auto (soweit nicht privat)		
Benzin	180,00 €	2.160,00 €
Kfz-Versicherung	80,00 €	960,00 €
Kfz-Steuer	20,00 €	240,00 €
Kfz-Reparaturen	30,00 €	360,00 €
Kfz-Pflege	10,00 €	120,00 €
Kfz-Leasingrate	160,00 €	1.920,00 €
Bewirtungskosten		
Einladungen (z. B. Akquisegespräch, Restaurantbesuche)	20,00 €	240,00 €
Versicherungen		
Haftpflichtversicherung	15,00 €	180,00 €
Marketing		
Marketing- & Werbungskosten	150,00 €	1.800,00 €
Verwaltungskosten		

Geschenke	20,00 €	240,00 €
Porto	15,00 €	180,00 €
Telefon, DSL-Internetzugang	40,00 €	480,00 €
Handy	25,00 €	300,00 €
Webhosting	8,00 €	96,00 €
Büromaterial	20,00 €	240,00 €
Sportbekleidung	50,00 €	600,00 €
Sportgeräte	30,00 €	360,00 €
Fachliteratur, Zeitschriften (etc.)	30,00 €	360,00 €
Sonstiges		
Reparaturen und Instandhaltung	10,00 €	120,00 €
Verpflegungsmehraufwand (z. B. Reisekosten, Übernachtungen)	50,00 €	600,00 €
Fortbildungen	50,00 €	600,00 €
Berufsverbände und Kammern	7,00 €	84,00 €
Mitgliedschaften	100,00 €	1.200,00 €
Kontoführungsgebühren	10,00 €	120,00 €
Beratung		
Steuer- & Rechtsberatung	100,00 €	1.200,00 €
Zwischensumme Betriebsausgaben	1.230,00 €	14.760,00 €
Sicherheitspuffer zehn Prozent	123,00 €	1.476,00 €
Zwischensumme Betriebsausgaben + Sicherheitsreserve	1.353,00 €	16.236,00 €
Zinsaufwendungen (für Dispo-Kredit)	15,00 €	180,00 €
AfA Computer (2 Jahre alt, Anschaffungspreis: 1.080 €)	30,00 €	360,00 €
AfA Drucker (mit Kopierer, Fax & Scanner)	15,00 €	180,00 €
AfA Software	25,00 €	300,00 €
AfA Waage	10,00 €	120,00 €
AfA Herzfrequenzmesser	33,33 €	400,00 €

Gesamt Betrieblich	1.481,33 €	17.776,00 €
Gesamtkosten (Gesamt Privat inkl. Steuern + Gesamt Betrieblich)	4.455,69 €	53.468,32 €

Quelle: Eigene Berechnung in Anlehnung an Hofert (2006): Erfolgreiche Existenzgründung für Trainer, Berater, Coachs: Das Praxisbuch für Gründung, Existenzaufbau und Expansion, S. 42-43; Lutz (2006): Businessplan für Gründungszuschuss-, Einstiegsgeld- und andere Existenzgründer, S. 181.

Anlage 8: Kostenplan

Kostenplan		
	Monat	Jahr
1. Personalkosten	-	-
2. Sonstige Betriebsausgaben		
Fix	1.353,00 €	16.236,00 €
Variable	42,50 €	510,00 €
3. Zinsen	15,00 €	180,00 €
4. Abschreibungen	113,33 €	1.360,00 €
5. Kalkulatorischer Unternehmerlohn	2.974,36 €	35.692,32 €
Gesamtkosten (1 + 2 + 3 + 4 + 5)	**4.498,19 €**	**53.978,32 €**

Quelle: Eigene Berechnung in Anlehnung an Lutz (2006): Businessplan für Gründungszuschuss-, Einstiegsgeld- und andere Existenzgründer, S. 185.

Anlage 9:   Umsatzplanung

	Jan 08	Feb 08	Mrz 08	Apr 08	Mai 08	Jun 08	Jul 08	Aug 08	Sep 08	Okt 08	Nov 08	Dez 08	Summe
Werktage	22	20	21	20	20	20	23	21	22	22	19	21	251
Davon Urlaub								7				7	14
Davon Weiterbildung/Krankheit			3				7				4		14
Arbeitstage	**22**	**20**	**18**	**20**	**20**	**20**	**16**	**14**	**22**	**22**	**15**	**14**	**223**

Jahr 1

	Jan 08	Feb 08	Mrz 08	Apr 08	Mai 08	Jun 08	Jul 08	Aug 08	Sep 08	Okt 08	Nov 08	Dez 08	Summe
Anzahl Klienten		1	2	2	3	4	4	5	5	6	6	6	
Trainingseinheiten pro Klient/Monat		8	8	8	8	8	8	8	8	8	8	6	
Trainingseinheiten Gesamt pro Monat		8	16	16	24	32	32	40	40	48	48	36	340
Dauer pro Trainingseinheit in Stunden		1,5	1,5	1,5	1,5	1,5	1,5	1,5	1,5	1,5	1,5	1,5	
Trainingsstunden bei 100 % Auslastung		12	24	24	36	48	48	60	60	72	72	54	510
Ist-Auslastung (geschätzt)	75 %	75 %	75 %	75 %	75 %	75 %	75 %	75 %	75 %	75 %	75 %	75 %	
Abrechenbare Arbeitsstunden Gesamt		9	18	18	27	36	36	45	45	54	54	40,5	383
Umsatz pro Arbeitsstunde	85 €	85 €	85 €	85 €	85 €	85 €	85 €	85 €	85 €	85 €	85 €	85 €	
Umsatz im Monat	**0 €**	**765 €**	**1.530 €**	**1.530 €**	**2.295 €**	**3.060 €**	**3.060 €**	**3.825 €**	**3.825 €**	**4.590 €**	**4.590 €**	**3.443 €**	**32.513 €**

Jahr 2

	Jan 08	Feb 08	Mrz 08	Apr 08	Mai 08	Jun 08	Jul 08	Aug 08	Sep 08	Okt 08	Nov 08	Dez 08
Anzahl Klienten	7	7	7	8	8	8	7	7	8	8	8	8

189

Trainingseinheiten pro Klient/Monat	8	8	8	6	8	8	6	6	8	8	8	6	
Trainingseinheiten Gesamt pro Monat	56	56	56	48	64	64	42	42	64	64	64	48	668
Dauer pro Trainingseinheit in Stunden	1,5	1,5	1,5	1,5	1,5	1,5	1,5	1,5	1,5	1,5	1,5	1,5	
Trainingsstunden bei 100 % Auslastung	84	84	84	72	96	96	63	63	96	96	96	72	1002
Ist-Auslastung (geschätzt)	75 %	75 %	75 %	75 %	75 %	75 %	75 %	75 %	75 %	75 %	75 %	75 %	
Abrechenbare Arbeitsstunden Gesamt	**63**	**63**	**63**	**54**	**72**	**72**	**47,25**	**47,25**	**72**	**72**	**72**	**54**	**752**
Umsatz pro Arbeitsstunde	85 €	85 €	85 €	85 €	85 €	85 €	85 €	85 €	85 €	85 €	85 €	85 €	
Umsatz im Monat	**5.355 €**	**5.355 €**	**5.355 €**	**4.590 €**	**6.120 €**	**6.120 €**	**4.016 €**	**4.016 €**	**6.120 €**	**6.120 €**	**6.120 €**	**4.590 €**	**63.878 €**

Quelle: Eigene Darstellung und Berechnung.

Anlage 10: Rentabilitätsvorschau

	Jahr 1												
	Monat 1	Monat 2	Monat 3	Monat 4	Monat 5	Monat 6	Monat 7	Monat 8	Monat 9	Monat 10	Monat 11	Monat 12	Summe
Nettoumsatz aus Trainertätigkeit	0 €	765 €	1.530 €	1.530 €	2.295 €	3.060 €	3.060 €	3.825 €	3.825 €	4.590 €	4.590 €	3.443 €	32.513 €	100,0 %
- variable Kosten (geschätzt)	0 €	12 €	24 €	24 €	36 €	48 €	48 €	60 €	60 €	72 €	72 €	54 €	510 €	-1,6 %
= **Rohertrag I**	**0 €**	**753 €**	**1.506 €**	**1.506 €**	**2.259 €**	**3.012 €**	**3.012 €**	**3.765 €**	**3.765 €**	**4.518 €**	**4.518 €**	**3.389 €**	**32.003 €**	**98,4 %**
- Personalaufwand	0 €	0 €	0 €	0 €	0 €	0 €	0 €	0 €	0 €	0 €	0 €	0 €	0 €	
= **Rohertrag II**	**0 €**	**753 €**	**1.506 €**	**1.506 €**	**2.259 €**	**3.012 €**	**3.012 €**	**3.765 €**	**3.765 €**	**4.518 €**	**4.518 €**	**3.389 €**	**32.003 €**	**98,4 %**
Fixkosten														
Miete	-	-	-	-	-	-	-	-	-	-	-	-	-	
Gewerbesteuer	-	-	-	-	-	-	-	-	-	-	-	-	-	
KFZ	480 €	480 €	480 €	480 €	480 €	480 €	480 €	480 €	480 €	480 €	480 €	480 €	5.760 €	17,7 %
Bewirtungskosten	20 €	20 €	20 €	20 €	20 €	20 €	20 €	20 €	20 €	20 €	20 €	20 €	240 €	0,7 %
Betriebshaftpflicht	15 €	15 €	15 €	15 €	15 €	15 €	15 €	15 €	15 €	15 €	15 €	15 €	180 €	0,6 %
Marketing/Werbung	150 €	150 €	150 €	150 €	150 €	150 €	150 €	150 €	150 €	150 €	150 €	150 €	1.800 €	5,5 %
Geschenke	20 €	20 €	20 €	20 €	20 €	20 €	20 €	20 €	20 €	20 €	20 €	20 €	240 €	0,7 %
Porto	15 €	15 €	15 €	15 €	15 €	15 €	15 €	15 €	15 €	15 €	15 €	15 €	180 €	0,6 %
Telefon, DSL, Handy, Webhosting	73 €	73 €	73 €	73 €	73 €	73 €	73 €	73 €	73 €	73 €	73 €	73 €	876 €	2,7 %
Büromaterial	20 €	20 €	20 €	20 €	20 €	20 €	20 €	20 €	20 €	20 €	20 €	20 €	240 €	0,7 %
Sportbekleidung	50 €	50 €	50 €	50 €	50 €	50 €	50 €	50 €	50 €	50 €	50 €	50 €	600 €	1,8 %
Sportgeräte	30 €	30 €	30 €	30 €	30 €	30 €	30 €	30 €	30 €	30 €	30 €	30 €	360 €	1,1 %
Fachliteratur	30 €	30 €	30 €	30 €	30 €	30 €	30 €	30 €	30 €	30 €	30 €	30 €	360 €	1,1 %
Reparatur/Instandhaltung	10 €	10 €	10 €	10 €	10 €	10 €	10 €	10 €	10 €	10 €	10 €	10 €	120 €	0,4 %

	M1	M2	M3	M4	M5	M6	M7	M8	M9	M10	M11	M12	Summe	%
Reisekosten	50 €	50 €	50 €	50 €	50 €	50 €	50 €	50 €	50 €	50 €	50 €	50 €	600 €	1,8 %
Fortbildung	50 €	50 €	50 €	50 €	50 €	50 €	50 €	50 €	50 €	50 €	50 €	50 €	600 €	1,8 %
Verbände	7 €	7 €	7 €	7 €	7 €	7 €	7 €	7 €	7 €	7 €	7 €	7 €	84 €	0,3 %
Mitgliedschaften	100 €	100 €	100 €	100 €	100 €	100 €	100 €	100 €	100 €	100 €	100 €	100 €	1.200 €	3,7 %
Kontoführungsgebühren	10 €	10 €	10 €	10 €	10 €	10 €	10 €	10 €	10 €	10 €	10 €	10 €	120 €	0,4 %
Steuer- & Rechtsberatung	100 €	100 €	100 €	100 €	100 €	100 €	100 €	100 €	100 €	100 €	100 €	100 €	1.200 €	3,7 %
Sonstige Kosten (Sicherheitspuffer)	123 €	123 €	123 €	123 €	123 €	123 €	123 €	123 €	123 €	123 €	123 €	123 €	1.476 €	4,5 %
- Summe Fixkosten	1.353 €	1.353 €	1.353 €	1.353 €	1.353 €	1.353 €	1.353 €	1.353 €	1.353 €	1.353 €	1.353 €	1.353 €	16.236 €	-49,9 %
= Cashflow (Rohertrag II - Summe Fixkosten)	-1.353 €	-600 €	153 €	153 €	906 €	1.659 €	1.659 €	2.412 €	2.412 €	3.165 €	3.165 €	2.036 €	15.767 €	48,5 %
- Zinsen/Finanzierungskosten	15 €	15 €	15 €	15 €	15 €	15 €	15 €	15 €	15 €	15 €	15 €	15 €	180 €	-0,6 %
- Abschreibung	113 €	113 €	113 €	113 €	113 €	113 €	113 €	113 €	113 €	113 €	113 €	113 €	1.360 €	-4,2 %
= Betriebsergebnis vor Steuer	-1.481 €	-728 €	25 €	25 €	778 €	1.531 €	1.531 €	2.284 €	2.284 €	3.037 €	3.037 €	1.907 €	14.227 €	43,8 %

Quelle: Eigene Berechnung in Anlehnung an Lutz (2006): Businessplan für Gründungszuschuss-, Einstiegsgeld- und andere Existenzgründer, S. 186.

Anlage 10: Rentabilitätsvorschau (Fortsetzung)

	Jahr 2	
	Summe	
Nettoumsatz aus Trainertätigkeit	63.878 €	100,0 %
- variable Kosten (geschätzt)	1.002 €	-1,6 %
= **Rohertrag I**	**62.876 €**	**98,4 %**
- Personalaufwand		
= **Rohertrag II**	**62.876 €**	**98,4 %**
- Fixkosten (Fixkosten Jahr 1 + zehn Prozent)	17.860 €	-28,0 %
= **Cashflow** (Rohertrag II - Summe Fixkosten)	**45.016 €**	**70,5 %**
- Zinsen/Finanzierungskosten	198 €	-0,3 %
- Abschreibung	1.496 €	-2,3 %
= **Betriebsergebnis vor Steuer**	**43.322 €**	**67,8 %**

Quelle: Eigene Berechnung in Anlehnung an Lutz (2006): Businessplan für Gründungszuschuss-, Einstiegsgeld- und andere Existenzgründer, S. 186.

Anlage 11: Liquiditätsplanung

	Jahr 1												
Monat ab Gründung	Monat 1	Monat 2	Monat 3	Monat 4	Monat 5	Monat 6	Monat 7	Monat 8	Monat 9	Monat 10	Monat 11	Monat 12	Summe
Bestand liquider Mittel (1)	0 €	-10.032 €	-11.511 €	-14.443 €	-16.091 €	-17.128 €	-18.795 €	-18.608 €	-18.561 €	-18.457 €	-17.726 €	-16.270 €	
Einzahlungen													
Forderungen/Geldeingang	0 €	0 €	765 €	1.530 €	1.530 €	2.295 €	3.060 €	3.060 €	3.825 €	3.825 €	4.590 €	4.590 €	32.513 €
Anzahlungen/Geldeingang	-	-	-	-	-	-	-	-	-	-	-	-	-
Darlehensauszahlungen	-	-	-	-	-	-	-	-	-	-	-	-	-
Privateinlagen	-	-	-	-	-	-	-	-	-	-	-	-	-
Sonstiges	-	-	-	-	-	-	-	-	-	-	-	-	-
Vereinnahmte Umsatzsteuer	0 €	0 €	145 €	291 €	291 €	436 €	581 €	581 €	727 €	727 €	872 €	872 €	5.523 €
Erstattete Vorsteuer	0 €	1.279 €	117 €	125 €	228 €	123 €	168 €	186 €	188 €	140 €	193 €	231 €	2.979 €
Summe Einzahlung (2)	0 €	1.279 €	1.028 €	1.946 €	2.048 €	2.854 €	3.810 €	3.827 €	4.739 €	4.692 €	5.656 €	5.694 €	41.015 €
Verfügbare Mittel (1 + 2)	0 €	-8.753 €	-10.484 €	-12.497 €	-14.043 €	-14.273 €	-14.985 €	-14.780 €	-13.821 €	-13.765 €	-12.070 €	-10.576 €	
Auszahlungen													
Zahlungen an Lieferanten	-	-	-	-	-	-	-	-	-	-	-	-	-
Bareinkäufe	-	-	-	-	-	-	-	-	-	-	-	-	-
Fixkosten	-	-	-	-	-	-	-	-	-	-	-	-	-
Miete	-	-	-	-	-	-	-	-	-	-	-	-	-
Gewerbesteuer	-	-	-	-	-	-	-	-	-	-	-	-	-
Benzin	30 €	40 €	50 €	70 €	70 €	80 €	80 €	90 €	90 €	90 €	80 €	80 €	850 €
Kfz-Versicherung	240 €	-	-	240 €	-	240 €	-	-	-	240 €	-	-	960 €
Kfz-Steuer	240 €	-	-	-	-	-	-	-	-	-	-	-	240 €

194

	Jan	Feb	Mär	Apr	Mai	Jun	Jul	Aug	Sep	Okt	Nov	Dez	Summe
Kfz-Reparaturen	-	-	-	-	-	-	-	-	-	-	360 €	-	360 €
Kfz-Pflege	10 €	10 €	10 €	10 €	10 €	10 €	10 €	10 €	10 €	10 €	10 €	10 €	120 €
Kfz-Leasingrate	160 €	160 €	160 €	160 €	160 €	160 €	160 €	160 €	160 €	160 €	160 €	160 €	1.920 €
Bewirtungskosten	20 €	20 €	20 €	20 €	20 €	20 €	20 €	20 €	20 €	20 €	20 €	20 €	240 €
Betriebshaftpflicht	180 €	-	-	-	-	-	-	-	-	-	-	-	180 €
Marketing/Werbung	150 €	150 €	150 €	150 €	150 €	150 €	150 €	150 €	150 €	150 €	150 €	150 €	1.800 €
Geschenke für Klienten	-	-	-	-	-	-	-	20 €	-	50 €	-	90 €	160 €
Porto	60 €	-	-	-	-	50 €	-	-	50 €	-	-	-	160 €
Telefon, DSL, Handy	65 €	65 €	65 €	65 €	65 €	65 €	65 €	65 €	65 €	65 €	65 €	65 €	780 €
Webhosting	48 €	-	-	-	-	48 €	-	-	-	-	-	-	96 €
Büromaterial	70 €	-	-	-	-	-	70 €	-	-	-	-	70 €	210 €
Sportbekleidung	-	-	-	-	-	100 €	-	-	-	200 €	-	-	300 €
Sportgeräte	-	-	-	-	-	-	-	-	-	-	-	-	-
Fachliteratur	10 €	-	-	10 €	-	-	10 €	-	40 €	-	10 €	-	80 €
Reparatur/Instandhaltung	-	-	-	-	-	-	-	-	-	-	-	-	-
Reisekosten	-	-	-	-	-	-	-	-	-	-	-	-	-
Fortbildung	-	-	-	-	-	-	-	-	-	-	-	-	-
Verbände	84 €	-	-	-	-	-	-	-	-	-	-	-	84 €
Mitgliedschaften	50 €	50 €	50 €	50 €	50 €	50 €	50 €	50 €	50 €	50 €	50 €	50 €	600 €
Kontoführungsgebühren	-	30 €	-	-	-	30 €	-	30 €	-	-	-	30 €	120 €
Steuer- & Rechtsberatung	300 €	-	-	300 €	-	-	-	300 €	-	-	-	300 €	1.200 €
Sonstige Kosten (Sicherheitspuffer)	123 €	123 €	123 €	123 €	123 €	123 €	123 €	123 €	123 €	123 €	123 €	123 €	1.476 €
Zwischensumme Betriebsausgaben	**1.840 €**	**618 €**	**658 €**	**1.198 €**	**648 €**	**886 €**	**978 €**	**988 €**	**738 €**	**1.018 €**	**1.218 €**	**1.148 €**	**11.936 €**

Bezahlte Vorsteuer	1.279 €	117 €	125 €	228 €	123 €	168 €	186 €	188 €	140 €	193 €	231 €	218 €	3.197 €
Abgeführte Umsatzsteuer	0 €	0 €	0 €	145 €	291 €	291 €	436 €	581 €	581 €	727 €	727 €	872 €	4.651 €
Investitionen	4.890 €	-	-	-	-	-	-	-	-	-	-	-	4.890 €
Privatentnahme	2.023 €	2.023 €	2.023 €	2.023 €	2.023 €	2.023 €	2.023 €	2.023 €	2.023 €	2.023 €	2.023 €	2.023 €	24.276 €
Steuer	-	-	1.153 €	-	-	1.153 €	-	-	1.153 €	-	-	1.153 €	4.612 €
Summe Auszahlungen	**10.032 €**	**2.758 €**	**3.959 €**	**3.594 €**	**3.085 €**	**4.521 €**	**3.623 €**	**3.780 €**	**4.636 €**	**3.961 €**	**4.199 €**	**5.414 €**	**37.014 €**
Einzahlungen	0 €	1.279 €	1.028 €	1.946 €	2.048 €	2.854 €	3.810 €	3.827 €	4.739 €	4.692 €	5.656 €	5.694 €	41.015 €
Auszahlungen	10.032 €	2.758 €	3.959 €	3.594 €	3.085 €	4.521 €	3.623 €	3.780 €	4.636 €	3.961 €	4.199 €	5.414 €	37.014 €
Differenz/Ergebnis	**-10.032 €**	**-1.480 €**	**-2.931 €**	**-1.648 €**	**-1.037 €**	**-1.667 €**	**187 €**	**47 €**	**104 €**	**731 €**	**1.456 €**	**279 €**	**4.000 €**
Finanzmittel Monatsanfang		-10.032 €	-11.511 €	-14.443 €	-16.091 €	-17.128 €	-18.795 €	-18.608 €	-18.561 €	-18.457 €	-17.726 €	-16.270 €	-15.990 €
Finanzmittel Monatsende (Finanzmittel Monatsanfang - Differenz)	-10.032 €	-11.511 €	-14.443 €	-16.091 €	-17.128 €	-18.795 €	-18.608 €	-18.561 €	-18.457 €	-17.726 €	-16.270 €	-15.990 €	-11.990 €

Quelle: Eigene Berechnung in Anlehnung an Lutz (2006): Businessplan für Gründungszuschuss-, Einstiegsgeld- und andere Existenzgründer, S. 191; Oeljeschläger [u. a.]: Allgemeiner Unternehmensverband Neubrandenburg e. V. (Hrsg.) (o. J.): Businessplan-Wettbewerb: Mecklenburg-Vorpommern: Einfach Anfangen: Wettbewerbshandbuch, S. 54.

Anlage 12: Anforderungen an eine Rechnung

„(4) Eine Rechnung muss folgende Angaben enthalten:
1. den vollständigen Namen und die vollständige Anschrift des leistenden Unternehmers
   und des Leistungsempfängers,

2. die dem leistenden Unternehmer vom Finanzamt erteilte Steuernummer oder die ihm
   vom Bundeszentralamt für Steuern erteilte Umsatzsteuer-Identifikationsnummer,

3. das Ausstellungsdatum,

4. eine fortlaufende Nummer mit einer oder mehreren Zahlenreihen, die zur Identifizierung der Rechnung vom Rechnungsaussteller einmalig vergeben wird (Rechnungsnummer),

5. die Menge und die Art (handelsübliche Bezeichnung) der gelieferten Gegenstände oder den Umfang und die Art der sonstigen Leistung,

6. den Zeitpunkt der Lieferung oder sonstigen Leistung; in den Fällen des Absatzes 5 Satz 1 den Zeitpunkt der Vereinnahmung des Entgelts oder eines Teils des Entgelts, sofern der Zeitpunkt der Vereinnahmung feststeht und nicht mit dem Ausstellungsdatum der Rechnung übereinstimmt,

7. das nach Steuersätzen und einzelnen Steuerbefreiungen aufgeschlüsselte Entgelt für die Lieferung oder sonstige Leistung (§ 10) sowie jede im Voraus vereinbarte Minderung des Entgelts, sofern sie nicht bereits im Entgelt berücksichtigt ist,

8. den anzuwendenden Steuersatz sowie den auf das Entgelt entfallenden Steuerbetrag oder im Fall einer Steuerbefreiung einen Hinweis darauf, dass für die Lieferung oder sonstige Leistung eine Steuerbefreiung gilt und

9. in den Fällen des § 14b Abs. 1 Satz 5 einen Hinweis auf die Aufbewahrungspflicht des Leistungsempfängers.

In den Fällen des § 10 Abs. 5 sind die Nummern 7 und 8 mit der Maßgabe anzuwenden, dass die Bemessungsgrundlage für die Leistung (§ 10 Abs. 4) und der darauf entfallende Steuerbetrag anzugeben sind. Unternehmer, die § 24 Abs. 1 bis 3 anwenden, sind jedoch auch in diesen Fällen nur zur Angabe des Entgelts und des darauf entfallenden Steuerbetrags berechtigt".

Quelle: § 14 Abs. 4 UStG; unter: http://www.gesetze-im-internet.de/ustg_1980/__14.html, abgerufen am 30.12.2007.

Anlage 13: § *33 Rechnungen über Kleinbeträge*

„Eine Rechnung, deren Gesamtbetrag 150 Euro nicht übersteigt, muss mindestens folgende Angaben enthalten:

1. den vollständigen Namen und die vollständige Anschrift des leistenden Unternehmers,

2. das Ausstellungsdatum,

3. die Menge und die Art der gelieferten Gegenstände oder den Umfang und die Art der sonstigen Leistung und

4. das Entgelt und den darauf entfallenden Steuerbetrag für die Lieferung oder sonstige Leistung in einer Summe sowie den anzuwendenden Steuersatz oder im Fall einer Steuerbefreiung einen Hinweis darauf, dass für die Lieferung oder sonstige Leistung eine Steuerbefreiung gilt.

Die §§ 31 und 32 sind entsprechend anzuwenden. Die Sätze 1 und 2 gelten nicht für Rechnungen über Leistungen im Sinne der §§ 3c, 6a und 13b des Gesetzes."

Quelle: § 33 UStDV; unter: http://www.gesetze-im-internet.de/ustdv_1980/__33.html, abgerufen am 30.12.2007.